Vadim Zeland

TRANSSURFING

LENKER DER REALITÄT

Die Antworten

Aus dem Russischen von Helmut Kunkel

SILBERSCHNUR VERLAG

Hinweis:

Wir haben uns bemüht, mit unserer Übersetzung sehr nah am russischen Originaltext zu bleiben, der an einigen Stellen jedoch eigenwillige Neologismen und eine recht bilderreiche Terminologie beinhaltet. Wir haben uns bemüht, dieser in der Übersetzung Rechnung zu tragen und sie in angemessener Weise im Deutschen wiederzugeben. Wenn Sie daher bei Ihrer Lektüre häufiger auf Wortneubildungen stoßen, so hoffen wir, damit in Ihrem Interesse gehandelt zu haben, indem wir die Übersetzung so wortgetreu wie möglich gehalten haben.

MIX
Papier aus verantwortungsvollen Quellen
FSC® C014138
FSC www.fsc.org

Titel der Originalausgabe Вершитель реальности

ISBN 978-3-89845-445-2

1. Auflage 2014

Übersetzung: Helmut Kunkel
Gestaltung & Satz: XPresentation, Güllesheim
Druck: Finidr, s.r.o. Cesky Tesin

Silberschnur Verlag • Steinstraße 1 • D-56593 Güllesheim
www.silberschnur.de • E-Mail: info@silberschnur.de

Vadim Zeland

TransSurfing - Lenker der Realität

INHALT

Einleitung

Liebe Leserinnen und Leser!

Dieses Buch hat rein gar nichts mit dem Reich der Fantasie zu tun. Die Alltagswelt präsentiert sich hier in einem neuen, ungewohnten Gewand, das sie seltsamer erscheinen lässt als jede Magie. Überzeugen Sie sich davon, dass unsere Umwelt ganz anders ist, als wir sie zu sehen gewohnt sind.

Bei all ihrer Vielfalt verfügt die Realität über eine klar ausgeprägte Spiegelsymmetrie. Das duale Wesen unserer Welt zeigt sich überall: links und rechts, oben und unten, Seele und Verstand, lebendig und tot, schwarz und weiß, handfest und illusorisch. Dieser Dualismus ist die Grundlage eines uralten Gegensatzes, nämlich der Weltanschauung des Idealismus und der des Materialismus.

Was ist unsere Welt nun eigentlich: ein mechanistisches System oder eine virtuelle Illusion? Wenn wir nur in einer Richtung nach Antworten suchen, stoßen wir auf viele Widersprüche und Paradoxe. Eine sogenannte goldene Mitte gibt es auch nicht - das wäre ein allzu verschwommenes Wirrwarr. Wo aber ist die Wahrheit zu finden?

Auf der Suche nach einer Lösung wollen wir einen etwas ungewöhnlichen Weg einschlagen. Als Antwort auf die Frage »Was ist die Realität - dies oder jenes?« werden wir uns an ein nicht alltägliches

Postulat halten: »Sowohl dies als auch jenes.« Die Wahrheit liegt nicht in der Mitte, sondern vielmehr in sich überschneidenden Grenzbereichen der multidimensionalen Realität. Parallel zum materiellen Universum existiert eine Spiegelreflexion – nicht greifbar und unsichtbar, aber ebenfalls eine reale Welt, deren Präsenz in unerklärlichen Phänomenen zum Ausdruck kommt. Am Berührungspunkt dieser zwei Welten wird die Realität nicht nur verständlich, sondern seltsamerweise auch lenkbar.

Es ist ja eine Eigenart des Menschen, in Extreme zu verfallen, und daher versucht er, je nach seiner Weltanschauung, eine Lösung seiner Probleme entweder in der materiellen Wirklichkeit oder auf dem Gebiet der Metaphysik zu finden. Doch in keinem der beiden Bereiche wird er in befriedigendem Maße fündig. Der Mensch untersteht der Macht der Umstände – sein Leben läuft ab wie ein Traum, auf den er keinen Einfluss hat. Und doch gibt es eine grundlegend andere Art, mit der Welt umzugehen – das sogenannte Transsurfing, von dem dieses Buch handelt. Das Wesen dieser Methode besteht darin, beide Seiten der dualen Welt im Auge zu behalten und bestimmte Regeln zu befolgen, um so einen Zugriff auf die Steuerung des Laufs der Dinge zu bekommen. Die Realität hört dann auf, sich wie etwas Äußerliches, von uns Unabhängiges zu verhalten, und wir erlangen die Fähigkeit, sie unserem Willen unterzuordnen.

Wahrscheinlich haben Sie schon davon gehört, dass die Energie der Gedanken nicht spurlos verloren geht – sie hat zweifellos einen Einfluss auf die Umwelt. Doch wie können wir uns diese Energie zunutze machen? Warum gehen unsere Wünsche nicht in Erfüllung, wohingegen unsere schlimmsten Erwartungen wahr werden? Wie kommt es, dass die bekannten Methoden der Wunschvisualisierung mal funktionieren, mal aber auch nicht?

Der springende Punkt ist ein fehlendes Glied, ohne das jede esoterische Praxis vergebliche Mühe bleibt. Dabei ist das Ganze mittlerweile ein offenes Geheimnis, und es ist so unglaublich einfach, dass es schwerfällt, daran zu glauben. In diesem Buch finden Sie die Antwort darauf, was jenes fehlende Glied ist. Mit dem Schlüssel zur steuerbaren Realität in der Hand wird sich Ihnen eine Welt eröffnen, in der das Unmögliche möglich wird.

Dieses Buch ist auf der Grundlage von Leserbriefen entstanden. Leute, die Transsurfing ausprobiert haben, haben mir geschrieben. Sie alle haben mir voller Staunen von den unglaublichen Veränderungen berichtet, die in ihrem Leben stattgefunden hatten: Lästige Probleme lösten sich in Wohlgefallen auf, Türen, die zuvor hoffnungslos geschlossen schienen, öffneten sich auf einmal. Die Mitmenschen bringen einem aus unerkenntlichen Gründen plötzlich mehr Wohlwollen entgegen. Die Realität wechselt buchstäblich vor unseren eigenen Augen ihre Gestalt. Unsere Gedanken nehmen auf völlig unbegreifliche Weise reale Formen an.

Falls Sie mit diesem Buch zum ersten Mal Bekanntschaft mit dem Transsurfing machen, so können Sie hinten im Glossar Fachbegriffe nachschlagen. Eine ausführliche Darlegung der Prinzipien der Realitätssteuerung finden Sie in den Büchern *Transsurfing. Die Realität ist steuerbar* und *Transsurfing 5. Die Realität auf den Kopf gestellt*. Vieles von dem, was Sie lesen werden, mag Ihnen sehr ungewöhnlich vorkommen, doch halten Sie sich stets vor Augen: Hier ist nichts erfunden, alles ist wahr und echt.

Die Realität des dualen Spiegels

Eines der gewöhnlichsten und zugleich rätselhaftesten Phänomene im Leben des Menschen ist der Traum. Wir verbringen ein Drittel unseres Lebens im Schlaf. Alles, was in diesem Grenzzustand geschieht, ist bislang von Geheimnissen umwoben. Die wissenschaftliche Forschung erklärt zu diesem Gebiet kaum etwas. Philosophen, die dieses Phänomen deuten, neigen zu extremen Ansichten. Einige sagen, Träume seien Illusionen, andere behaupten, sogar unser Leben selbst sei nichts weiter als ein Traum. Wer hat recht?

Als esoterische Lehre geht das Transsurfing diese Frage von einer anderen Seite an. Stellt sich unser Verstand die Träume tatsächlich einfach vor? Einerseits sind Ereignisse, die sich im Traum abspielen, virtuell, doch andererseits wirken sie so real, dass der Träumende sie stets für Wirklichkeit hält. Bekanntlich kann man im Traum Bilder sehen, die nicht von unserer Welt zu sein scheinen. Dabei ist ganz klar, dass man solche Dinge im normalen Leben unmöglich sehen kann. Wenn Träume Nachbildungen der Realität sind, hergestellt von unserem Gehirn, woher kommen dann diese unvorstellbaren Bilder?

Eine Hypothese besagt, dass das Gehirn die Träume fabriziert und während des Schlafes jene Bilder so wahrnimmt wie im Wachzustand. Das ist aber tatsächlich nicht mehr als eine Hypothese. Bisher konnte niemand beweisen, dass dies der Fall ist. Im Modell des Transsurfings gibt es eine ganz andere Deutung: Das Unterbewusstsein selbst stellt sich nichts vor, sondern schließt sich direkt an den *Variantenraum* an, wo die Information enthalten ist. Der Variantenraum ist ein Informationsfeld, in dem die Drehbücher aller möglichen Ereignisse gespeichert sind. Die Menge der Varianten ist unendlich groß, so groß wie die Menge möglicher Punkte in einem Diagramm. Im Variantenraum ist alles aufgezeichnet, was war, was ist und was sein wird.

Ziehen Sie jetzt bitte keine voreiligen skeptischen Schlüsse. Betrachten Sie aufmerksam irgendeinen Gegenstand, dann schließen Sie die Augen und versuchen Sie, ihn sich vorzustellen. Selbst wenn Sie ein Meister der Visualisierung sind, werden Sie den Gegenstand mit geschlossenen Augen nicht so »sehen« können wie mit offenen Augen. Die Form, die Ihr Gehirn sich eingeprägt hat, ist nur ein Foto von sehr schlechter Qualität. Wir wollen einmal annehmen, das Gehirn speichert ein solches Foto als Anordnung einer Neuronengruppe. Um dann aber alle im Gedächtnis gespeicherten Fotos wiederzugeben, gäbe es gar nicht genügend Neuronen, auch wenn es sie in riesiger Anzahl gibt.

Wenn unsere Erinnerungen und Träume eine Wiedergabe dessen sind, was in den Neuronen aufgezeichnet ist, wie viele von ihnen müssten dann in unserem Gehirn sein? Im Transsurfing wird der Widerspruch damit erklärt, dass Neuronen keine Informationsträger sind wie die Bits im Computer. Das Gehirn speichert nicht Informationen, sondern eine gewisse Ähnlichkeit von Informationsadressen im Variantenraum.

Möglicherweise hat das Gehirn die Fähigkeit, eine begrenzte Menge an Informationen zu speichern. Doch selbst als vollkommenes biologisches System kann es nicht alles behalten, was wir aus unserem Gedächtnis wiedergeben können. Insbesondere kann es keine vollkommene virtuelle

Realität wie einen Traum kreieren. Dabei sollte man sich nicht von dem schwachen Argument einlullen lassen, das Gehirn erwerbe im abgeschalteten Zustand angeblich die Fähigkeit, vorgestellte Bilder deutlich wahrzunehmen.

Wir wollen einmal alles Bewusste in der Psyche des Menschen dem Verstand zuordnen und alles Unterbewusste der Seele. Dann könnte man sagen, dass ein Traum eine Reise der Seele durch den Variantenraum ist. Die Seele hat direkten Zugriff auf das Informationsfeld, in dem alle Drehbücher und Bühnenbilder stationär gespeichert sind, so wie einzelne Bilder auf einem Film. Der Verstand stellt sich seine Träume nicht vor - er sieht sie wirklich. Wir haben es also ganz und gar nicht mit Illusionen zu tun, sondern mit einem realen Filmstreifen davon, was in der Vergangenheit oder in der Zukunft geschehen könnte.

In unseren Träumen sehen wir alle möglichen Ereignisse, aber da es eine unendliche Vielfalt potenzieller Varianten gibt, ist es nicht garantiert, dass unser Traum eine Beziehung zur Wirklichkeit hat. Jedes Geschehnis, das in unserer realen Welt stattfindet, stellt die materielle Realisierung einer Menge von Varianten dar. Die materielle Welt vermischt sich mit dem unendlichen Variantenraum, so wie das Einzelbild eines Filmes mit dem laufenden Film. Das Resultat ist das Phänomen der Bewegung der Materie innerhalb der Zeit.

Es mag schwierig erscheinen, hieran zu glauben. Wo soll dieser Variantenraum sein? Und wie soll das alles überhaupt möglich sein? Von unserer dreidimensionalen Warte aus betrachtet, befindet sich der Variantenraum gleichzeitig überall und nirgends. Er mag jenseits des Universums sein oder in Ihrer Kaffeetasse. Auf jeden Fall nicht in der dritten Dimension. Dennoch ist der Zugriff auf dieses Informationsfeld prinzipiell möglich, denn genau von dort kommen intuitives Wissen und Hellsichtigkeit. Der Verstand ist nicht in der Lage, etwas wirklich Neues zu erschaffen. Er kann lediglich aus alten Ziegelsteinen ein neues Haus erbauen. Der Verstand bezieht alle wissenschaftlichen Erkenntnisse und die Meisterwerke der Kunst mithilfe der Seele aus dem Variantenraum.

Gibt es aber so etwas wie eine Brücke zwischen Traum und Realität? Solange wir schlafen, kommt es uns nicht in den Sinn, das Geschehen kritisch zu betrachten. Im Traum nimmt die Realität auffallend natürlich Form an. Obwohl dort die wunderlichsten Dinge geschehen, nehmen wir dies als ganz normal wahr. Im Traum befindet sich der Mensch vollständig in der Macht der Umstände. Der Traum überkommt ihn, und er kann nichts daran ändern.

Im unbewussten Traum übt der Verstand keine Kontrolle über die Seele aus - er sieht zu wie in einem Kinofilm. Gleichzeitig erlebt er das Gesehene, und diese Erlebnisse werden an die Seele übertragen, die sich sogleich auf den bestimmten Sektor des Variantenraumes einstellt. Auf diese Weise ändert sich das Drehbuch im Lauf der Geschehnisse dynamisch. Die Bühnenbilder und die handelnden Personen werden augenblicklich dem geänderten Drehbuch angepasst. Das Vorstellungsvermögen nimmt also am Traum teil, aber nur als Ideengenerator.

Manchmal jedoch, wenn wir Glück haben, wird uns irgendwann einmal bewusst, dass wir träumen. In diesem Fall wird aus dem unbewussten Traum ein bewusster Traum. Der Mensch nimmt wie in einem virtuellen Spiel an dem bewussten Traum teil und erkennt, dass es nur ein Traum ist. Sollte Ihnen das noch nie passiert sein und Sie hören das erste Mal davon, dann sollten Sie nicht daran zweifeln - das ist keine Fantasievorstellung. Über bewusste Träume sind viele Bücher geschrieben worden, und es gibt viele Leute, die sich mit Begeisterung und intensiv mit diesem Thema beschäftigen.

Sobald man erkennt, dass man nur träumt, eröffnen sich einem seltsame Fähigkeiten. Im bewussten Traum gibt es nichts Unerfüllbares. Man kann den Lauf der Dinge steuern und Unglaubliches tun - zum Beispiel fliegen. Doch selbst im Traum ist nicht allein der Wunsch, sich in die Lüfte zu erheben, ausreichend. Was realisiert wird, ist nicht der Wunsch, sondern die Ausrichtung auf ein Ziel. Nicht die Gedanken spinnen den Wunsch, sondern etwas anderes - etwas, was mit Worten schwer zu beschreiben ist. Diese Kraft steht hinter den Kulissen der Bühne, auf der das Spiel der Gedanken abläuft. Und dennoch steckt darin das entscheidende Momentum. Sie haben wahrscheinlich schon erraten, dass es um die *Absicht* geht. Die Absicht lässt sich in etwa definieren als die Entschlossenheit, zu haben und zu handeln.

Der Wunsch allein führt zu nichts. Doch je stärker der Wunsch, desto größer die Aussichten auf Erfolg. Wenn Sie sich im Traum wünschen zu fliegen und dann darüber nachdenken, ob das möglich ist oder nicht, werden Sie nichts erreichen. Um zu fliegen, müssen Sie sich einfach kraft Ihrer Absicht in die Luft erheben. Die Wahl eines beliebigen Drehbuchs im Traum wird nicht durch den Wunsch realisiert, sondern durch die feste Ausrichtung auf die Erlangung des Ziels. Denken und wünschen Sie nicht, sondern seien Sie entschlossen, zu haben und zu handeln.

Die Absicht ist jene Triebkraft, die im bewussten Traum das Drehbuch gestaltet. Doch es fragt sich: Warum werden auch unsere Befürchtungen Wirklichkeit? Kann man von ihnen etwa als einer Absicht sprechen? Nicht nur in unseren Träumen, sondern auch im richtigen Leben werden wir stets von Drehbüchern unserer Befürchtungen und Sorgen sowie auch unseres Neides und unseres Hasses verfolgt. Wenn ich etwas nicht will, plane ich dann etwa, es zu haben? Dennoch bekommen wir genau das, was wir mit aller Kraft zu vermeiden suchen. Bedeutet das, dass die Ausrichtung unseres Wunsches keine Bedeutung hat? Die Lösung dieses Rätsels steckt in einer noch mysteriöseren und mächtigeren Kraft, genannt die *äußere Absicht*.

Die Absicht, mit aller Kraft etwas zu erreichen, ist bekannt - das ist die *innere Absicht*. Es ist viel schwieriger, kraft des eigenen Willens seine Handlungen auf die äußere Welt zu übertragen. Der Begriff der äußeren Absicht ist untrennbar mit dem Variantenraum verbunden. Normalerweise werden alle Manipulationen von Zeit, Raum und Materie, die sich nicht logisch erklären lassen, als Magie oder paranormale Erscheinungen erachtet. Die Absicht wird deshalb äußere Absicht genannt, weil sie sich außerhalb des Menschen befindet und sich folglich seinem Verstand nicht beugt. Allerdings kann der Mensch in bestimmten Bewusstseinszuständen dennoch Gebrauch von ihr machen. Wem es gelingt, diese mächtige Kraft seinem Willen unterzuordnen, der kann unglaubliche Dinge zustande bringen. Mithilfe dieser Kraft errichteten die Magier der Antike die ägyptischen Pyramiden und schufen weitere ähnliche Wunderwerke.

Wenn Sie versuchen, mit Gedankenkraft einen Bleistift zu bewegen, wird sich nichts tun. Haben Sie aber die feste Absicht, sich vorzustellen, dass er sich bewegt, dann werden Sie möglicherweise etwas erreichen. Angenommen, Sie schaffen es tatsächlich, den Bleistift zu bewegen (Extrasensorikern gelingt ja bisweilen so etwas). Mag sein, dass es recht meschugge klingt, was ich jetzt sage, aber: *Der Bleistift bewegt sich in Wirklichkeit gar nicht!* Gleichzeitig ist es aber auch nicht so, dass Sie sich einfach nur täuschen. Im ersten Fall versuchen Sie, den Bleistift mit gedanklicher Energie zu bewegen. Diese Energie reicht nicht aus, um den Gegenstand zu verschieben. Im zweiten Fall gleiten Sie zu Sektoren des Variantenraums, wo der Bleistift andere Positionen einnimmt. Verstehen Sie den Unterschied?

Der Bleistift liegt auf dem Tisch. Kraft Ihrer Absicht stellen Sie sich vor, dass er beginnt, sich zu bewegen. Ihre Absicht tastet die Raumsektoren ab, in denen der Bleistift immer neue Positionen innehat. Wenn Ihre gedankliche Ausstrahlung stark genug ist, wird der Bleistift sich nacheinander an neuen Positionen des realen Raumes materialisieren. Dabei bewegt sich die individuelle »Schicht des Bleistifts«, während die übrigen Schichten, einschließlich der des Beobachters, unbeweglich bleiben. Was sich bewegt, ist nicht der Gegenstand, sondern dessen Realisierung im Variantenraum. Auf diesem Prinzip beruht die Bewegung der sogenannten unidentifizierten Flugobjekte, für die die Gesetze der Physik (insbesondere das der Massenträgheit) nicht zu existieren scheinen.

Es ist nicht verwunderlich, wenn Sie mit Telekinese nichts erreichen. Bei fast allen Menschen sind derartige Fähigkeiten nur sehr schwach ausgebildet. Das hat nichts damit zu tun, dass Sie über eine mangelhafte Energetik verfügen, sondern vielmehr damit, dass es sehr schwer ist, an eine solche Möglichkeit zu glauben und demzufolge in sich selbst eine reine äußere Absicht hervorzurufen. Menschen mit telekinetischen Fähigkeiten bewegen dabei eigentlich keine Gegenstände. Sie haben die einzigartige Fähigkeit, mit der Kraft der Absicht ihre Energie auf die Mutation der materiellen Realisierung im Variantenraum zu richten.

Alles, was mit der äußeren Absicht verbunden ist, wird normalerweise als Mystik, Magie oder bestenfalls als unerklärliche Phänomene eingestuft, deren Belege und Zeugenaussagen am Ende auf staubigen Regalen landen. Die gängige Weltanschauung lehnt solche Dinge rundweg ab. Irrationales ruft immer eine Art Angst hervor. Eine ähnliche Angst und Starrheit erfahren Menschen, die UFOs beobachten. Solche unerklärlichen Erscheinungen sind der gewohnten Wirklichkeit so fern, dass man an sie nicht glauben will. Gleichzeitig jedoch erdreisten sie sich, so erschütternd real zu sein, dass sie Schrecken hervorrufen.

Die äußere Absicht betrifft Fälle im Sinne des islamischen Spruchs: »Und geht zum Berg nicht der Prophet, dann geht der Berg zu Mohammed.« Das Wirken der äußeren Absicht wird längst nicht immer von paranormalen Erscheinungen begleitet. Im täglichen Leben werden wir ständig mit der Wirkungsweise der äußeren Absicht konfrontiert. Insbesondere unsere Befürchtungen und unsere schlimmsten Erwartungen werden von der äußeren Absicht realisiert. Da sie in diesem Fall aber unabhängig von unserem Willen tätig ist, wird uns nicht bewusst, auf welche Weise dies geschieht.

Die Fähigkeit zur Steuerung des Traums ist eine Folge der Erkenntnis der Traumrealität in Bezug zur wahren Realität. Auf dieser Stufe der Erkenntnis haben wir einen Stützpunkt – die Realität, in die wir nach dem Erwachen zurückkehren können. Diese Realität ist ihrerseits dem unbewussten Traum ähnlich: Wir befinden uns dann unter der Macht der Umstände und »werden gelebt«. Und weil wir uns nicht an unsere Vorleben erinnern, haben wir keinen Stützpunkt, um auf eine höhere Bewusstseinsstufe aufsteigen zu können.

Dennoch ist unsere Lage nicht hoffnungslos. Im Transsurfing gibt es indirekte Methoden, mit deren Hilfe wir die äußere Absicht dennoch zwingen können, für uns zu arbeiten. Die geistige Energie des Menschen ist unter bestimmten Bedingungen in der Lage, diesen oder jenen Sektor des Variantenraumes zu materialisieren. Mit anderen Worten, wir können unsere eigene Realität gestalten. Dafür sind jedoch bestimmte Regeln zu beachten.

Die Realität hat zwei Formen: eine physische, die wir mit unseren Händen berühren können, und eine metaphysische, die jenseits unserer Wahrnehmung liegt, die aber dennoch genauso objektiv real ist. Die Welt ist gewissermaßen ein grenzenloser dualer Spiegel, auf dessen einer Seite sich das materielle Universum befindet, während sich gegenüber der metaphysische Variantenraum erstreckt. Eine potenzielle Möglichkeit verwirklicht sich in der Realität als eine Reflexion im Spiegel der Varianten. Im Alltagsbewusstsein versuchen wir erfolglos, auf die Reflexion einzuwirken, während wir eigentlich die Form selbst, das Urbild, ändern müssen.

Von was für einer »Form« ist hier die Rede? Und wie können wir sie ändern? Wie sollen wir mit diesem seltsamen Spiegel umgehen? Das Transsurfing gibt Antworten auf all diese Fragen. Transsurfing ist eine sehr mächtige Methode zur Realitätssteuerung. Dabei ist es nicht so, dass wir unser Ziel durch eigene Anstrengung erreichen, sondern es wird quasi von selbst erreicht. Aus gängiger Sicht klingt das unglaublich. Indem wir die Stereotype überwinden, öffnen wir Türen zu jener Welt, wo die Möglichkeiten nur durch die Absicht beschränkt sind und wo vermeintlich unerfüllbare Träume Wirklichkeit werden.

Der Tod des Programmierers

Auf ein Buch wie »Transsurfing. Die Realität ist steuerbar« habe ich seit langem gewartet. Die Methode funktioniert, so viel steht für mich fest. Doch wie mir scheint, ist es mir bislang nicht recht gelungen, bis zur Seele vorzudringen. Wahrscheinlich mache ich nicht alles richtig. Was ich als Erstes gelernt habe, ist, keine Energie zu vergeuden, auch wenn ich ab und zu auf Abwege gerate. Ich habe mich beinahe daran gewöhnt, mir zu sagen: »Ich mag etwas nicht wissen, aber die Welt weiß es.« Und: »Meine Absicht verwirklicht sich; alle Weichen sind gestellt, und alles läuft in den richtigen Bahnen.«

Transsurfing funktioniert tatsächlich, aber etwas Ungutes scheint mich zu verfolgen. Mein Privatleben will einfach keine rechte Form annehmen. Wahrscheinlich messe ich ihm zu viel Bedeutung bei, und ich muss lernen, es loszulassen. Ich gebe mir Mühe, mich nicht mit anderen zu vergleichen: »Schau nur, die da haben Erfolg, nur ich nicht.« Sobald ich Zweifel bekomme, nehme ich wieder Ihr Buch zur Hand. Das hilft zwar, aber manchmal kann ich nicht recht unterscheiden, wo ein Wunsch wirkt und wo ich mich selbst zu wichtig nehme oder mir nur visuelle Vorstellungen von dem mache, was ich will. Das hat mich etwas verwirrt.

Zum Beispiel habe ich den Wunsch - oder die Absicht -, in England zu leben und zu arbeiten. Zufällig fand ich eine Organisation, die Arbeitsstellen in England vermittelt, aber ich wurde betrogen. Trotzdem halte ich an meinen Plänen fest und mache Schritte in diese Richtung. Ich stelle mir mein Ziel optisch vor, aber ich bin mir nicht sicher, ob das wirklich »meine Tür« ist.

Als Antwort möchte ich Ihnen die Geschichte eines nahen Freundes erzählen. Wir wollen ihn »den Programmierer« nennen, denn das war sein Beruf. Auch er wollte seine Heimat verlassen, weil sie ihm mühsam und unliebsam erschien. In Russland rangierte der hochqualifizierte Programmierer oft als Laufbursche, manchmal jedoch auch als Prügelknabe. Im Westen hingegen wurden Leute wie er auf Händen getragen. Als er dann von den sagenhaften Gehältern, den Luxusautos und den Einfamilienhäusern mit Swimmingpool hörte, gab es für ihn kein Halten mehr. In seiner Brust entbrannte ein Fieber - das goldene Fieber, wenn man so will.

Als würde er sich nach den Prinzipien des Transsurfings richten, fragte sich mein Freund: »Welches Ziel auf der Landkarte soll ich anstreben?« Und ohne jedes Zögern antwortete ihm die Seele: »Nach Österreich natürlich, wohin sonst?« Aus irgendeinem Grunde hatte er einen Narren an diesem Land gefressen: die Alpen, die Skipisten, die einzigartige Schönheit der Natur. Und vor allem schien es eines der heimeligsten Länder der Welt zu sein.

Mit glänzenden Augen erzählte er mir von seiner Idee und deutete sogar an, dass wir gemeinsam dorthin ziehen könnten. Allem Anschein nach hatte er seine Seele und seinen Verstand auf einen Nenner gebracht.

Damals hatten wir aber von Transsurfing noch nichts gewusst, und so nahm der Verstand des Programmierers dessen Schicksal in die Hand.

Eines Tages jedoch teilte mir mein Freund ernüchtert mit, dass seine Pläne nicht realisierbar seien. Die österreichische Gesetzgebung für Immigranten erwies sich als nahezu undurchdringliche Wand. Der Verstand des Programmierers, daran gewöhnt, mit tatsächlich erreichbaren Zielen umzugehen, hatte die Oberhand gewonnen. Das war der erste Fehler des Programmierers.

Somit begrub mein Freund schon bald seine Träume, und seine Seele wurde traurig. Doch schon bald fand sein unternehmungslustiger Verstand einen akzeptablen Ersatz: Kanada! Diese Idee beflügelte ihn aufs Neue. Dort herrschte ein großer Mangel an Spezialisten, und es war wesentlich leichter, an ein Arbeitsvisum heranzukommen.

Die neue Idee war tatsächlich realisierbar. Er schilderte mir ausgiebig die Vorteile seines Planes. Doch der einstige Glanz in seinen Augen hatte sich schon verflüchtigt. Er urteilte als kühler Analytiker, der alles Für und Wider sorgfältig abwägt und im Voraus einen ganzen Algorithmus des Erfolgs errechnet. Soweit ich verstand, bestand sein Ziel darin, einen hochbezahlten Job zu bekommen. Schließlich hatte er eine Familie zu ernähren. Nicht nur das - er hatte es satt, mit seiner Qualifikation in der Armut herumzukrebsen! Und ein hochklassiger Programmierer war er tatsächlich.

Mein Freund galt als Workaholic, und für ihn stand eindeutig fest, dass man sich nur durch harte Arbeit ein Leben im Wohlstand verdienen kann. Er ging mit vollem Eifer an die Sache heran. Er büffelte Englisch, lernte neue Computertechnologien, verfasste ein Bewerbungsschreiben und sandte es an die passenden Adressen. Insofern hatte er eigentlich alles richtig gemacht.

Ein halbes Jahr verstrich - nichts, einfach nur eisiges Schweigen. Das Bewerbungsschreiben war bis ins Feinste ausgefeilt, eine bessere Qualifikation als die seine war fast nicht vorstellbar und Englisch beherrschte er inzwischen recht passabel. Und gemessen an der Anzahl der Adressen, an die er das Schreiben versandt hatte, musste ihn wahrscheinlich schon halb Kanada kennen. Woran mangelte es? Wahrscheinlich musste er noch bessere Qualifikationen erwerben! Also arbeitete er umso besessener, ohne sich zu schonen. Aber in seiner Seele nistete sich die Angst ein, und der unerträgliche Wunsch, um jeden Preis sein Ziel zu erreichen, quälte ihn. War er etwa schlechter als andere?

Einerseits gab es tatsächlich einen großen Mangel an Spezialisten. Doch gleichzeitig konnte man immer wieder hören, dass kanadische Arbeitgeber Ausländern gegenüber sehr skeptisch sind. Wieder einmal erwies sich das logische Denken als unzureichend.

In dieser Situation kam der Verstand des Programmierers zu dem weisen Schluss, sich besser nicht allein auf Kanada zu fixieren. Er konnte es ja auch einmal mit den USA probieren. Unsere Denkkraft soll dort ja hochgeschätzt sein. So fiel das vorige Ziel auf Platz zwei, und mein Freund startete eine neue Kampagne in Richtung USA.

Mittlerweile hatte der Programmierer mit diesen Dingen schon Erfahrung. Er hatte alles in diesem Zusammenhang gründlich erforscht und wusste genau, was zu tun war. Strategie und Taktik waren bis ins Detail durchdacht. Alles befand sich auf höchstem Niveau - sein Wissen, seine praktische Erfahrung und auch seine Präsentation. Er wurde ein regelrechter Profi auf dem Gebiet der Arbeitssuche.

Man sollte meinen, die stolze Präsentationsmappe sollte die amerikanischen Arbeitgeber glatt vom Hocker gehauen haben. Doch wieder verging die Zeit, und niemand zeigte Interesse an unserem Spezialisten. Der Verstand des Programmierers versuchte fieberhaft, den Grund für den seltsamen Lauf der Dinge zu ergründen. Alles war doch tadellos – wieso also ließ das Ergebnis auf sich warten? Wo waren die »Kopfjäger« der Branche abgeblieben? Gab es nicht Hunderte oder gar Tausende von Storys, wie Computerspezialisten in den USA eine glänzende Karriere hingelegt hatten?

Schließlich fand sich eine Erklärung. Die Spitzentechnologien entwickelten sich in rasendem Tempo, und auf dem Arbeitsmarkt herrschte eine besondere Nachfrage nach Fachrichtungen, die unser Bewerber nicht in seinem Portfolio hatte. Zwar gab es auch eine Nachfrage für Leute mit seinen Kenntnissen, doch der Programmierer machte sich mit seinem ihm eigenen Eifer daran, neue Technologien zu erlernen. Er wollte der Beste sein, koste es, was es wolle! Doch all seine Bemühungen waren umsonst. Amerika zeigte ihm weiterhin die kalte Schulter. So verging ein Jahr.

Hin und wieder besuchte mich mein Freund und klagte mir sein Leid. Wohin nur hatte sich jene Begeisterung verflüchtigt, mit der er einst von seinen Österreich-Plänen gesprochen hatte? Er war jetzt kein enthusiastischer Sucher mehr, sondern ein müder, sorgengeplagter Spieler, der in der Hoffnung auf einen Hauptgewinn Tag für Tag erwartungsvoll seine Post durchsuchte. Wer noch nie in einer solchen Lage war, wird schwerlich verstehen, was es bedeutet, ständig zwischen Hoffnung und Verzweiflung zu balancieren.

Eines Tages dann erhielt er schließlich ein Angebot – ja sogar drei auf einmal. Was für eine verschlagene und hämische Grazie ist doch der Erfolg! Er stellte sich genau in dem Moment ein, als der Programmierer jede Hoffnung verloren und sich von seinen Plänen bereits verabschiedet hatte.

Als Ort für das Bewerbungsgespräch wurde Moskau ausgewählt. Natürlich ist er voller Erwartung sofort dorthin gereist. Das erste Treffen fand in einem Luxuscafé statt. Der Programmierer wurde geradezu zuvorkommend behandelt, und zu seiner Verwunderung verlief das Gespräch glatt und erfolgreich. Die nette Amerikanerin lud ihn zu Kaffee und Kuchen ein. Als sie dann allerdings nonchalant zahlte, wäre er vor Verlegenheit beinahe im Boden versunken – er hätte sich einen so hohen Preis nie vorstellen können. Allerdings war es ja an der Zeit, sich an das neue Leben zu gewöhnen, in dem er sich noch viel mehr würde leisten können.

Das zweite Gespräch mit den Vertretern einer anderen Firma war das genaue Gegenteil des ersten. Der überhebliche Portier gab sich lange den Anschein, als würde er nicht verstehen, wovon jener erbärmliche Provinzler spreche, und wollte ihn nicht in das Hotel einlassen, in dem das Treffen stattfinden sollte. Zwei nicht gerade freundliche US-Amerikaner nahmen den Programmierer dann ins Kreuzverhör, offenbar um seine Standfestigkeit in Stresssituationen zu testen. Das Ergebnis teilten sie ihm nicht mit, aber nach ihren zufriedenen Gesichtern zu urteilen, war er auch mit dieser Aufgabe gut zurechtgekommen.

In seinem Erfolgsrausch hat der Programmierer auf das dritte Gespräch - das Angebot einer finnischen Firma - verzichtet. Was war schon Finnland - verglichen mit den USA?! Wieder zu Hause, verfasste er, wie es der Etikette entspricht, zwei Briefe, in denen er sich für die Gespräche bedankte. Von beiden Firmen erhielt er eine Zusage!

Jawohl! Schließlich konnte der Programmierer für all sein Bangen den wohlverdienten Lohn einstreichen. Dem Fleiß und der Beharrlichkeit sei Dank! Jetzt hatte er alles hinter sich. Er musste nur noch eine von zwei Firmen auswählen. Die erste, mit deren Vertreterin er sich im Moskauer Café so nett unterhalten hatte, war in Arizona, die zweite in Kalifornien. Wie doch das Schicksal alles geändert hatte! Jetzt hatte *er* die Wahl ...

Der allwissende Verstand des Programmierers hatte, wie üblich, auch hier das Sagen: Was hatte er in der gottverlassenen Kaktuswüste von Arizona verloren? Die Arbeit in Kalifornien schien da wesentlich spannender zu werden. Der Weg in diese Firma war zwar von Anfang an recht steinig gewesen, aber als Workaholic wollte er keine leichten Wege. Und so wählte er die zweite Variante.

Er musste nun etwas für ihn völlig Ungewohntes tun, nämlich das Angebot der entgegenkommenden Firma in Arizona höflich ablehnen. Aber sei's drum - sein ganzes Leben war jetzt mit frohen Vorbereitungen erfüllt, und das war die Hauptsache. Schon bald kam die Einladung, und der Programmierer hatte problemlos das langersehnte Arbeitsvisum in der Hand, die gesamte Familie mit eingeschlossen!

Allerdings musste er zuerst noch seine preiswerte Wohnung verkaufen, in der er mit seiner Frau und seiner kleinen Tochter gelebt hatte, und seine Eltern besuchen. Denn woher sollte er als armer russischer Programmierer die 1500 Dollar für das Dreipersonen-Visum hernehmen? Aber das war schon gar nicht mehr wichtig. Alles lief in die richtige Richtung, und es erwartete sie ein gesichertes, komfortables Leben im sonnigen Kalifornien.

Nachdem der Programmierer alles geregelt hatte, teilte er seiner künftigen Firma die frohe Nachricht mit, dass er zur Abreise bereit sei. Das war im Frühling 2001. In den USA wartete man ungeduldig auf den Programmierer. Sie sollten für ihn die Flugtickets buchen, und nichts schien den Lauf der Dinge noch stören zu können.

Aber aus irgendeinem Grunde stieß er jetzt wieder auf jenes eisige Schweigen. Der Programmierer konnte die Antwort nicht abwarten und schickte einen Brief nach dem anderen. Was war denn geschehen? In seiner Brust erwachte erneut das völlig vergessene Gefühl panischer Angst.

In letzter Zeit hatte er in diesem Wirrwarr irgendwie aufgehört, die Nachrichten über Entwicklungen in Übersee zu verfolgen. Doch als er eines Tages über die wirtschaftliche Lage in den USA zu lesen begann, eröffnete sich ihm ein Bild des Grauens. In den »neuen Technologien« braute sich im Eiltempo eine Krise ungekannten Ausmaßes zusammen. Zehntausende, ja Hunderttausende Spezialisten verloren ihren Job. Unternehmen, die mit Computern und Telekommunikation zu tun hatten, erlitten riesige Schäden. Und wie sich zeigte, gehörte die Firma des Programmierers zu jenen, die völlig untergegangen waren.

Damit hatte er überhaupt nicht gerechnet. Jetzt blickten die amerikanischen Arbeitgeber nicht nur ausländische Spezialisten scheel an, sondern auch ihre eigenen. Sein Visum war nun ungültig, da es auf einem konkreten Arbeitsplatz beruhte. Und eine Wohnung hatte er jetzt auch nicht mehr. Kurzum ... er war pleite.

Was alles noch schlimmer machte, war die Ironie des Schicksals, dass die Firma aus Arizona sich irgendwie über Wasser gehalten hatte und jetzt wieder zum Alltagsgeschäft zurückgekehrt war. Der Programmierer machte einen verzweifelten Versuch, sich ein zweites Mal dort zu bewerben. Doch es war für die Katz. Niemand machte sich auch nur die Mühe, ihm zu antworten.

Dieser Misserfolg hatte meinen Freund am Boden zerstört, doch seinem Leben ein Ende zu setzen, dazu konnte er sich nicht durchringen, wie Sie vielleicht gedacht hatten. Er suchte mit dem gleichen Eifer einen hochbezahlten Job, aber nicht mehr im Ausland, sondern in Russland. Er glaubte, dass man durch hartnäckiges Bestreben alles erreichen kann. Und tatsächlich - als hätte das Schicksal sich seiner erbarmt - bekam er auch bald ein günstiges Angebot in einem kleinen Ort unweit der Stadt, in der er mit seiner Familie wohnte.

Ihm wurde ein sehr hohes Gehalt angeboten, doch der Programmierer wollte seine Karriere nicht an einem unbedeutenden Ort fortsetzen. Er hatte die Latte seiner Ambitionen deutlich höher gesetzt. Er hatte ja beinahe Kalifornien im Sturm genommen! Und seither hatte er sich angewöhnt, bei seinen Bestrebungen Vollgas zu geben.

In der Tat wurde der Programmierer ein so hochqualifizierter Spezialist, wie man ihn selten findet. Und nachdem er den Sommer des gleichen

Jahres hindurch alle Stufen einer extrem harten Bewerbung durchlaufen hatte, bekam er schließlich doch eine Anstellung in einer amerikanischen Firma, die eine Zweigstelle in Moskau hatte.

Sein Gehalt war, selbst für Moskauer Maßstäbe, so gediegen, dass es für eine Wohnung und auch alles Übrige locker reichte. Jetzt, so dachte er, sollte doch alles in Ordnung sein. Die Firma war stabil, die Krise war überstanden, die Gewinne stiegen.

Der Programmierer zog nach Moskau und begann mit seiner Arbeit, die ihm eine eindrucksvolle Karriere versprach. Sehr wahrscheinlich würde man ihn im Laufe der Zeit nach Amerika versetzen. Und vielleicht war das auch besser so. Dass es beim ersten Mal nicht geklappt hatte, mochte ja bedeuten, dass ihn das Schicksal vor etwas Schlimmerem bewahrt hatte.

Doch seine Freude sollte sich als verfrüht herausstellen. Es kam nämlich der 11. September – jener denkwürdige Tag, als in New York aufgrund eines Terroranschlags die Gebäude des World Trade Centers zerstört wurden, mit Tausenden von Todesopfern. Die Zentrale der Firma des Programmierers befand sich in einem jener Wolkenkratzer, und als Folge davon löste sich die Firma auf.

Offenbar hatte ihm das Schicksal auch diesmal übel mitgespielt. Es hatte den Anschein, als ob irgendwelche dunklen Kräfte sich in der Welt des Programmierers einzunisten trachteten. Je mehr er sich bemühte, desto schlimmer war das Ergebnis. Das war nun wirklich der Anfang vom Ende. Ihm blieb nichts mehr übrig, als nach Hause zurückzukehren.

Mein Freund hat daraufhin alle Hoffnungen begraben. Er verkaufte seinen Computer und beschloss, sich nie mehr mit dieser verdrießlichen Sache zu beschäftigen. Der Programmierer ist in der Tat gestorben. Überlebt hat ein zerbrochener, verängstigter und schwermütiger Mann.

Er nahm eine Stelle bei einer Fabrik an, wo er sich mit primitiver Handarbeit einen Hungerlohn erarbeitete. So hoch sein professioneller Aufstieg, so tief sein Fall. So hatte der Verstand des Programmierers beschlossen, sich für seine Nutzlosigkeit zu bestrafen.

Ob man ihm wohl in dieser traurigen Geschichte seine Handlungsweise vorwerfen kann? Aus der Perspektive der gängigen Weltanschauung hat er alles richtig gemacht. Viele Menschen handeln auf ähnliche Weise. Der eine hat Glück damit, mein Freund jedoch nicht. Und doch könnte alles ganz anders gekommen sein. Wir wollen jetzt die Fehler des Programmierers aus der Sicht des Transsurfings betrachten.

Der erste Fehler war der Verzicht auf das eigene Ziel, da es zu schwer zu erreichen schien. Das ursprüngliche Ziel des Programmierers - Österreich - war richtig gewählt, da es in der Einheit von Seele und Verstand gewählt wurde. Wer beim Gedanken an sein Ziel vor Glück buchstäblich auf Flügeln getragen wird, der hat jene Einheit erreicht. In diesem Zustand singt die Seele, und der Verstand reibt sich zufrieden die Hände. Zu beachten ist hierbei: Das ist erst das Stadium der Bestimmung des Ziels.

Nun stellt sich jedoch die Frage nach den Mitteln und der Art und Weise, wie das Ziel zu erreichen ist. Wird der Traum als unerfüllbar betrachtet, so wird der Verstand, aus Furcht, sich in ein Wolkenschloss zu versteigen, die Idee zurückweisen, um etwas Realeres zu finden. Eigentlich jedoch schwebt der Verstand weder in den Wolken noch steht er auf festem Boden, sondern er kriecht in der beklagenswerten Grube seiner Unwissenheit umher.

Der angeblich vernünftige Verstand, der auf alltäglichen Stereotypen aufbaut, ist nicht in der Lage, einen Weg zu finden, der tatsächlich zu einem schwer zugänglichen Ziel führt. Der Weg zum Erfolg ist immer ganz individuell, wie uns das Leben lehrt.

Echte Weisheit, die auf der Erfahrung vieler Generationen fußt, besagt, dass die Formel des Erfolgs sehr wechselhaft ist. Ihre einzige Beständigkeit liegt darin, dass die Ausnahme eigentlich immer die Regel ist. Der Verstand - jener »Vater aller schwerwiegenden Fehler« - hält sich blind an den allgemeingültigen Stereotypen fest, die keinen wirklichen Wert haben. So wird alles auf den Kopf gestellt. Ich empfehle Ihnen, diesen Absatz in aller Ruhe durchzulesen.

Das Einzige, was vom Verstand auf der Stufe der Bestimmung des Ziels gefordert wird, ist, festzustellen, ob das Ziel prinzipiell erreichbar ist. Damit ist die Mission jenes »Schlaubergers« beendet. »Aber wie zum Teufel soll das gehen?!«, wird der vernünftige Verstand ausrufen. Das ist aber schon nicht mehr seine Aufgabe. Er hat ja oft genug gezeigt, was er kann, dieser Nachtwächter.

Es werden sich von selbst Mittel und Wege zum Erreichen des Ziels finden, von denen der Verstand nicht einmal den Hauch einer Vorstellung hatte. Er weiß nichts davon und kann es auch gar nicht wissen. Wenn wir ständig ans Ziel denken, als wäre es schon erreicht, dann wird die äußere Absicht - jene unbegreifliche Kraft - uns im Laufe der Zeit die nötigen Türen öffnen. Die Aufgabe des Verstandes besteht darin, den Gedankenfluss in die richtige Richtung zu lenken und so den Mechanismus der äußeren Absicht in Gang zu setzen.

Der zweite Fehler ist die Unruhe angesichts eines mangelnden Ergebnisses, das nervöse Begehren. Je rastloser Sie sind, desto langsamer werden Sie zum Ziel fortschreiten, wenn Sie überhaupt Fortschritte machen. Um seelische Ausgeglichenheit zu erreichen, müssen Sie natürlich wissen, worauf diese sich gründen soll. Das Transsurfing vermittelt dieses Wissen.

Ihre Situation im Variantenraum hinsichtlich des Ziels ist so ähnlich, als würden Sie sich in einem Boot auf offenem Meer befinden. Um zum Festland zu gelangen, müssen Sie unablässig nach Norden steuern, also in die Richtung, wohin die Kompassnadel - der Gang Ihrer Gedanken - zeigt. Während Sie sich vorstellen, wie Sie das Festland erreichen und am Strand aussteigen, ist Ihre Kompassnadel dahin gerichtet, wo es nötig ist. Sie müssen nur an die Ankunft denken und rudern. Das ist alles!

Aber der ungeduldige Verstand kann es nicht abwarten und stachelt den Ruderer an: »Können wir nicht dorthin steuern? So schnell es geht? Aber was, wenn uns die Kraft ausgeht? Liegt vielleicht das Land in jener Richtung? Aber ja, wir müssen einen ganz anderen Kurs einschlagen!« Darauf beginnt die Kompassnadel zu kreiseln, und das Boot wechselt ständig die Richtung.

Der Verstand kann die Bewegung im Variantenraum nicht wahrnehmen, und so wird er von Zweifeln und Rastlosigkeit geplagt. Er ist es gewohnt, die Lage im Griff zu haben. Er wird sich nur dann beruhigen, wenn er eine Aufgabe gestellt bekommt, bei deren Durchführung er versteht, was zu tun ist. Sagen Sie ihm also klar: »Schaukle nicht so herum!«, dann wird das Boot auf Kurs bleiben. Die Aufgabe des Verstandes soll es sein, den Gedankenfluss zu beherrschen.

Mit dem Wunsch sieht die Sache schon etwas komplizierter aus. Er ist so etwas wie ein natürlicher Anker. Es wäre gut, ihn sich vom Halse zu schaffen. Der »Pfad des Samurai« zum Beispiel besteht darin, so zu leben, als sei man bereits tot. Dann gibt es nichts mehr zu verlieren und nichts zu befürchten. Genauso sollte man sein Ziel unbewegt ansteuern, als hätte man sich bereits mit dem Misserfolg abgefunden. In diesem Fall wird das Ankertau leicht zu kappen sein.

Wenn sich der Wunsch auf keine Weise bändigen lässt, muss man sozusagen den Anker einholen. Sagen wir einmal, Sie haben einen Wunsch, der Ihre Absicht zu handeln steigert, aber er ist durch Gier geprägt. Das Zweite ist die Angst vor einem Misserfolg: Ich möchte etwas erreichen, aber es mangelt mir an Kraft, und gleichzeitig befürchte ich, dass ich es nicht schaffen werde. Warum diese Furcht? Weil ich nicht an das Ziel denke, sondern an die Mittel und Wege, es zu erreichen. Die Gier erzeugt ein *Überschusspotenzial,* durch das das umgebende energetische Feld stark verzerrt wird. Das zieht die *Nivellierungskräfte* herbei, und so wird am Ende das Ziel nicht erreicht.

Erinnern Sie Ihren Verstand immer wieder daran, so an das Ziel zu denken, als wäre es schon erreicht. Natürlich werden sich ab und an finstere Überlegungen einschalten. Na, und wenn schon - dagegen brauchen Sie nicht anzukämpfen. Hauptsache, Sie vergessen nicht, dass solche kleinen Schwankungen Sie nicht vom Hauptkurs abbringen dürfen.

Letztlich ist es auch möglich, seine Gier bewusst zu drosseln. Wie Sie noch wissen werden, waren die Bewerbungen des Programmierers genau dann erfolgreich, als er seinen krampfhaften Wunsch fallen ließ. Das Gleiche kann man auch bewusst machen.

Der dritte Fehler ist das Wechseln von einem Ziel zum anderen. Der Programmierer konnte es einfach nicht abwarten, bis die Variante reif war und sich materialisierte. Das ist immer am schwersten - warten zu können, die Ruhe zu bewahren und so Herr der Lage zu bleiben. Man muss in der Zeit, wo scheinbar nichts geschieht, die Geduld bewahren. Es ist eine Art Test der Beharrlichkeit.

Eine solche Pause ist unvermeidlich, und da muss man gelassen bleiben. Häufig geschieht es, dass der Verstand vorzeitig in Panik gerät und dann übereilt einen anderen Pfad einschlägt. Denn das Ziel kann schon im nächsten Augenblick am Horizont auftauchen - verzweifelt winkend, um die Aufmerksamkeit des blindes Verstandes zu erregen: »Halt, bitten warten!«

Die materielle Realisierung einer Variante entwickelt sich so wie die Reflexion im Spiegel. Sie entsteht in Form eines Bildes in Ihren Gedanken: das Zieldia. Der Unterschied zwischen dem Spiegel des Variantenraums und einem gewöhnlichen Spiegel ist der, dass die Reflexion im Variantenspiegel nicht sofort in Aktion tritt, sondern mit Verzögerung.

Stellen Sie sich die folgende seltsame Situation vor: Sie stehen vor einem Spiegel und sehen dort nichts - eine Leere. Nach einiger Zeit entwickelt sich ein Bild, so wie früher beim Entwickeln von Fotos. Zu einem bestimmten Zeitpunkt beginnen Sie zu lächeln, aber in der Reflexion sehen Sie den gleichen ernsten Gesichtsausdruck wie zuvor.

Genauso wirkt der Spiegel des Variantenraumes. Nur ist dort die Verzögerung viel länger, weshalb Veränderungen nicht gleich zu sehen sind. Wie aber kann in einem solchen Spiegel je ein richtiges Bild entstehen, wenn sich das vor dem Spiegel stehende Original ständig verändert? Die Reflexion konnte sich noch nicht bilden, aber der Mensch ist dabei, sein Dia zu ändern. Als Folge davon erscheint ein diffuser Fleck auf dem Spiegel.

Der vierte Fehler ist das negative Dia. Was kann durch ein Dia entstehen, das Überlegungen enthält wie »Ich bin unwürdig und mangelhaft vorbereitet!«? Der Programmierer hatte überhaupt kein Zieldia. Sein Verstand war völlig in die Mittel zum Erreichen des Ziels vertieft.

Mit der Realisierung des Ziels war nur die innere Absicht beschäftigt. Der Spiegel reflektierte dabei den Prozess des Kampfes und der Erwartung, aber nicht mehr als das. Natürlich sind auch gewöhnliche Methoden zum Erreichen eines Ziels brauchbar, aber Sie müssen dann viel länger warten, und die Aussichten sind auch wesentlich geringer.

Das Ergebnis ist schneller und sicherer zu erreichen, wenn Sie in Gedanken ein Dia betrachten, auf dem das Ziel bereits erreicht ist. Die Zeit für die »frohen Vorbereitungen« sollte bereits jetzt sein! Gebärden

Sie sich vor dem Spiegel, als sei der Erfolg schon vorherbestimmt, dann wird die Reflexion sich entsprechend gestalten.

Die Sache ist die: Der Variantenraum ist eine Art paradoxes Restaurant. Dort brauchen Sie nicht herumzusitzen und zu warten, bis der Kellner Ihnen das Essen serviert. Tun Sie so, als stünden die Speisen und Getränke bereits auf Ihrem Tisch.

Das Geheimnis dieses außergewöhnlichen Restaurants ist, dass der Kellner hinter dem Vorhang steht und Sie beobachtet. Er wird das Gericht erst dann bringen, wenn er sieht, dass Sie bereits angefangen haben zu speisen. Genau das ist der springende Punkt.

Der fünfte Fehler ist die Bewegung gegen den Variantenstrom. Dieser Fehler ist ganz offenkundig. Sie werden gewiss verstehen, warum der Programmierer ohne jedes Zögern die Firma aus Arizona hätte wählen sollen. Wenn es dazu kommt, eine Auswahl zu treffen, sollte man sich genau für jene Variante entscheiden, die am meisten »nachgibt«. Jedes andere Empfinden des Verstandes, so überzeugend es auch erscheinen mag, können Sie getrost ablehnen.

Der Verstand des Programmierers hat sich gegen den Variantenstrom gewandt und eine *fremde Tür* mit schwierigem Zugang gewählt. Und das, obwohl sich gleich nebenan ein Haupteingang mit speziell für ihn ausgerolltem Teppich befand!

Natürlich wurde ihm dann die fremde Tür im letzten Moment vor der Nase zugeschlagen – das haben fremde Türen nun einmal so an sich. Was nützen »vernünftige Argumente«, wenn man am Schluss nur die Hände über dem Kopf zusammenschlagen und sagen kann: »Wer hätte das wissen können?« Natürlich niemand. Und solches Wissen war ja auch gar nicht nötig. Es hätte gereicht, einfach dem Variantenstrom zu folgen.

Der sechste Fehler ist die Herrschaft des Verstandes über das Drehbuch. Die Folgen dieses Fehlers sind nicht so offensichtlich, doch für das Ergebnis ist er genauso schädlich wie alle anderen. In der Regel ist der überhebliche Verstand der Ansicht, er habe eine Vorstellung davon, wie der Lauf der Dinge sich entwickeln sollte. Und sollte etwas vom geplanten Drehbuch abweichen, so zweifelt er am Erfolg und denkt, alles ginge in die Brüche. Durch eine solche Einstellung wird die Lebenslinie auf ein negatives Gleis umgeleitet. Und dort ist dann tatsächlich alles richtig schlimm.

Jedes Mal, wenn Sie Ihre Einstellung zu diesem oder jenem Ereignis äußern, treffen Sie eine Wahl an einer Kreuzung zweier Varianten. Die Bewegung zum Ziel führt durch ein Labyrinth, das aus zahlreichen Weggabelungen besteht. Mit seiner primitiven Logik kann der Verstand in diesem Wirrwarr von Linien sehr lange umherirren.

Der Schlüssel zum Labyrinth ist in Wirklichkeit ganz einfach: das *Prinzip der Koordinierung.* Was auch immer geschieht, alles führt zum Ziel und wird genauso, wie es nötig ist. Bei einer solchen Einstellung wird die Lebenslinie immer auf eine günstige Abzweigung gelenkt. Die Koordinierung wird uns immer den kürzesten und optimalen Weg zum Ziel bahnen.

Die meisten Dummheiten werden vom Verstand begangen, indem er Ereignisse nicht akzeptiert, die nicht in sein Drehbuch passen. Es ist das Wesen des Verstands, alles unter Kontrolle halten zu wollen. Und es ist auch sinnlos, hiergegen anzukämpfen. Die Kontrolle des Verstands sollte einfach auf die Beachtung des Prinzips der Koordinierung und das bewusste Anpassen an den Variantenstrom gerichtet werden.

Der siebte Fehler besteht darin, dass der Verstand nicht auf die Stimme der Seele hören will. Genaugenommen sind alle Fehler eigentlich eine Folge dieses einen Hauptfehlers. Der Verstand kommt genauso wenig ohne die Seele aus wie die Seele ohne den Verstand. Zusammen verfügen sie über unbegrenzte Möglichkeiten. Es mag scheinen, dass man ein Vollidiot sein muss, um so viele Fehler zu machen, und dann auch noch immer wieder aufs Neue. Doch der Programmierer hatte seine Misserfolge gerade seinem hochentwickelten Verstand zu verdanken.

Offensichtlich hat der menschliche Verstand, wenn er der Stimme des Herzens beraubt ist, wenig Wert. Natürlich kann man auch allein mit dem Verstand auskommen und so leben wie die meisten Menschen, indem man sich auf den sogenannten gesunden Menschenverstand stützt. Warum ein Wunder in sein Leben einlassen? Es ist doch viel einfacher und sicherer, sich einzureden, dass Transsurfing nie und nimmer funktionieren kann!

Dann begnügen Sie sich halt mit einem Leben mit mäßigen Ergebnissen und hoffen nicht auf ein Wunder. Wer im Rahmen der gängigen Weltanschauung handelt, dessen Äpfel werden natürlich immer zur Erde fallen, ganz nach den Gesetzen des gesunden Menschenverstandes. Anders kann es nicht sein.

Nun, da Sie die »Erklärung der Magier« kennen, rate ich Ihnen, die Geschichte des Programmierers nochmals ganz durchzulesen, dann werden Sie alles klar erkennen. Es sollte allerdings noch erwähnt werden, dass die Geschichte doch noch ein gutes Ende nahm.

Mein Freund konnte sich nicht sehr lange selbst bestrafen. Seine Seele bemühte sich, aus der Einkerkerung auszubrechen, und fand auch schließlich einen Ausweg. Er hat sich erinnert, dass er einst recht passabel zeichnen konnte. Ohne Hoffnung auf Erfolg begann er heimlich, seine einstige Begeisterung aufzufrischen.

Und was glauben Sie? – Seine Arbeiten fanden Anerkennung, und er konnte sie erfolgreich verkaufen. Der neugeborene Maler konnte überhaupt nicht verstehen, wieso die Leute sich derart auf seine Bilder stürzten. Aus seiner Sicht war nichts Besonderes an ihnen. In Wirklichkeit jedoch war in ihnen etwas, was wie Gold geschätzt und gleichzeitig missachtet wird – *die Einheit von Seele und Verstand*. In solcher Einheit entsteht alles, was in jeglicher Sphäre menschlicher Tätigkeit als Meisterwerk erachtet wird.

Der Maler ist jetzt ein glücklicher, gut situierter Mann. Dank seiner Seele hat er seinen eigenen Weg gefunden. Später erzählte er mir, dass er den Beruf des Programmierers eigentlich nie mochte. Auch gefiel es ihm nicht, in einer Fremdsprache zu kommunizieren. Jetzt ist der Maler überzeugt, dass er unheimliches Glück hatte, dass seine Abreise nicht stattfand. Ansonsten wäre er nie so erfolgreich geworden.

Auch wenn er sich dessen nicht bewusst ist, so irrt er sich wahrscheinlich darin, dass die Malerei das Einzige sei, was seiner Seele liege. Es ist durchaus möglich, dass eines seiner Ziele jetzt in Österreich oder Arizona begraben liegt. Im Variantenraum ist alles möglich, und jeder von uns kann zahlreiche Ziele haben. Wir müssen nur unser eigenes wählen.

Man sollte nicht meinen, die Vorliebe der Seele liege allein in der geistigen Sphäre. Die Geschichte des Programmierers ist ein klassisches Beispiel für die Wirkungsweise des Transsurfings. Doch ich möchte auch daran erinnern, dass man eine fremde Erfahrung nicht kopieren kann. Jeder hat seinen eigenen Weg, und der braucht mit Wissenschaft oder Kunst nichts zu tun zu haben. Alles ist viel einfacher. Wir brauchen nur aufmerksamer auf das Rauschen der Morgensterne zu lauschen - auf die Stimme unseres Herzens. Wichtig ist auch, die Seele nicht mit dem Verstand zur Eile zu drängen. Sie wird sich von selbst öffnen. Die Aufmerksamkeit des Verstandes ist ausreichend.

Zum Schluss dieses Kapitels will ich noch einmal das Grundschema in Erinnerung rufen, wie Sie im Transsurfing Ihr Ziel erreichen. Zunächst müssen Sie anhand der Einheit von Seele und Verstand Ihr Ziel bestimmen; dann sollten Sie sich mit dem Variantenstrom bewegen, wobei Sie in Gedanken ein Zieldia betrachten. Gleichzeitig sollten Sie das Prinzip der Koordinierung beachten und mit dem Ruder der Visualisierung des Prozesses nachhelfen. Alles ist so einfach, dass eigentlich keine Verwirrung möglich ist. Und wie das alles im Detail geht, das habe ich bereits in den Bänden *Transsurfing. Die Realität ist steuerbar* und *Transsurfing 5. Die Realität auf den Kopf gestellt* beschrieben.

Die Spiegelgalerie

Ich möchte eine Begebenheit aus meinem Leben schildern. Es ist spät am Abend, ich fahre mit meiner Frau nach Hause. Sie ist sehr müde (sie konnte wegen ihrer Arbeit kaum schlafen). Ich bin kein besonders guter Fahrer, und meine gesamte Aufmerksamkeit ist auf die Straße in einer mir unbekannten Gegend gerichtet. Da übersehe ich eine Abzweigung und merke es erst zwei Kilometer später. Plötzlich wacht meine Frau auf und schreit mich an, ich hätte die Ausfahrt verpasst. Ich muss einen Schwall von Worten über mich ergehen lassen, als hätten wir den letzten Tag Pompejis. Zwar bemühe ich mich, nicht zu antworten, doch sie lässt nicht locker und bohrt weiter. Wie konnte das geschehen? Ich habe keine negative Energie ausgestrahlt - ich habe mich nur auf den Weg konzentriert, wenngleich ich mich wegen mangelhafter Orientierung unbehaglich fühlte. Ich sehe da keinen rechten Ausweg: Mein Zustand ist nicht gerade ideal, und die Negativität, die von meiner Frau ausgeht, verdoppelt die Negativität in der Familie. Meine Frau kann ich nicht ändern, das steht fest. Was ist in diesem Fall die richtige Strategie und Taktik?

Jeder von uns erschafft sich seine eigene Weltschicht. Diese Schichten überlappen sich und stapeln sich übereinander. Eine Quelle der Negativität kann aus fremden Schichten in Ihre Weltschicht eindringen. Sie sollten dem keine Bedeutung beimessen und sich nicht darüber ärgern, dass diese Negativität von Ihnen nahestehenden Personen erzeugt wird.

Die Welt ist ein Spiegel, der aber mit Verzögerung reagiert. Machen Sie es sich zum Leitspruch, dass sich die Welt um ihren Komfort und Ihr Wohlergehen kümmert. Suchen Sie dafür beharrlich Bestätigung in allen möglichen Kleinigkeiten. Machen Sie sich dies zur Gewohnheit. Mit der Zeit wird die Negativität auf unbegreifliche Weise aus Ihrem Leben verschwinden. Sogar Ihre Umgebung wird keine Quelle der Negativität mehr sein. Suchen Sie nicht nach einer Erklärung dafür. *Handeln Sie einfach mit gleichbleibender Beständigkeit.*

Schauen Sie, was geschehen ist: Sie wählen sich einen Leitspruch mit positiver Einstellung und warten das Ergebnis ab. Sie erleben aber eine Reaktion, die nicht Ihrer jetzigen Einstellung entspricht. Diese Resonanz, das heißt die Reflexion, ist eine Folge Ihrer *früheren* Einstellung. Sie haben die Verzögerung außer Acht gelassen.

Wenn Sie ein negatives Ergebnis bekommen, reagieren Sie schablonenhaft, das heißt wieder negativ. Ihre Einstellung zeigt sich in Ihren Gedanken und Handlungen. Der Spiegel, dessen Reaktion auf Ihre positive Einstellung noch nicht eingetroffen ist, bekommt erneut einen negativen Impuls. Immer wieder wechseln Sie Ihren Kurs, und daher kommen Sie dem Ziel nicht näher. Das Geheimnis ist Beständigkeit. Wenn Sie Ihr Ziel mit einem ständigen Leitsatz unterstützen, wird die Reflexion im Spiegel der Welt im Laufe der Zeit zu einer Übereinstimmung mit dem Original gelangen.

> *Bald nachdem ich mir die Leitsätze »Meine Welt kümmert sich um mich« und »Was auch immer geschieht, alles ist so, wie es sein soll« zu eigen gemacht hatte, begannen Unannehmlichkeiten auf mich herabzuhageln wie aus einem Füllhorn.*

Zuerst nur wenig, dann aber immer mehr. Zum Beispiel musste ich kürzlich meinen Arbeitsplatz wechseln, weil mein Lohn um die Hälfte gekürzt worden war. Vom Verstand her mache ich mir klar, dass alles zum Besten ist, doch im Unterbewusstsein bin ich dennoch nervös und an meiner Seele nagt der Zweifel. Könnten Sie mir bitte empfehlen, was ich tun kann?

Allem Anschein nach sind Ihre Lebenslinien stark »verschlackt«. Wenn ein Organismus durch einen ungesunden Lebensstil verunreinigt ist, kann es sein, dass nach dem Umschalten auf eine gesunde Lebensweise eine intensive Reinigung stattfindet, die dann von Krankheitsprozessen begleitet wird.

Etwas Ähnliches geschieht jetzt in Ihrem Leben. Sie senden neue Gedankenformen in die Welt, und der Spiegel Ihrer Umwelt beginnt sich nun umzuordnen. Doch ehe die Reflexion im Spiegel sich angepasst hat, dauert es eine gewisse Zeit. Und währenddessen können schon »Nebenkosten« anfallen, so wie es bei Ihnen der Fall ist.

Verfallen Sie jetzt nicht in Panik oder in Schwermut. Ich rate Ihnen jetzt nicht, einfach geduldig zu sein - nein, jubeln Sie einfach und freuen Sie sich über die Veränderungen in Ihrem Leben. Die Welt wird sich dann mit ähnlichem Eifer um Sie kümmern, so dass eine Art Generalüberholung eingeleitet wird, bei der bekanntlich immer auch etwas in die Brüche geht.

Die Hauptsache ist, dass Sie diese Veränderungen nicht als negativ empfinden. Wenn Sie beharrlich dem Prinzip der Koordinierung der Absicht folgen, können Sie sich schon bald davon überzeugen, dass die Ereignisse, die Ihnen zunächst ungünstig erschienen, in Wirklichkeit zu Ihrem Nutzen waren.

Der Erfolg hängt davon ab, wie bereitwillig der Verstand die für ihn unglaubliche Tatsache akzeptiert, dass der Mensch mit seinen Gedanken seine eigene Weltschicht erschaffen kann. Ich möchte Sie allerdings vor zwei Extremen warnen: Das eine Extrem ist, in Euphorie zu verfallen. Halten Sie sich klar vor Augen, dass niemand gegen Fehler und Misserfolge gefeit ist. Rechnen Sie nicht damit, dass alles immer glatt laufen wird. Lassen Sie auch Raum für Misserfolge. Erlauben Sie Fehlern und Niederlagen manchmal, ihren Lauf zu nehmen, anstatt gegen sie anzukämpfen.

Andererseits – was auch immer geschieht, Sie haben die Macht, einen Misserfolg als Erfolg zu erklären. Sie haben sich ja entschieden, dass die Welt sich um Sie kümmern wird, und Ihr Verstand kann nicht wissen, was für Sie wirklich gut ist. Das weiß Ihre Welt besser. Sie sind Herr Ihrer Realität, also erklären Sie, indem Sie Ihre Macht nutzen, dass der scheinbare Misserfolg in Wirklichkeit auf Ihren Erfolg hinausläuft.

Das zweite Extrem besteht darin, die positive Einstellung für seine Pflicht zu halten, sich dazu zu zwingen, immer zufrieden zu sein. Die positive Einstellung sollte eine Folge Ihrer Überzeugung sein, dass dies für Sie vorteilhaft ist. Sie müssen sich einfach bewusst sein, dass Ihre Einstellung die Reflexion im Spiegel Ihrer Welt formt. Aber Sie sollten daraus keine Pflicht für sich machen. Sie sind die freie Königin Ihrer Welt, und folglich haben Sie die Macht, bisweilen unzufrieden oder launisch zu sein. Zwängen Sie sich nicht in den Rahmen erzwungener Notwendigkeiten, sondern leisten Sie sich das Vergnügen, mit dem Spiegel der Welt zu spielen.

Ich weiß einfach nicht, was ich tun soll. Sehen Sie, meine Mutter, ich ärgere mich bisweilen sehr über sie. Ich würde ihr ja gern verzeihen ... aber ich kann nicht. Es geschieht einfach ständig, dass sie mir irgendwelche Unannehmlichkeiten bereitet. Das ist gar nicht leicht für mich (besonders im materiellen Sinne), denn ich habe ja auch eine eigene Familie - meinen Mann und einen Sohn. Ich kann einfach nicht alle Kraft meiner Mutter widmen. Das ist mein Konflikt, und ich fühle mich schuldig. Ich bin wohl ziemlich dumm, nicht wahr? Aber manchmal treibt mich das alles in den Wahnsinn!

Ich kenne nicht die Einzelheiten Ihrer Beziehung zu Ihrer Mutter, daher kann ich Ihnen keine konkreten Empfehlungen geben. Höchstwahrscheinlich sind alle Ihre Probleme mit Schuldgefühlen verbunden. Wer Schuldgefühle hat, in dessen Drehbuch wird zwangsläufig auch diese oder jene Form der Strafe vorkommen. Er kann sich zum Beispiel in den Finger schneiden, sich eine beschwerliche Pflicht aufbürden oder mit unangenehmen Problemen konfrontiert werden.

Es ist vergeblich, gegen Schuldkomplexe anzukämpfen. Es ist unmöglich, einer Schuld zu entrinnen, sei sie nun begründet oder nicht. Dieses Problem lässt sich nur durch konkretes Handeln lösen. Die Handlung besteht darin, dass Sie damit aufhören, sich zu rechtfertigen. Sogar in Ihrem Brief rechtfertigen Sie sich: »Ich bin wohl ziemlich dumm, nicht wahr?« So sollten Sie von sich selbst nicht sprechen. Denn im Spiegel der Welt werden Sie sich gemäß Ihrer Einstellung zu sich selbst spiegeln. Verhalten Sie sich so, dass Sie sich nichts vorzuwerfen haben. Dann wird der Spiegel die Schicht Ihrer Welt so gestalten, dass es darin keine Schuldgefühle gibt.

Überwinden Sie sich selbst jedes Mal, wenn Sie sich rechtfertigen wollen. Verbieten Sie es sich, dies zu tun. Rechtfertigen Sie sich nur im äußersten Notfall, wenn Sie Ihre Handlungen wirklich erklären müssen. Wenn Ihr Schuldkomplex stark ist, wird es Sie zu Beginn gar nicht stören, Ihr Gewissen zu »drosseln«. Sobald Ihre Gewohnheit, sich zu rechtfertigen, geschwunden ist, werden auch bald das Schuldgefühl und schließlich das Drehbuch der Strafe Vergangenheit sein.

> *Wende ich die Technik des Transsurfings richtig an, wenn ich »dies und das«* tue? Ist das ein Fehler meinerseits?*

Entscheidend ist nicht, ob Sie etwas richtig machen oder nicht, sondern ob Sie selbst an die Richtigkeit Ihrer Handlung glauben. Wenn Sie Ihr Handeln für falsch halten, begehen Sie einen Fehler, egal was Sie getan haben. Wenn Sie zweifeln, werden Sie auch selbst schwankend sein. Stellen Sie sich einmal folgende Situation vor: Sie kommen in eine Galerie, wo anstelle von Gemälden Spiegel an den Wänden hängen. Sie alle haben verschiedene Fassungen, aber der wesentliche Spiegel ist für Sie der, in dem Sie Ihre eigene Reflexion sehen. Meine Rolle hierbei ist, Sie durch die Spiegelgalerie zu führen.

Angenommen, Sie stellen mir die Frage, welche Methode zum Erreichen des Ziels die bessere für Sie sei: diese oder jene? Oder sollten Sie sich

---

* *Die Beschreibung der Tätigkeit wurde vom Autor weggelassen.*

vielleicht lieber mit Ihrem Karma beschäftigen? Das bedeutet, dass Sie mich fragen: »In welchen Saal der Galerie soll ich jetzt gehen?« Meine Antwort lautet: »In einen beliebigen, auf den Sie Ihre Seele und Ihren Verstand richten.« Ihre nächste Frage lautet: »Und wie soll ich der gewählten Methode richtig folgen?« Dies bedeutet, dass Sie wissen möchten, wie Sie sich vor den Spiegel stellen sollen, um darin reflektiert zu werden.

Wie Sie sich auch vor dem Spiegel hinstellen, Sie werden darin reflektiert, das können Sie nicht bezweifeln. Sie können allein den Ausdruck wählen, den Sie in der Reflexion sehen wollen. Den aber müssen Sie selbst wählen. Wenn Sie in der Reflexion einen fröhlichen Menschen sehen wollen, dann fragen Sie nicht, wie Sie lächeln sollen. Sie lächeln einfach, das ist alles. Wenn Sie im Spiegel lieber einen düsteren Gesellen sehen wollen, dann nur zu - Sie wissen doch, wie so etwas geht. Wozu solche Fragen?

Die Grundlage des Transsurfings ist: *Sie selbst gestalten die Reflexion im Spiegel der Welt.* Sie erküren Ihre Absicht, sprich: Ihren Gesichtsausdruck. Und Sie leisten sich das Vergnügen zuzusehen, wie die Reflexion sich verändert. *Nehmen Sie sich Ihr Recht, recht zu haben.* Sagen Sie sich einfach: »Ich weiß besser, welchen Spiegel ich wählen will und wie ich vor den Spiegel trete.« Genauso würde ein Kind handeln, das in die Spiegelgalerie kommt. Erwachsene vergessen oft, dass sie einst auch wussten, was zu tun ist. Verstehen Sie, wovon ich spreche?

Man sollte mit jeder Technik spielerisch umgehen, indem man sie befolgt, aber sich gleichzeitig auch einen Freiraum für deren Deutung und für Improvisation lässt. Indem Sie mich nach meiner Meinung zu Ihrer Methodik des Handelns fragen, bitten Sie mich quasi um Rat, ob Sie vor dem Spiegel besser diese oder jene Grimasse schneiden sollen. Was hat das mit mir zu tun? Sie stehen wieder vor dem Spiegel und fragen: »Bildet der Spiegel meine Gestalt auch richtig ab?«

Der Spiegel wiederholt nur Ihre Gedanken, so ähnlich wie im Roman *Solaris* von Stanislaw Lem. Wenn Sie sich um Ihre Probleme sorgen, dann tun Sie das, aber so *werden sie bei Ihnen bleiben.* Wäre es nicht einfacher, auf das zu pfeifen, was Sie loswerden wollen, und sich lieber mit Dingen zu befassen, die Sie erreichen wollen? Wenn Sie Kurs auf die Antarktis nehmen, dann werden Sie dorthin gelangen, ganz gleich, wo Sie sich jetzt befinden: in Afrika, Amerika oder Asien. Entscheidend ist, Ihr Ziel zu wählen und dann den Kurs zu halten. Mehr als das ist nicht nötig.

Das gehemmte Pendel

Wir haben uns unser eigenes »Pendel« ausgedacht und erschaffen und lassen es nun schwingen. Dieses Projekt gibt es jetzt schon zwei Jahre lang. Wir waren dabei sehr ambitioniert und haben viel Energie hineingesteckt, aber Geld hat es bisher noch nicht eingebracht. Dabei haben wir nicht einfach Däumchen gedreht und auf den Erfolg gewartet. Nein, wir tun eine Menge dafür, aber irgendwie läuft es nicht richtig an. Daher wüsste ich gern: Wie erschafft man ein Pendel richtig, und wie lässt es sich lenken?

Teilweise wurde dieses Thema schon in dem Band *Transsurfing 5. Die Realität auf den Kopf gestellt* behandelt. Ich kann dies hier noch etwas ausführen. Wenn eine Gruppe von Menschen in eine Richtung zu denken beginnt, so bleibt das nicht ohne Folgen. Die kollektive Energie der gedanklichen Ausstrahlung geht nicht verloren, sondern wird transformiert in ein energoinformatives Wesen, das Pendel. Jede Struktur erschafft ihr eigenes Pendel, das sie in Form eines energoinformativen Überbaus überragt.

Jede Struktur lebt und entwickelt sich nicht einfach als Folge der beabsichtigten Handlungen von Menschen, die die Elemente der Struktur bilden. Die Struktur wird von einem Pendel gesteuert, so wie ein automatischer Mechanismus von einem Algorithmus gesteuert wird. Die Mitglieder der Struktur können beliebige Handlungen begehen, sind aber in ihren Motivationen nicht frei und daher in der Regel gezwungen, unbewusst im Interesse der Struktur zu handeln.

Zum Beispiel wird ein Beamtenapparat den Mitarbeiter, der über hervorragende Fähigkeiten verfügt, nicht an die führende Position lassen, auch wenn alle wissen, dass er der Beste ist. Der leitende Posten wird einem mittelmäßig befähigten Beamten gegeben werden, der den Interessen der Struktur am meisten entspricht, der aber nicht »der Beste« und auch nicht »der Fachkundigste« ist. Hinter solchen Phänomenen steht das Pendel wie ein leitender Überbau.

Das Pendel verfügt nicht über eine bewusste Absicht, aber es beeinflusst die Motivation der Menschen mit dem Zweck, die Stabilität der eigenen Struktur so gut wie möglich zu gewährleisten und die Stärke der Konkurrenz zu untergraben. Es mag so scheinen, als wäre all dies die bewusste Absicht der Menschen, die für die Struktur arbeiten, dem ist aber nicht so. Die Mitglieder der vom Pendel beherrschten Struktur unterwerfen sich dem Pendel unbewusst. Allerdings kommt es auch vor, dass die Absicht der Menschen durchbricht und dass sie dann gegen die Struktur handeln, was zu deren Destabilisierung führt.

Im Lichte der genannten Eigenarten des Pendels lassen sich sachgemäße Prioritäten für die Entwicklungsstrategie eines Unternehmens aufstellen. Es ist dabei zu berücksichtigen, dass das Florieren der Struktur im Interesse des Pendels ist – folglich sollte das Pendel auf jede erdenkliche Weise gestärkt werden.

Das Pendel wird umso stärker, je mehr Stützpunkte es hat. Daher sollten die Hauptbemühungen auf das Errichten von Stützpunkten gerichtet sein, zum Beispiel ein gut strukturiertes Verteilernetz. Der Leiter des Unternehmens wird sagen: »Das weiß ich doch selber!« Eigentlich schon, aber er ist sich dessen nicht bewusst. Sein Verstand ist tatsächlich davon unterrichtet, dass das Verteilernetz eine wichtige Rolle spielt, aber das Klischee »Das beste Unternehmen ist jenes, das die besten Produkte herstellt« zwingt ihn sehr häufig, alle Energie in die Herstellung des besten Produktes zu stecken. Wie aber hinlänglich bekannt ist, sind die am besten verkauften Produkte beileibe nicht immer die besten. Das ist eine Tatsache.

Was aber ist das beste Produkt? Der Verstand redet dem Unternehmensleiter immer wieder ein: »Wir müssen vollendete Produkte herstellen!« Das ist aber nur seine Ansicht, die Ansicht des Produzenten. Für die Nachfrage spielt dieses Kriterium gar keine Rolle. Die Nachfrage richtet sich nach dem Variantenstrom. Das Hauptaugenmerk der Marketingstrategie sollte sich nicht auf die Vollkommenheit der eigenen Produkte richten, sondern auf die laufende Nachfrage und deren Veränderungen.

Es ist nun nicht so, dass das noch nie einer gehört hätte, im Gegenteil, aber die Menschen *verstehen* es nicht, sondern sind bloß wieder nur *informiert*. Sie schlafen buchstäblich und erschaffen immer wieder die gleichen Pendel, ohne daran zu denken, wie sie sich hervortun könnten, indem sie zum Beispiel ein Produkt erzeugen, das in naher Zukunft Mangelware sein wird, ehe dies jemand erkannt hat. Dafür muss man aus der Reihe tanzen und seinen eigenen Weg gehen. Alle großen Erfolge wurden stets nur dann erreicht, wenn ein Unternehmer etwas anders tat als all die anderen. Um seinen eigenen Weg zu finden, muss man auf die Stimme des Herzens lauschen. Man mag das nun für hochtrabende Worte halten, die keinen realen Bezug zur Geschäftswelt haben. Viele Menschen beachten ihre intuitiven Gefühle nicht, sondern richten sich ausschließlich nach der Stimme des Verstandes, und das ist der versteckte, aber prinzipielle Fehler.

Das Transsurfing hat eine konkrete Begründung für die Tatsache, dass die Stimme der Seele derjenigen des Verstandes ganz real überlegen ist. Das ist keine leere Philosophie, sondern die blanke Realität. Insbesondere wer in einer Struktur arbeitet, sollte auf seine unterbewussten Motivationen hören, denn durch sie wird das Pendel gebildet. Wenn zum Beispiel Leute einen Mitarbeiter in eine Führungsposition wählen sollen, sind sie geneigt, auf den Verstand zu hören, der ihnen rät, den Besten zu wählen. Wenn eine sanfte Stimme im Unterbewusstsein einen anderen Kandidaten vorschlägt, sollte man aufmerksam hinhören, da dies die Stimme des Pendels ist, die den geeignetsten Kandidaten kennt. Es mag sein, dass der »Beste« mit seinem Elan, seinen Ideen und seinen Initiativen das Unternehmen ins Chaos führt, wohingegen der »Richtige« ihm Stabilität verleiht und im kritischen Moment den richtigen Beschluss fasst.

Auch die Werbung vermehrt die Anzahl der Stützpunkte. Je mehr Menschen an das Produkt denken, desto stärker das Pendel. Aber hierbei gibt es eine Besonderheit. Viele Werbefachleute machen den Fehler, dass sie ihr Hauptaugenmerk auf die Anpreisung des Produktes legen: »Wir sind toll, Sie brauchen uns, kaufen Sie uns!« Aus der Sicht des Transsurfings sollte die Ware allerdings anders beworben werden. Der Leitwerbespruch sollte so klingen: »Alle kaufen uns!« Das ist ganz einfach, und nichts ist hier überflüssig. Diese Formel sollte wie eine offensichtliche Tatsache, wie etwas Selbstverständliches dargestellt werden.

Was geschieht dabei? Es werden zwei Fliegen mit einer Klappe geschlagen. Erstens versteht unterschwellig jeder, dass nicht alle ein schlechtes Produkt kaufen werden, also muss es ja das beste sein. Zweitens - und wichtiger als Punkt eins - wird auf diese Weise vielen Menschen der Gedanke eingegeben, dass die betreffende Ware der *Bestseller* ist. Der Masse potenzieller Käufer wird die Formel des Ziels des Produzenten aufgezwungen. Stellen Sie sich einmal die Kraft einer Idee vor, wenn sie von einem großen Chor einstimmig verkündet wird! Daraufhin wird sich die *kollektive Wolke,* von der in *Transsurfing 4. Die zwei Gesichter der Realität* gesprochen wurde, in der materiellen Welt verwirklichen. Die Welt wird, wie ein Spiegel, die Gedanken der Menschen zur Realität machen. Mit anderen Worten, die Käufer selbst bringen das beworbene Produkt in Mode.

Sehr wichtig ist auch, in Schlüsselfragen alle Mitarbeiter hinter sich zu haben. Ohne eine solche Einstimmigkeit muss man Mittel und Wege finden, um sie irgendwie zu erreichen. Die Absicht aller Elemente einer Struktur muss in eine Richtung zielen. Andernfalls wird das Pendel nicht lange währen. Die Einheit eines Kollektivs im Streben nach dem Ziel birgt in sich große Kraft. Eine gemeinsame Absicht stärkt das Pendel und realisiert den Zielsektor des Variantenraumes. Wesentlich ist dabei, keine negativen Gedanken zuzulassen. Unternehmen, bei denen der Alltag mit der Klage beginnt, dass die Kassen leer sind, sind zum Scheitern verurteilt. Solche Gedankenformen bilden ihre eigene Realität. Um jeden Preis sollte eine gemeinsame positive Einstellung erreicht werden, eine gemeinsame Ausrichtung auf das Ziel, was so gut ist wie der Schlüssel zum Erfolg. Worin sich der Wunsch von der Absicht unterscheidet, das wird im Buch *Transsurfing. Die Realität ist steuerbar* ausführlich behandelt.

Erstellen Sie zunächst ein strategisches Ziel, dann versammeln Sie die Mitarbeiter und erklären ihnen, wie man ein Zieldia anwendet. Überzeugen Sie die Belegschaft davon, dass eine gemeinsame Absicht ein mächtiges Instrument zur Realitätsbildung ist und dass es daher dem Interesse des Unternehmens wie auch dem des Einzelnen dient. Machen Sie die Beschäftigung mit dem Zieldia zu einer der wichtigsten Pflichten. Sie können zum Beispiel für eine halbe Stunde am Tag zusammenkommen, um Bilder eines florierenden Unternehmens zu zeichnen. Dabei ist nur eine Bedingung zu beachten: Ein Ergebnis solcher Maßnahmen ist nur dann zu erwarten, wenn sie systematisch durchgeführt werden. Ansonsten werden sie sich bloß als vergebliche, dumme Träumereien erweisen. Die regelmäßige, zielgerichtete Beschäftigung aller Mitarbeiter mit Gedankenformen wird sich, so ungewöhnlich sie auch erscheinen mag, auf jeden Fall auszahlen. In einigen Unternehmen wird ja auch Produktionsgymnastik betrieben, und niemand hält das für unsinnig.

Zur Veranschaulichung und zum Beleg der Effektivität dieser Herangehensweise kann das allbekannte japanische »Wirtschaftswunder« dienen. Die etwas rückständige Landwirtschaftsnation Japan entwickelte sich in kurzer Zeit zu einer der führenden technologischen Wirtschaftsmächte der Welt. Einer der wichtigsten Faktoren des schnellen wirtschaftlichen Aufschwungs wurde dabei ein nationales Merkmal der Japaner – ihre Einigkeit. Dementsprechend wurde auch die Arbeit organisiert. Die Besonderheit der japanischen Firmen war ihre eigene Ideologie: Sie riefen auf zur gemeinsamen Anstrengung des gesamten Kollektivs, um die Entwicklung der Produktion zum Erfolg zu führen. Die Bestrebungen jedes Einzelnen waren dabei auf das Wohl der Firma gerichtet. Sogar nach der Arbeit gingen die Japaner nicht nach

Hause, sondern ins Café, um dort mit ihren Kollegen weiter über die Optimierung der Produktion zu sprechen.

Natürlich ist es nicht ratsam, dieses Modell zu imitieren oder gar die Praxis des Transsurfings der Belegschaft aufzuzwingen. Wichtig ist, dass die Mitarbeiter das Wesen der Methode verstanden haben und es selbst anwenden wollen. Und dafür ist es wichtig, dass sie zufrieden sind und sich dafür interessieren. In diesem Zusammenhang sind die Prinzipien des Freiling nützlich, eines mächtigen Instruments für Personalmanagement und Marketing.

Eine weitere Eigenschaft des Pendels, die sich nutzen lässt, ist seine Neigung, Konfliktenergien zu vermehren. Gemeint ist hier nicht ein Konflikt innerhalb der Struktur, sondern der Konflikt mit einem Konkurrenten. Fürchten Sie sich nicht vor der Konfrontation mit einem Opponenten, natürlich in vernünftigem Maße. Das Pendel wird seine Kraft dadurch nur steigern. In der Geschäftswelt kommt es nicht selten vor, dass Methoden zur Anwendung kommen, die auf die Unterminierung der Stabilität der Konkurrenz ausgerichtet sind. Je größer dann der Lärm, je größer der Skandal, desto größer auch die Bekanntheit. Das ist eine Realität.

Die Kenntnis der Prinzipien des Transsurfings versetzt Sie in die Lage, klare Prioritäten aufzustellen, also in vielen Fragen eine Strategie zu wählen. Wenn Sie diese Prinzipien anwenden, können Sie die Strategie der Geschäftsführung transparent und damit effektiv machen. Wenn Sie die Entwicklung und Stärkung des Pendels zur Chefsache machen, dann wird es nach der Festigung der Struktur einen Großteil der Arbeit von selbst erledigen. Sobald das Pendel über ausreichend Kraft verfügt, wird es von selbst dafür sorgen, dass die »Richtigen« die »Besten« auf den leitenden Positionen ersetzen, dass das Produkt nicht nur verkauft wird, sondern auch top ist, und dass die Struktur floriert.

Die fremde Absicht

Ich habe keine besonderen Wünsche. Ich lebe nur für das Glück meiner Kinder. Ich liebe sie über alles und habe mein Leben lang gebetet: »Lieber Gott, mach meine Kinder glücklich.« Doch nun ist etwas falsch gelaufen. Mein älterer Sohn (Student, zweiundzwanzig Jahre alt) hat mir eingestanden, dass er Drogen raucht und sich dabei glücklich fühlt. So viel zu meinem Beten ... Tja, jeder hat eben seine eigene Vorstellung von Glück. Ich hätte wohl klarstellen müssen: »... dass er intelligent, gesund und stark im Geiste ist.« Natürlich bete ich jetzt, dass der Herr ihn auf den wahren Weg führen möge. Und zu meinem Sohn habe ich gesagt, dass ich ihn sehr liebe und dass ich glaube, er werde das Problem selbst lösen können. Und ich glaube tatsächlich, dass alles wieder gut wird. Doch innerlich leide ich sehr. Stellen Sie sich vor: Ich behandle Menschen durch Massage und stelle ihre Energetik wieder her, doch meinem Sohn kann ich nicht helfen. Weinen tue ich aber nur, wenn ich allein bin. Es ist schwierig, ein Boot zu steuern, in dem du nicht allein bist, sondern zusammen mit deinen Kindern. Ehrlich gesagt sehe ich nicht, wie das Prinzip der Koordinierung der Absicht hier anzuwenden sein könnte - und vor allem, was für eine Absicht das in diesem Fall sein könnte. Einen bedauerlichen Umstand kann man es ja nicht nennen.

Sie sollten nicht denken, dass Sie mit Ihrer Absicht auf das Schicksal anderer Menschen einwirken können. Sie haben nur Ihre eigene Weltschicht zur Verfügung. Auf Ihre Umwelt haben Sie nur indirekten Einfluss - und zwar durch die Nivellierungskräfte. Eine fremde, feindselige Absicht kann mithilfe der Pendel auf Ihre Weltschicht einwirken, aber das ist schon eine andere Frage.

Der Schlüsselausdruck in Ihrem Brief - »Ich liebe sie über alles« - weist auf den Kern des Problems. Wenn man auf einem Rad die Speichen auf einer Seite zu fest anzieht, wird sich das Rad krümmen. Genauso kann man auch die Realität krümmen. Je mehr Sie Ihre Kinder lieben und vergöttern, desto mehr werden Sie Grund zur Enttäuschung haben.

Das Prinzip der Koordinierung greift hier nicht. In Bezug auf Verwandte sollten Sie sich nach der Regel des Transsurfings richten: *Gestatten Sie sich, Sie selbst zu sein, und den anderen, anders zu sein.* Sie sollten die Kinder »loslassen« und sie mit Ihrer Liebe nicht unter Druck setzen. Ansonsten ergibt sich auf der energetischen Ebene folgendes Bild: »Ich liebe euch so sehr, dass ich euch mit meiner Liebe jetzt quasi ersticke.« Offenbar können sich Ihre Kinder nicht aus Ihrer »Umarmung« befreien, und daher tanzen sie jetzt umher wie Blätter, die vom Wind der Nivellierungskräfte umhergewirbelt werden. Und dieser Wind ist dorthin gerichtet, wo etwas geschieht, für das man keine Liebe aufbringen kann.

Gleichzeitig sollten Sie sich darüber im Klaren sein, dass nicht alles, was geschieht, ausschließlich metaphysisch bedingt ist. Möglicherweise spielt Ihr Einfluss hierin überhaupt keine Rolle. Die einzige Art, wie

Sie Ihren Kindern tatsächlich helfen können, besteht darin, die Regel des Transsurfings zu befolgen.

Wie ich mich vor meinen eigenen Emotionen und vor der Einwirkung der Pendel schützen kann, ist mir mehr oder weniger klar. Verraten Sie mir bitte, wie ich mich gegen die Emotionen und Ängste naher Verwandter - sprich: meiner Eltern - verteidigen kann. Ich denke, ihre Fürsorge ist nicht weniger gefährlich als unsere eigenen Emotionen und Ängste.

Wenn es Ihnen nicht gelingt, Ihren Eltern die Nachteile einer negativen Einstellung zu erklären, dann geht das eben nicht. Aber eigentlich ist ihr Einfluss auf Ihr Leben nicht so groß, da Sie den wesentlichen Anteil zur Bildung Ihrer Weltschicht selbst beitragen. In gewissem Sinne spielen die Emotionen und Ängste Ihrer Verwandten hinsichtlich irgendwelcher Aspekte Ihres Lebens eine positive Rolle, denn die Nivellierungskräfte werden bestrebt sein, wieder ein Gleichgewicht herzustellen. Je schlimmer ihre Erwartungen, desto besser wird es bei Ihnen laufen. Wichtig ist jedenfalls, dass Sie dem, was Ihre Verwandten über Sie sagen, keine Bedeutung beimessen. Andernfalls - wenn Sie denken, dass sie auf Ihre Weltschicht einwirken können -, wird dies auch geschehen. Denn die Welt ist wie ein Spiegel, der Ihre Überzeugungen reflektiert.

Infolge der gesellschaftlichen, familiären und anderweitigen Umstände sind wir meist nicht allein - immer ist jemand mit dabei. Der Einfachheit halber gehen wir im folgenden Beispiel von einem Paar aus. Angenommen, einer der Partner hat den Wunsch, seine Lebensumstände, seine »Weltschicht« zu ändern.

Also nimmt er eine entsprechende Einstellung zur Umwelt an, und der ersehnte »warme Regen« braut sich bereits zusammen. In diesem Fall soll er nicht individuell, sondern auf das Pärchen fallen. Doch der andere Partner hat eine negative, düstere Lebenseinstellung und will daran nichts ändern. Logischerweise wird sich dann nie Erfolg einstellen.

Die eigentliche Frage lautet: Welcher der beiden wird »sich durchsetzen«? Irgendwie erscheint es unwahrscheinlich, dass jeder das Seine bekommt. Denn mein Verstand sagt mir, dass hier eine Spannung mit Kausalketteneffekt vorliegt. Entweder der Erfolg wird dem Optimisten entgehen, oder die Glückswoge wird unverdienterweise auf den Pessimisten überschwappen.

Wenn wir nur einmal den metaphysischen Aspekt der Realitätsbildung betrachten, dann erschafft jeder Mensch durch seine Gedanken seine eigene Realität. Der Spiegel reflektiert exakt Ihre individuelle Realität. Wie die Einstellung, mit der Sie vor den Spiegel treten, so wird auch Ihre Realität werden. Das ist ein Gesetz. Machen Sie sich keine Sorgen, wie sich diese Realität formen wird. Ihre Aufgabe ist es, Ihre Gedanken - oder genauer gesagt Ihre Absicht - zu justieren.

Wenn Sie dies regelmäßig und zielstrebig tun, wird Ihre Absicht zur Realität werden. Andere Menschen können Ihnen nicht dazwischenfunken. Sollte jedoch ein naher Verwandter Ihre Absichten stören, so wird es für ihn damit enden, dass er aus Ihrem Umfeld verschwindet. Sagen wir, dass Sie in weite Ferne verreisen. So genau kann ich es nicht sagen. Weitere Überlegungen der Art »Wer hat es verdient, aufgrund seiner Gedanken glücklich zu sein, und wer nicht?« sind nicht mehr als Spekulationen. Zu solchem Wissen habe ich keinen Zugang, und ich werde auch nichts dazu sagen.

Sie sollten jedoch beachten, dass Sie nur dann der vollkommene Herr über die Schicht Ihrer Welt sind, wenn Sie Ihre Absicht auf Ihre Pläne richten. Wenn Sie kein Ziel haben und Ihre Einstellung zur Sie umgebenden Realität nicht kontrollieren, sondern Ihren Gedankenfluss dem Zufall überlassen, dann verliert Ihr Schicksalsschiffchen die Steuerung und ist der Willkür der Wellen ausgeliefert. Ihr Haus verwandelt sich in einen herrenlosen Schuppen, in den jeder eindringen kann, um dann zu tun, was ihm beliebt.

Eine fremde Absicht kann auf die Schicht Ihrer Welt indirekt einwirken, und zwar durch die Nivellierungskräfte. Wenn man etwas über Sie denkt, was nicht der Wirklichkeit entspricht, entsteht eine Polarisierung. Die Nivellierungskräfte werden bestrebt sein, das Gleichgewicht wiederherzustellen. Der einfachste Weg für Sie ist, sich genau entgegengesetzt zu dem zu verhalten, was die Leute über Sie denken. Wenn Sie keinen inneren Kern haben und Ihre Weltanschauung ein gestaltloses Etwas ist, wird der Wind der Nivellierungskräfte mit Ihrem Schiffchen herumspielen. Um dies zu verhindern, sollten Sie den Weg des Transsurfings gehen, indem Sie eine klare Absicht haben und den Fluss Ihrer Gedanken steuern - und sich nicht einfach ziellos in Ihren Lebensumständen abstrampeln.

Wenn ich keinerlei Unannehmlichkeiten erwarte, sondern positiv gestimmt bin, meine Frau hingegen zu Panik neigt, welches Drehbuch wird dann mit größerer Wahrscheinlichkeit realisiert? Ist das davon abhängig, wessen Energiepotenzial höher ist?

Wenn Sie zusammenwohnen, werden sich Ihre Weltschichten irgendwie überlappen. Gutes wie Schlechtes kann dabei von einer Schicht in die andere überlaufen. Natürlich spielt dabei auch die Energetik eine Rolle. Der Hauptfaktor ist jedoch die Absicht. Das Zusammenleben von zwei Menschen mit unterschiedlichen Zielsetzungen gleicht zwei miteinander verbundenen Booten. Das Boot, das bewusst zu einem Ziel gesteuert wird, hat volle Segel und hält sich strikt an den Kurs. Beim anderen Boot, das mit den Wellen treibt, wird das Segel im Wind knattern - es hilft nicht, ist aber auch nicht besonders störend. Wenn allerdings der zweite Partner eine krankhafte Neigung zum Negativismus hat, so kann er mit seinem Boot die gemeinsame Fahrt auch ausbremsen.

Doch das Zusammensein braucht nicht zu scheitern, bloß weil Ihr Partner nicht die Prinzipien des Transsurfings befolgen mag. Es reicht völlig aus, wenn Sie sie allein befolgen. Sind Sie selbst positiv gestimmt, so wird die Weltschicht Ihres Partners immer mehr von Gutem durchdrungen, und er wird weniger Anlass zur Unzufriedenheit haben. Ihr Boot wird auf jeden Fall zum Ziel gelangen, auch wenn es als Schlepper dienen muss. Hauptsache, Sie wahren Ihre Einstellung zur Welt und halten Ihren Gedankenfluss auf dem gewählten Kurs. Solange dies stimmt, ist alles andere unbedeutend.

Ich versuche, in meinem Leben die Theorie des Transsurfings anzuwenden. Manchmal entdecke ich voller Staunen, dass es tatsächlich funktioniert. Nun habe ich folgende Frage: Was kann ich tun, wenn meine Mutter mich für einen Pechvogel hält? Wenn sie mir vorhält, ich würde am Rande des Elends leben und in Zukunft würde alles noch schlimmer werden?

Bin ich an einem solchen Schicksal selbst schuld? Und weil sie eine starke Persönlichkeit ist, versucht sie mein ganzes Leben zu lenken (ich bemühe mich, auf ihre Ratschläge, wie ich zu leben hätte, nicht zu reagieren). Mir scheint, sie sendet sehr starke Impulse negativer Energie zu mir aus. Und alle meine Vorsätze stoßen früher oder später auf irgendwelche Hindernisse. Meine Mutter ist ein Mensch, der keine Argumente gelten lässt. Alle Versuche, mit ihr zu reden und sie davon zu überzeugen, dass mit mir alles in Ordnung ist und ich ein gutes Leben führe, sind vergeblich. Sie sagt dann immer bloß: »Das sehe ich ja!«

Ihre Mutter hat nur aus einem Grund Einfluss auf Ihre Weltschicht. Sie schreiben ja selbst: »Mir scheint, sie sendet sehr starke Impulse negativer Energie zu mir aus.« Ich wiederhole nochmals: Die Welt ist ein tadelloser Spiegel und reflektiert genau das Bild, das Sie mit Ihren Besorgnissen und Befürchtungen selbst zeichnen. Bei Ihnen kommen Seele und Verstand immer in den schlimmsten Erwartungen zur Einheit. In Wahrheit ist es nicht Ihre Mutter, die Ihr Leben negativ beeinflusst, sondern Sie selbst.

Sie müssen Ihre Einstellung ändern, und zwar indem Sie eine einfache Sache verstehen. Wenn Menschen, egal ob Verwandte oder nicht, über Sie etwas denken oder sagen, was nicht der Wahrheit entspricht – mit anderen Worten, wenn sie das reale Bild verzerren –, dann werden die Nivellierungskräfte daran arbeiten, die Verzerrung zu korrigieren. Als Folge ihrer Wirkungsweise entsteht immer eine Änderung des Bildes in die entgegengesetzte Richtung.

Wovor Sie sich wirklich fürchten sollten, das ist unverdientes Lob, eine Hymne auf die eigenen Vorzüge. Wenn Sie grundlos in den Himmel gehoben werden, sollten Sie denken: »Was Schlechtes könnte ich tun?« - um das Gleichgewicht wiederherzustellen. Wenn man Sie beispielsweise wegen Ihrer klugen Rede preist, dann sollten Sie sich auf alle Viere stellen und Laute von sich geben, wie man sie von einem Esel kennt! Wenn man Ihrer Kraft Beifall spendet, dann fallen Sie in Ohnmacht! Wenn Sie wegen Ihres Reichtums beneidet werden, dann bitten Sie Ihre Verehrer um einen Kredit! Und wenn jemand sich erdreistet, Sie als unwiderstehlich zu bezeichnen, dann ziehen Sie eine grässliche Fratze.

Ganz anders verhält sich der Fall, wenn Sie ohne Grund beschimpft oder beleidigt werden. Je schlechter man Sie macht, desto erfolgreicher werden Sie sein. Aber nur unter der Bedingung, dass Sie nicht dummerweise denken, die fremde Absicht sei in der Lage, in Ihre Weltschicht einzudringen. Wenn Sie einer fremden bösen Absicht keine Bedeutung beimessen, wird sie einfach von Ihnen abprallen, so wie eine Erbse von der Wand. Urteilen Sie selbst: Zu allen Zeiten hat es Politiker gegeben, die sich einen allgemeinen Hass auf sie zunutze machten. Stellen Sie sich einmal vor, was mit ihnen geschehen wäre, wenn die fremde Absicht auch nur die geringste Wirkung hätte.

Wenn Sie also mit einer negativen Einstellung konfrontiert werden, bleibt Ihnen nichts übrig, als leise zu kichern und sich zufrieden die Hände zu reiben. Freuen Sie sich!

Transsurfing pur

Ich verstehe das Buch »Transsurfing. Die Realität ist steuerbar« nur sehr langsam. Ich habe acht Monate für den ersten Band gebraucht. Manchmal erschloss sich mir der Text nicht so recht ... Jedenfalls habe ich einige Kapitel mehrmals lesen müssen. Manchmal musste ich einfach langsam lesen, um den Text richtig zu verdauen. Insgesamt habe ich nach dem Lesen nur dürftige Ergebnisse erlangt.

Was mir besondere Probleme bereitet, ist, der Wirkung der Überschusspotenziale zu entgehen. Sie entstehen ja eigentlich ständig. Ich weiß natürlich, dass ich meine Emotionen nicht zu sehr anheizen sollte - was aber soll ich machen, wenn ich nun mal ein emotionaler Mensch bin?! Ich komme einfach nicht voran.

Ich möchte Ihnen auch gern einige eigene Beobachtungen mitteilen. Die Sache ist folgende: Während ich mich selbst beobachtete, habe ich seit langem ein Phänomen bemerkt, mit dessen Hilfe ich jetzt meine Ziele anstrebe. Ich arbeite in der Telekommunikation und bekleide ein höheres Amt in einem großen Unternehmen. Mir unterstehen diverse Teilbereiche dieses Betriebs, was mir einige Prozente einbringt. Und ich habe gelernt, meine Tätigkeit mit Energie zu nähren, also den Erfolg in die Arbeitssphäre zu holen. Was glauben Sie wohl, worin das ganze Geheimnis besteht? Im banalen Lesen von Fachliteratur. Es gibt

Zeiten - oder genauer gesagt: Es gab früher Zeiten, als es nichts zu tun gab. Es gab keine Kunden und auch keine Projekte. Und dann wieder gibt es Zeiten, wo die Arbeit über einen hereinstürzt, wo die Kunden von sonst wo kommen, die verrücktesten Projekte leicht von der Hand gehen und persönliche Interessen ohne Mühe erfüllt werden.

Und so bin ich darauf gekommen: Ich beschaffte mir umfassende Informationen über meinen Arbeitsbereich - diverse Zeitschriften zu den Themen Telekommunikation, Internetversand und gebührenpflichtige Abonnements von Ausschreibungslisten. Kurzum: Alles, was erforderlich ist, um sich von Kopf bis Fuß mit Informationen einzudecken und sich in deren Studium zu vertiefen. Ich ging also zum Zeitschriftenladen, kaufte mir die einschlägigen Blätter und begann, darin zu lesen. Ja, einfach nur lesen. Abends, manchmal auch nachts, in der Mittagspause - einfach immer, wenn sich die Gelegenheit bot.

Und was ist dann geschehen? Folgendes: Einige Zeit später, nach vielleicht einer Woche, begann es um mich herum geschäftlich zu rumoren: Aus dem Nirgendwo tauchten plötzlich potenzielle Kunden auf, denen ich etwas verkaufen oder anbieten konnte. Wie aus dem Blauen erschienen die verschiedensten Projekte. Du beginnst überall eigene Vorteile und Interessen zu wittern, beschäftigst dich aktiv mit den Projekten und betreust Kunden. Du spürst, wie alles um dich herum wiederauflebt und brodelt, wie du auf einmal wieder im Zentrum der Ereignisse stehst. Die Kunden kamen von selbst, durch alte Kanäle, die ich schon ganz vergessen hatte. Alte Beziehungen wurden wiederhergestellt und neue geknüpft. Es war irgendeine Magie am Wirbeln.

Dann ging ich noch weiter. Ich änderte meine Auswahl an Zeitschriften und begann, meine Informationsration abwechslungsreicher zu gestalten. So kaufte ich mir einmal pro Monat ein Politjournal. Und was passierte einige Zeit später? Ich wurde auf der Karriereleiter weiter nach oben befördert. Ich bekam neue Angebote, ohne mich darum zu bemühen. Das ist in der Tat eine Art Mystik. Anders kann man es nicht nennen.

Ich studiere jetzt Ihr Buch. Ja, studiere - denn das Wort »lesen« passt einfach nicht. Man muss es studieren, so wie in einem Seminar an der Universität. Sie schreiben: »Damit eine Variante sich realisieren kann, muss sie von Ihrer Energie durchleuchtet werden.« Von was für einer Energie? Wenn es emotionale Energie sein soll, dann ergibt sich ja wohl ein reines Überschusspotenzial. Und wie kann ich diese Energie in mir wählen und für mich bestimmen? Wie kann ich erkennen, welche Information die erforderlichen Varianten anzieht? Und wie kann ich wissen, welchem Ziel welche Informationsquellen entsprechen? Das wäre dann wirklich Zauberei.

Hier ist keine Magie im Spiel. Magie im herkömmlichen Sinne ist etwas, wofür man keine Erklärung finden kann. In diesem Fall ist alles viel einfacher. Wie oft soll ich noch wiederholen, dass in der Sie umgebenden Welt Ihre gesamte Weltanschauung wie in einem Spiegel reflektiert wird? Mit Ihren Gedankenformen erschaffen Sie Ihre eigene Weltschicht. Um zu verstehen, was mit Ihnen und um

Sie herum geschieht, reicht es aus, einfach Ihre Gedanken zu beobachten.

Wenn Sie sich in das Studium von Fachliteratur vertiefen, fixiert sich Ihr Gedankenfluss, und als Ergebnis beginnt sich im Spiegel der Welt eine entsprechende Reflexion abzubilden. Wie man in den Wald hineinruft, so schallt es auch heraus. Das ist recht banal. Einfacher geht es nicht mehr.

Wenn aber alles so einfach wäre, warum werden dann Wünsche nicht wahr und warum bleiben Träume Schäume? Auch dies ist wiederum ganz einfach. Die Sache ist die, dass die Menschen zwei ganz gewöhnliche Bedingungen nicht erfüllen.

Erstens reagiert der Spiegel der Welt mit Verzögerung, denn *damit Gedankenformen sich materialisieren können, ist eine bestimmte Zeit erforderlich.* Die Menschen sind es aber nicht gewohnt zu warten. Denn wenn sie mit ihrer inneren Absicht handeln, dann manifestieren sich die Ergebnisse sofort. Die Wirkung der äußeren Absicht dagegen ist kaum auszumachen, und die Kausalzusammenhänge lassen sich nur schwer durchschauen. Daher glauben die Menschen, dass sich die Realität mithilfe der Gedanken nicht formen lässt, und nehmen solche Dinge nicht ernst.

Zweitens *muss man die Gedankenform, damit sie sich in der materiellen Wirklichkeit manifestiert, systematisch reproduzieren.* Mit anderen Worten, Sie müssen das Zieldia regelmäßig im Geiste visualisieren. Im Gegensatz zum fruchtlosen Träumen, wie es gelegentlich praktiziert wird, ist dies eine konkrete Arbeit.

Gewöhnlich sind Menschen schnell mal von einer Idee begeistert, nur um sie dann ebenso schnell wieder fallen zu lassen. Aber Wunder gibt es eben nicht! Es ist eine ganz bestimmte Arbeit erforderlich – nur in diesem Fall nicht mit den Händen, sondern mit dem Kopf. Denn wie sonst könnte der Spiegel, der mit Verzug reagiert, die gewünschte Reflexion abbilden, wenn Sie sich nur einen Augenblick lang vor ihn hinstellen und dann gleich wieder weglaufen?

Wenn Sie sich zum Beispiel in das Studium der Literatur vertiefen, wenden Sie ja auch die dafür nötige geistige Energie auf. Sogar bei alldem, mit dem Sie sich nur unregelmäßig beschäftigen, bringt der Spiegel greifbare Ergebnisse hervor. Können Sie sich vorstellen, was Sie erwartet, wenn Sie eine kleine Bemühung machen und Ihre Gedanken unter Kontrolle bringen? Durch die Arbeit mit dem Zieldia können Sie, sofern Sie sich systematisch damit beschäftigen, verblüffende Ergebnisse erlangen.

Dem Zufall überlassene Gedanken erschaffen ein verschwommenes Bild. Als Reflexion bekommen Sie dafür eine ungeordnete und ungesteuerte Realität, in der Sie selbst der Gelenkte sind. Gedanken hingegen, die in eine bestimmte Richtung gebündelt sind, kreieren einen mächtigen Absichtsstrahl. Es ist so wie ein Laserstrahl im Vergleich mit dem Licht einer gewöhnlichen Lampe. *Indem Sie Ihren Gedankenfluss steuern, steuern Sie die Realität.*

Doch niemand tut das! Dabei bräuchte man nur diese Bemühung zu machen, das ist alles. Ihr Hauptproblem besteht insbesondere darin, dass Sie die Bedeutung der Theorie des Transsurfings in eine Höhe erhoben haben, wie Sie sie selbst gar nicht erfahren haben. Sie haben quasi ein Granitdenkmal errichtet und gehen ehrfürchtig um es herum, ohne sich zu trauen näher zu kommen.

Sie brauchen Transsurfing nicht zu studieren wie ein Lehrbuch hoher Mathematik. Es reicht schon, den grundlegenden Empfehlungen, die in meinen Büchern ganz konkret dargelegt sind, einfach nachzukommen. Und schlagen Sie sich nicht mit nutzlosen Fragen herum wie: »Welche Energie soll ich anwenden, und in welche Richtung soll ich sie lenken?«

Die Sonne einholen

Es ist mir bislang nicht gelungen, ein Zieldia mit ausreichender Helligkeit zu kreieren - noch nicht. Vielleicht liegt das daran, dass ich in der Theorie des Transsurfings eine grundlegende Diskrepanz sehe. Sehen Sie mal: Das Zieldia gründet auf der Absicht zu haben, was dem Prinzip des Freiling geradezu entgegengesetzt ist, welches ja fordert: »Trennen Sie sich von der Absicht, etwas zu bekommen, und ersetzen Sie sie mit der Absicht zu geben; dann bekommen Sie das, was Sie aufgegeben haben.« Mir ist schleierhaft, wie ich da eine klare Gedankenform hinbekommen soll. Es bleibt einfach eine Art Widerspruch.

Es besteht keinerlei Diskrepanz zwischen dem Dia und dem Freiling. Freiling ist eine Technik für zwischenmenschliche Beziehungen. Seine Prinzipien werden im Aktionsfeld angewendet, das heißt im Umgang mit anderen. Das erste Prinzip ändert die Richtung des Prozesses: vom »Bekommen« zum »Geben«.

Das Dia ist kein Prozess, sondern ein unbewegliches Bild, auf dem das Ziel bereits erreicht ist. Wenn Sie sich mit der Visualisierung des Dias beschäftigen, stellen Sie sich vor, dass Sie das, was Sie bekommen möchten, schon haben. Sehen Sie den Unterschied? »Bekommen« ist ein Vorgang, »Haben« ist das Endergebnis. Beim Freiling wird die Ausrichtung der inneren Absicht angepasst, beim Dia der äußeren Absicht.

Wie verhält es sich mit der Visualisierung des Ziels, wenn es davon gleich mehrere gibt? Vielleicht habe ich das eine, das allerwichtigste, noch nicht gefunden, aber die, die es jetzt gibt, gefallen mir: eine fachgerechte Renovierung meiner Wohnung (ich bin zufrieden mit meiner Wohnung und will nicht umziehen); ein Auto (ich habe es auf ein bestimmtes Modell abgesehen und kann mir gut vorstellen, wie ich darin umherfahre); eine andere Arbeitsstelle (ich kenne die dortigen Verhältnisse); und noch zwei, drei Punkte, die meine Gesundheit und so weiter betreffen. Allen Zielen gleichzeitig »hinterherzukriechen« ist wohl unzweckmäßig, und mich auf nur eines zu begrenzen, fiele mir auch schwer. Trotzdem sind sie irgendwie miteinander verbunden, sozusagen als Gesamtvorstellung meines Lebens.

Das Ziel, das Sie im Transsurfing als *Ihr eigenes* bestimmen, wird die Erfüllung aller übrigen Wünsche nach sich ziehen; daher ist es am besten, dieses eine Ziel verfolgen. Ihr Ziel ist das, was Ihr Leben in einen Festtag verwandelt. Sie fragen sich, welches es denn nun ist. Wenn Sie es noch nicht gefunden haben, können Sie in der Zwischenzeit auch vielen Zielen »hinterherkriechen«.

In Ihrer Buchreihe »Transsurfing« schreiben Sie klar und ausführlich über die Visualisierung des Dias. Wenn ich mir nun mein Dia durch den Kopf gehen lasse, beschleicht mich ein Zweifel: Hänge ich vielleicht nur Träumen nach, die ich dann Visualisierung nenne? Verschwende ich meine Zeit? Habe ich nicht jahrelang von irgendwelchen Dingen geträumt?! Wenn ich mich in einem Auto sehe mit der Bereitschaft, es zu besitzen, so scheint es mir, dass ich wieder nur träume. Lässt sich die Entschlossenheit zu haben erlernen?

Die Beschäftigung mit dem Dia unterscheidet sich vom Träumen dadurch, dass Ersteres systematisch und zielstrebig getan wird. Sie leisten eine konkrete Arbeit. Sie sollten regelmäßig mit dem Dia arbeiten, und sei es auch nur eine halbe Stunde am Tag, aber ohne Anstrengung, sondern so, dass Sie Ihren Spaß an dem Betrachten des Bildes haben, auf dem Ihr Ziel bereits erreicht ist. Die Entschlossenheit zu haben stellt sich entweder sogleich ein oder allmählich, durch regelmäßige Arbeit mit dem Dia. Wunder gibt es nicht. Es ist einfach so, dass fast niemand eine solche Arbeit machen will: Entweder glauben die Leute nicht daran oder sie sind zu faul dazu. Tun sie es aber doch, dann ist das Ergebnis schon eine Art Wunder.

Im Transsurfing erstreben wir auf diese oder jene Weise etwas. Wenn wir etwas anstreben, gibt es zum einen den Wunsch und zum anderen, in der Folge, die Wichtignahme. Aber das gleiche Transsurfing empfiehlt, dem Ergebnis keine Bedeutung beizumessen. Das ist doch irgendwie paradox. Auf einer Seite wollen wir etwas erreichen, auf der anderen tun wir so, als wollten wir es nicht. Würde ich aber tatsächlich lernen, das nicht zu wollen, was ich mir wünsche, werde ich es dann erreichen oder nicht?

Wenn sich zum Wunsch die Entschlossenheit zu handeln gesellt, dann entsteht eine Absicht. Fügt man aber den Zweifel und die Angst vor dem Misserfolg hinzu, so schleicht sich Gier ein. Und dann muss man die Wichtignahme bewusst herunterfahren. Der bloße Wunsch erzeugt kein merkliches Überschusspotenzial. Das geschieht, wenn Sie die Welt mit Ihren Zweifeln und Ängsten am Kragen packen.

Es ist zwecklos, so zu tun, als wolle man sein Ziel nicht erreichen - Sie können sich nicht selbst betrügen. Hören Sie einfach auf, daran zu denken, wie Sie Ihr Ziel erreichen können, und lassen Sie Ihr eigenes Drehbuch los. Wie Sie Ihr Ziel erreichen werden, das können Sie nicht wissen. Ihre Aufgabe ist es, an der Visualisierung des Dias zu arbeiten und mit Ihren Beinen auf das Ziel zuzugehen. Richten Sie Ihre Kontrolle nicht auf das Drehbuch der Realisierung des Ziels, sondern auf das Beachten des Prinzips der Koordinierung. Dann wird sich Ihr Verstand beruhigen, und Ihre Ängste und Zweifel werden verfliegen.

> *Wie kann ich ein Dia so abbilden, dass sich keine Verzerrungen ergeben? Ich bin zum Beispiel bestrebt, die Mittel für die Fertigstellung meines Hauses zu bekommen. Dafür habe ich mir folgende Affirmation ausgedacht: »Meine Welt gibt mir die Mittel, um mein Haus fertig zu bauen.« Soll ich vielleicht eine bestimmte Frist zur Erfüllung der Bestellung einbauen? Oder eine bestimmte Summe? In mir spüre ich, dass ich der Welt keine Grenzen setzen sollte. Andererseits wünsche ich mir natürlich Hilfe in einem überschaubaren Zeitrahmen, also in absehbarer Zukunft.*

Sie denken über eine Erfüllungsfrist und über eine Geldsumme nach sowie darüber, ob und wie Sie Ihr Ziel erreichen. Das alles sind Mittel der Errungenschaft. Auch ein Zweifel wie »Habe ich meine Affirmation richtig verfasst?« gehört in die gleiche Kategorie. Einerseits wollen Sie, dass die Welt sich um Sie kümmert, doch andererseits sind Sie besorgt, wie sie das tun wird und ob sie es überhaupt tun wird.

Sie haben nur die Wahl zwischen zwei Alternativen: Entweder Sie akzeptieren axiomatisch die unglaubliche Annahme, dass die Welt irgendwie alles regeln wird, oder Sie handeln im Rahmen der gängigen Weltanschauung und setzen allein auf Ihre eigenen Kräfte. Wenn Sie genau wissen, was zu tun ist und auch dass es tatsächlich ausführbar ist, können Sie Variante zwei wählen. Wenn Sie aber keine Vorstellung davon haben, was Sie zu tun haben und wie, dann müssen Sie das Unglaubliche akzeptieren. Oder Sie geben sich mit Ihrer jetzigen Situation zufrieden und können dafür am sogenannten gesunden Menschenverstand festhalten.

Halten Sie sich einen einfachen Sachverhalt klar vor Augen: Die Welt ist wie ein Spiegel und gibt genau Ihre Gedanken und Absichten wieder. Nicht mehr und nicht weniger. Wenn Sie sich den Kopf darüber zerbrechen, woher Sie das Geld nehmen sollen, dann wird sich der Vorgang Ihrer Suche nach Mitteln in der Realität materialisieren, und der kann sehr lange dauern. Wie die Gedankenform, so die Reflexion. Sie können es aber auch ganz anders machen: Konzentrieren Sie sich einfach auf Ihr Ziel. Mit anderen Worten, betrachten Sie ein Dia, wie Sie die Baumaterialien kaufen, wie Sie zu Ihrem Haus transportiert werden, wie Bauarbeiter kommen und Ihr Haus fertigstellen. So haben Sie keine Sorgen, woher das Geld kommen soll - Sie konzentrieren sich auf das erreichte Ziel.

In beiden Fällen wird der Weltspiegel ganz objektiv jene Realität wiedergeben, für die Sie sich entschieden haben. Sehen Sie den Unterschied? Wenn Sie an die Mittel zum Erreichen des Ziels denken, bekommen Sie tatsächlich genau dies - all Ihre Sorgen und Bemühungen werden sich um das jeweilige Problem drehen. Wenn Sie andererseits daran denken, wie sich Ihr Wunschobjekt manifestiert und wie Sie bereits am Ziel sind, dann bekommen Sie Ihr gewünschtes Ergebnis. Die Mittel dazu werden sich von selbst finden, wobei sie aus einer Quelle kommen werden, die Sie nie auf der Rechnung hatten. Das wird aber nur unter der Bedingung geschehen, dass Ihre Aufmerksamkeit auf das Endergebnis fixiert ist.

Stellen Sie sich folgende Situation vor: Sie befinden sich in einer Ihnen unbekannten Stadt und müssen zu einem hohen Turm gelangen, der weithin sichtbar ist. Sie tun Folgendes, wenn Sie an die Mittel zum Erreichen des Zieles denken: Sie stellen sich auf alle Viere, senken den Blick zur Erde und krabbeln vorwärts, so wie es Ihre Fähigkeiten und die Umstände erlauben. Offensichtlich müssen Sie so lange umherirren und werden mit dem Kopf gegen alle möglichen Hindernisse stoßen. Das gewöhnliche Leben ist genauso – eine ununterbrochene Überwindung von Schwierigkeiten. Ganz anders sieht es aus, wenn Sie aufstehen und vorwärts schreiten, das Ziel ständig im Blickfeld behaltend. Sie werden den Weg wie von selbst finden.

Das alles mag ja ganz vernünftig klingen, doch es wirklich zu glauben ist schon etwas unheimlich, nicht wahr? Wenn Sie versuchen, derartige Überlegungen unvorbereiteten Menschen nahezubringen, werden Sie nur Gelächter ernten. Es ist in der Tat schwer, der Umklammerung des gesunden Menschenverstandes zu entkommen. Aber ich fordere Sie auch gar nicht dazu auf, mir zu glauben. Alles, was Sie tun müssen, ist, damit aufzuhören, an die Mittel zum Erreichen des Ziels zu denken und Ihre Aufmerksamkeit dem Ziel selbst zu widmen. Außerdem sollten Sie nicht ein augenblickliches Ergebnis erwarten, sondern systematisch mit dem Dia arbeiten, weil der Spiegel der Welt mit

Verzug reagiert. Er braucht eine bestimmte Zeit, um die Reflexion abzubilden.

Ich will damit ganz und gar nicht sagen, dass es ausreichend sei, sich mit dem Betrachten des Zieldias zu beschäftigen und ansonsten Däumchen zu drehen. Die Realität hat zwei Aspekte: den physischen und den metaphysischen. Es wäre falsch, seine Hoffnung ausschließlich auf einen der beiden zu setzen. Sie können nicht einfach an einem Fleck stehen und den Turm betrachten. Sie müssen schon Ihre Beine in Bewegung setzen. Deshalb schließt die Arbeit mit dem Dia Handlungen innerhalb der gewohnten Erfahrung keineswegs aus, sondern setzt diese im Gegenteil voraus. Eines stört das andere nicht. Doch indem Sie die metaphysische Seite der Realität nutzen, vergrößern Sie Ihre Erfolgschancen um ein Vielfaches.

Es gibt also keine Wunder. Erforderlich ist nicht ein Glaube, sondern das Ausüben konkreter Arbeit, wobei die Gedanken auf das erreichte Ziel fokussiert bleiben sollten. Das Ganze ist nicht sehr kompliziert, man muss es einfach TUN. Und das ist es, was die meisten Menschen nicht hinbekommen. Sie denken vor allem an die Mittel und Wege, und folglich wird genau dies in der Realität reflektiert: Das Ziel mag sogar erreicht werden, aber nur zum Preis großer Anstrengungen. Daher kommt auch das Sprichwort »Erfahrung macht klug«. Die Anhänger des gesunden Menschenverstandes kreieren sich selbst eine solche arbeitsintensive Realität. Sie versuchen, die vorüberziehende Sonne einzuholen. Wie kann man es nun schaffen, dass sich die Sonne in die entgegengesetzte Richtung bewegt? Wir brauchen uns einfach nur umzudrehen, indem wir unsere Gedanken von den Mitteln zum Erreichen des Zieles abwenden und auf das Ziel selbst konzentrieren.

Dann wird sich in der Realität das Endergebnis widerspiegeln und nicht der Kampf um selbiges. *Die Realität ist ein Spiegelbild unserer Gedanken!*

Paradoxe Situationen

Ich lese Ihre Bücher und versuche, so gut ich kann, den Pfad des Transsurfings zu befolgen. Gestern stellte ich mich auf einen guten Tag ein und war der vollen Überzeugung, dass er auch gut werden wird. Doch von morgens an ging alles drunter und drüber, und von überall stürzten Probleme über mich herein. Soll das nun bedeuten, dass ich mir meine Vorfreude nicht hätte leisten sollen? So etwas geschieht ja auch anderen nicht selten. Lässt sich diese Situation aus der Sicht des Transsurfings erklären? Und vor allem: Wie kann ich eine solche Lawine kleiner Unannehmlichkeiten aufhalten? Denn schließlich können sie ja auch größer werden.

Ich muss nochmals wiederholen, dass die Welt ein Spiegel ist, der mit Verzug reagiert. Sie können schwerlich auf der Stelle, für einen bestimmten Tag, eine für Sie in jeder Hinsicht glückverheißende Umgebung erschaffen. Im Gegenteil: Sobald Sie sich auf einen »guten Tag« eingestimmt haben, haben Sie mit hoher Wahrscheinlichkeit eine Reihe von Unannehmlichkeiten zu erwarten. Die Nivellierungskräfte werden in einem solchen Fall nämlich unbedingt bestrebt sein, die Situation so wiederherzustellen, dass sie der Wirklichkeit entspricht, und wenn die Pendel Ihre Unzufriedenheit und Enttäuschung bemerken, werden sie Öl ins Feuer gießen.

Eine glückliche Realität bildet sich, wenn Sie stetig, Tag für Tag, das Prinzip der Koordinierung der Absicht beherzigen und wenn Sie sich außerdem auf das Spiel mit dem Spiegel einlassen, der sich um Sie kümmert. Nach meiner Erfahrung sind für die Einstimmung auf eine glückliche Realität drei bis sieben Tage erforderlich, je nach der angestauten Negativität.

Sie schreiben in Ihren Büchern, man solle nicht wie eine Fliege mit dem Kopf gegen das geöffnete Fenster fliegen, sondern den Weg des geringsten Widerstands suchen. Wenn jemand auf seinem Weg nicht weiterkomme, dann sei es nicht der seine und er solle er sich einen anderen suchen.

Eine Freundin von mir hat sich zehn Jahre lang, Jahr für Jahr, für ein Medizinstudium beworben. In dieser Zeit absolvierte sie eine medizinische Ausbildung und brachte vier Kinder zur Welt. Im elften Jahr wurde sie dann zur Uni zugelassen. Schon seit langem ist sie nun eine hervorragende Urologin. Und nichts Schreckliches ist geschehen, sie liebt ihre Arbeit sehr. Sie ist eben der Überzeugung: Wer sich entschlossen hat, etwas zu erreichen, sollte die Sache bis zum Ende durchziehen und nicht aufgeben. Als Beispiel nennt sie den Frosch, der in einen Krug mit Milch gefallen ist und dann durch sein unablässiges Zappeln die Milch zu Butter schlug.

Eine andere Freundin hatte mit vierundzwanzig Jahren zwei Kinder. Sie war verheiratet mit einem Usbeken aus einer sehr reichen und konservativen Familie. Auch sie hatte die Ausbildung an einer medizinischen Fachschule absolviert, doch ihr Ehemann ließ es nicht zu, dass sie an der Universität weiterstudierte. Er *wollte sie zu Hause einsperren und warf ihre Lehrbücher weg. Sie hat dann aber heimlich am biologischen Institut per Fernstudium studiert. Wie sie ihre ersten Semester im Geheimen absolvierte, ist eigentlich filmreif. Später hat ihr Mann dann seinen Widerstand aufgegeben. Sie begann, parallel als Krankenschwester zu arbeiten und wurde Oberschwester in einem Fachkrankenhaus, wobei sie von Beziehungen profitierte. Dann machte sie am biologischen Institut ihren Abschluss mit rotem Diplom* und wurde zum einzigartigen Fall der Geschichte: Nach strengsten Prüfungen und auf Gesuch von höchster Stelle wurde ihr die Qualifikation als physiotherapeutische Ärztin zugesprochen. Mit ihren fünfunddreißig Jahren hatte sie bereits siebzehn Jahre Dienst als Krankenschwester hinter sich. In der Zwischenzeit war die Familie ihres Mannes am Boden, er war plötzlich bankrott – und jetzt ernährt sie alle.*

Was sagen Sie dazu? Sollte man nach dem streben, was man will? Und wie kann man ein echtes Ziel von einem falschen unterscheiden?

Ihre erste Freundin hat wirklich »Milch zu Butter geschlagen«. Sie hat ihr Ziel zwar erreicht, aber zu welchem Preis? Solche Plackereien zeugen nur von ungewöhnlichem Eigensinn und einem störrischen Verstand, welcher kein Wort der Seele duldet, sondern darauf beharrt, allein auf sein Ziel hinzuarbeiten und mit allem zufrieden zu sein.

Und Ihre zweite Freundin, hat sie nicht ihren Mann »ruiniert«? Seine Familie ist ja reich und konservativ, und sie hat deren Prinzipien verletzt.

---

* Rotes Diplom: Abschluss mit höchster Auszeichnung. (Anmerkung des Übersetzers)

Jetzt ist es natürlich unmöglich, die Kausalzusammenhänge zu ergründen. Offensichtlich ist aber, dass jemand, der gegen den Variantenstrom rudert, damit nicht nur sein eigenes Schicksal demoliert. Vielleicht nicht direkt, aber indirekt.

Das lästige Streben des Verstandes, sein Ziel um jeden Preis durchzusetzen, kann dadurch hervorgerufen worden sein, dass einem in der Kindheit eingetrichtert wurde, dass man es »zu etwas bringen« müsse. Ein Mädchen sollte Ärztin oder Lehrerin werden und ein Junge Kosmonaut. Wenn du einen bestimmten Posten nicht erreichst, bist du ein Niemand, eine Null. Aber darüber nachzudenken, was du wirklich werden willst, das ist nicht erlaubt - dein Gehirn wird zugemüllt mit Beispielen von Erfolgen anderer. Der Verstand wird von der öffentlichen Meinung eingelullt, während die Seele geknebelt und an Händen und Füßen gefesselt in einem dunklen Keller sitzt.

Die beiden Beispiele zeigen, wie Menschen in fremde Türen eindringen und wie ihr Verstand ihnen dann stur einbläut, sie müssten ihren Weg bis zum Ende gehen. Gut, könnten Sie sagen, aber haben sie nicht erreicht, was sie wollten? Und sind sie nicht zufrieden?

Ich glaube das nicht. Sie wollten ihre Unzufriedenheit um nichts in der Welt jemandem eingestehen, nicht einmal sich selbst. Ihr Antrieb war nicht Ergebenheit an einen Traum, sondern das Streben nach Selbstbehauptung. Wie man sein eigenes Ziel von dem anderer, von »fremdem Zielen«, unterscheiden kann, wird in meiner Buchreihe *Transsurfing* ausführlich beschrieben. Es wäre falsch zu sagen, der Weg zum ersehnten Traum sei mit Rosen gepflastert. Man erreicht sein Ziel nicht immer leicht. Aber nicht zu einem solchen Preis!

Hierbei sind einige Besonderheiten zu beachten. Wenn Sie das Ziel haben, eine bestimmte Stufe auf der Karriereleiter einzunehmen, das heißt einer unter vielen zu sein, dann ist es nicht unbedingt ratsam zu versuchen, der Beste zu sein. Viel wichtiger wäre es dann, den Anforderungen der Institution zu entsprechen. Wenn es Ihnen gelungen ist, Ihre eigene Tür zu wählen, und Sie eifrig bemüht sind, *die Regel des Pendels* zu erfüllen, für das Sie arbeiten, dann können Sie darauf hoffen, Ihr Ziel schon bald zu erreichen. Vergessen Sie nie, dass für das Pendel die bessere Wahl *nicht der Beste,* sondern *der Richtige* ist, da dies für die Struktur der Institution sicherer ist. Damit soll natürlich keineswegs gesagt sein, dass Sie Ihre Qualifikationen nicht steigern und vervollkommnen sollten. Sagen wir es einmal so: *Sie sollten der Beste unter den Richtigen sein.*

Wenn Sie jedoch auf dem Weg zu Ihrem Ziel etwas völlig Neues in Kultur, Wissenschaft, Kunst, Sport oder Geschäftswelt schaffen - insbesondere etwas, was die Entstehung eines neuen Pendels nach sich zieht -, so müssen Sie Ihren ganz eigenen Weg einschlagen, *auch wenn Sie dabei alle gängigen Regeln über den Haufen werfen.* Allerdings wird Ihr Weg dann wahrscheinlich nicht gerade leicht sein. Die Sache ist nämlich die: Die alten Pendel können Individualität nicht ertragen und werden auf jede erdenkliche Art versuchen, den Neuling zu verdrängen. Aber wenn Sie davon überzeugt sind, dass Ihr Werk umwerfend ist, können Sie ruhig und unbeirrt weitermachen - die Pendel werden Sie nicht lange im Schatten halten können. In diesem Fall müssen Sie zielstrebig auf Ihrem Weg voranschreiten, an Ihr eigenes Glück glauben und auf das Ziel zugehen, ohne zeitweilige Misserfolge zu beachten. Ihr Glücksstern wird auf jeden Fall aufsteigen, und er wird sein eigenes Pendel bekommen. Aber selbst ein steiniger Weg zum Erfolg kann nicht jahrzehntelang dauern, wie man den vorliegenden Beispielen entnehmen kann.

Ich will sogleich zur Sache kommen: Zurzeit ist mein hauptsächliches Ziel, nach St. Petersburg umzuziehen. Ich lebe im Süden Russlands, in meiner Geburtsstadt, aber ich halte es hier einfach nicht mehr aus. Seit meiner Kindheit sehne ich mich nach diesem Umzug, und ich habe klare Dias vor Augen, die mir ohne Anstrengung in den Sinn kommen. Das ist jetzt nicht bloß die Marotte des klassischen Intellektuellen, den es in die »geistige Hauptstadt Russlands« zieht. Nein, schon bei meinem ersten Besuch in dieser Stadt beschlich mich die seltsame, mir bis dahin unbekannte Empfindung, dies sei der RICHTIGE Ort für mich. Jedes Mal bei der Abreise aus St. Petersburg kommt es mir so vor, als würde ich mein Zuhause verlassen. Dort habe ich Freunde, Jobperspektiven, das Gefühl, zu etwas nutze zu sein ... und meine wahre Liebe. Denken Sie jetzt nicht, das seien bloß schöne poetische Phrasen – es ist die Wahrheit. Ich will den Umzug, und zwar lieber heute als morgen.

Das Einzige, was mich zurückhält, ist die Beziehung zu meiner Großmutter. Sie geht auf die achtzig zu und hat außer mir niemanden. Ich bin ein Waisenkind. Sie will auf keinen Fall mit mir nach St. Petersburg fahren. Sie war noch nie dort, doch einmal wandte sie ein, es sei dort ein halbes Jahr lang dunkel. Und genau hier klafft die Lücke zwischen meiner Sehnsucht und meiner Anhänglichkeit an sie. Sie ist meine einzige Blutsverwandte. Ich liebe sie fast wie eine Mutter, denn sie hat mich großgezogen. Es wäre mir ein Gräuel, sie allein zurückzulassen.

Sie kann zwar allein leben (bisher jedenfalls), weil sie noch sehr rüstig ist (toi, toi, toi!), aber die Zeit bleibt ja nicht stehen. Sie ist schon alt, und ich will sie nicht für immer allein lassen. Doch auch in Zukunft will sie nicht in der Metropole des Nordens wohnen. Ich verstehe das eigentlich auch, in ihrem Alter noch einmal umziehen ... Für mich aber kommt nur ein Leben in St. Petersburg infrage. Ich fühle mich jetzt hin- und hergerissen.

Noch eine Frage: Sie raten ja dazu, negative Informationen nicht in sich hineinzulassen. Wenn ich in der Zeitung lese, dass irgendwo Kinder sterben, macht mich das ganz traurig, und manchmal kommen mir die Tränen. Bedeutet das, dass ich für das Transsurfing noch nicht vollkommen genug bin?

Sie müssen sich eine konkrete Frage beantworten: Für wen wollen Sie leben – für sich oder für andere? In meiner Buchreihe *Transsurfing* ist zu lesen, dass Mitleid längst nicht immer reine Großmut ist, sondern möglicherweise eine seelische Leere, so seltsam das klingen mag. Diese Leere beruht darauf, dass die eigene Seele unzufrieden ist, so dass sie vom »gnädigen« Verstand gezwungen wird, sich anderen zu schenken. Ich will hier jetzt aber keine Überzeugungsarbeit betreiben, denn entscheiden müssen Sie sich schon selbst: Wollen Sie leben, um sich anderer zu erbarmen und für sie zu sorgen, oder wollen Sie das Leben genießen?

Sie sollten mich jetzt aber nicht der Gleichgültigkeit bezichtigen: »Schau einer an! Andere sind ihm egal.« Das Fehlen der äußeren Wichtigkeit ist nicht Gleichgültigkeit, sondern eine nüchterne Einschätzung, eine vernünftige Selbstsucht, wenn Sie so wollen. Die Kinder tun auch mir leid. Aber ich schwelge nicht in meinem Mitleid. Was ist hier mit »schwelgen« gemeint? Angenommen, es ist ein Unglück geschehen, und der Betroffene schwelgt in seinem eigenen Elend, indem er sich mit aller Kraft selbst bemitleidet, in Trauer verfällt und anderen theatralisch von seinem schweren Los erzählt. Ein anderer hingegen fällt hin, steht wieder auf, klopft sich den Staub ab und geht weiter - irgendwie geht das Leben weiter. Das Gleiche gilt für Mitleid mit anderen. Wenn ich nicht helfen kann, hat mein Mitleid keinen Sinn. Wenn man ständig die Nachrichten hört und alle vom Unglück Betroffenen bedauert, kann man durchdrehen. In der Welt sterben *Tag für Tag Zehntausende* sehr guter Menschen, die alle bemitleidenswert sind.

Nun mag sich jemand empören: »So ist das also! Dann soll ich also nur für mich leben, ohne mich um meine Verwandten zu kümmern? Eine schöne Philosophie ist das!«

Nun, mit Philosophie habe ich nichts am Hut, auch nicht mit Demagogie. Wenn wir das Mitleid, das jeder für eine ach so lautere Tugend hält, einmal näher betrachten, so werden wir sehen, dass es von dualem Wesen ist. Mitleid kann von aufrichtiger Anteilnahme herrühren oder von einem Pflichtgefühl geboren sein, das wiederum auf einem Schuldkomplex beruht. Ein Schuldgefühl fordert einen, bisweilen unbewusst, dazu auf, auf irgendeine Art seine Pflicht zu tun. Dieser eigentliche Grund aber wird immer in der Tiefe des Unterbewusstseins gehalten, während die angeblich ursprüngliche Tugend stets als Aushängeschild vorgehalten wird.

Wie lässt sich nun echtes Mitleid von scheinbarem unterscheiden? Das ist sehr einfach - dazu müssen Sie sich bloß ehrlich die Frage beantworten, wodurch Ihre Beziehung zu der betreffenden Person gekennzeichnet ist: durch echte Anteilnahme oder durch ein Pflichtgefühl? Oder: Welcher Anteil der beiden überwiegt? Ist es ein Schuldgefühl, dann können Sie sich reinen Gewissens davon trennen, weil dann von Tugend keine Rede sein kann. Diese Einstellung macht uns nicht herzlos, denn in der Regel sind wir um Verwandte aufrichtig besorgt. Wenn aber aus unserer Sorge eine beschwerliche Pflicht wird, so sollten wir Seele und Verstand zurate ziehen und sie zusammen entscheiden lassen, wie wir mit der scheinbaren Tugend umgehen.

Letztlich ist jeder in seinem Leben in erster Linie verpflichtet, sich um seine eigene Seele zu kümmern, erst dann kommen die Seelen anderer. Bei dieser Thematik ein Urteil fällen zu wollen, ist allerdings eine Art Spaziergang auf Messers Schneide. Es gibt dabei zu viele Unklarheiten. Eigentlich hätte ich daher große Vorbehalte, der Leserin eine klare Antwort zu geben, wäre da nicht der letzte Absatz ihres Briefes, in dem sie offensichtliche Merkmale eines Schuldkomplexes offenbart. Und dieser muss hierbei berücksichtigt werden.

Die Hauptsache ist, diese Frage nicht allein mithilfe des Verstandes zu entscheiden, der es gewohnt ist, sich vorsichtig nach der Meinung der Allgemeinheit umzusehen. Sie sollten sich fragen: Wenn ich ehrlich bin, was will ich mehr - jemand anders ein Geschenk machen oder mir selbst? Die Stimmung seelischen Unbehagens kann hierbei als Merkmal einer falschen Antwort dienen. Die Seele wird Trauer und Enttäuschung erfahren, wenn der Verstand ihr ihr Lieblingsspielzeug wegnehmen will - Sie werden es im Herzen spüren. Allerdings können Seele und Verstand manchmal sogar zu dem Schluss kommen, das eigene Leben für jemand anders zu opfern; aber dann denken sie dabei gewöhnlich überhaupt nicht an Tugenden.

Geschenke und Komplimente

Verglichen mit anderen Systemen der Einflussnahme auf Menschen zeichnen sich die Prinzipien des Freiling durch Milde und Güte aus. Es gibt psychologische Tricks, mit denen man Menschen seinen Willen aufzwingen oder sie listig dazu bringen kann, in seinem eigenen Interesse zu handeln. Dies sind Methoden der direkten Einwirkung auf die Welt mithilfe der inneren Absicht. Solches grobe Einwirken auf die Welt ist nicht sehr effektiv, erzeugt Nebeneffekte und läuft den Prinzipien des Transsurfings zuwider. Beim Freiling macht man sich durch seine äußere Absicht die innere Absicht von Menschen zunutze, ohne deren Interessen zu beeinträchtigen.

Von Manipulation oder Unterwerfung kann hierbei keine Rede sein, und das ist auch völlig unnötig. Viel eleganter und effektiver ist der Einsatz von Methoden auf der Grundlage aufrichtigen Mitgefühls mit den Menschen. Es ist besser, den Menschen etwas Gutes zu geben, was ihr Eigenwertgefühl stärkt, und dafür von ihnen das Gleiche zurückzubekommen. Aber auch das will mit Köpfchen getan sein.

Eine der einfachsten und erschwinglichsten Arten, den Wert des Partners hervorzuheben, ist das Kompliment. Doch diese Sache hat auch einen Haken. Neben angenehmen Gefühlen ist dabei auch ein Hauch Mehrdeutigkeit enthalten. Wem ein Kompliment gemacht wird, der hat auch stets einen Grund, an der Aufrichtigkeit dessen zu zweifeln, der es gemacht hat. Der Grund dafür ist der, dass eine gute

Beziehung dazu neigt, sich in höflichen Umgang zu verwandeln. Und höflicher Umgang ist ja nicht immer ein Zeichen von Aufrichtigkeit. Erstarrt solcher Umgang zu reiner Etikette, dann wird er mechanisch und kann bisweilen gar einen beleidigenden Charakter annehmen.

Selbst wenn jemand von Problemen geplagt wird, ist er gezwungen, den Schein zu wahren und so zu tun, als sei mit ihm alles in Ordnung. Wird er freundlich gefragt: »Na, wie geht es dir?«, so muss er mit einer Standardfloskel antworten. Wie fühlt er sich dabei? Entweder verdrießlich oder zumindest sieht er sich gezwungen, seinen Schutzschirm zu verstärken. Er weiß, dass er in einem Dschungel lebt, wo jeder für sich existiert, ohne sich um die Probleme anderer zu scheren. Der Ausdruck »Dschungel« wirkt vielleicht etwas übertrieben, aber eigentlich ist es schon genau so.

Aufrichtigkeit ist immer von der Energie echter Anteilnahme durchdrungen. Aber für die Pendel ist es nachteilig, wenn die Menschen einen herzlichen Energieaustausch pflegen. Deshalb haben die Pendel ein Klischee von guten Manieren erschaffen, bei dem die Aufrichtigkeit durch billigen Anstand ersetzt wird. Denn kommt ein »geschäftliches Lächeln« etwa von der Seele? An guten Manieren ist nichts Schlechtes, solange dadurch nicht echte Aufmerksamkeit, Sympathie und Anteilnahme verdrängt werden.

Sie sind natürlich mit der Etikette und all ihren Regeln »höflichen« Anstands vertraut. Manchmal wenden Sie sie bewusst an, meist aber wie automatisch. Wenn Sie jetzt versuchen, bewusst Ihre künstlich aufgesetzten Manieren mit echter Anteilnahme zu ersetzen, so bringt Ihnen das enorme Vorteile. Ihre Mitmenschen werden sogleich Ihre

Aufrichtigkeit spüren. Alle haben sich so sehr an raffinierte Fälschungen gewöhnt, dass ein rares Original augenblicklich Interesse weckt und Sympathie heraufbeschwört.

Gute Manieren mit aufrichtiger Anteilnahme zu ersetzen, ist sehr einfach. Dazu brauchen Sie bloß Ihre Aufmerksamkeit von sich selbst auf Ihr Gegenüber zu lenken und ihm Ihr Interesse zu schenken. Dazu ist es nicht nötig, Psychologie zu studieren. Es reicht völlig aus, sich stets zu fragen: Was bewegt die Menschen, wonach streben sie, womit beschäftigen sie sich? Wenn Sie sich in ihre Lage versetzen, werden Sie die Antworten problemlos finden. Sobald Sie die Ausrichtung der inneren Absicht Ihres Gegenüber bestimmt haben, geben Sie ihm zu verstehen, dass Sie seine Bemühungen wertschätzen. Mehr brauchen Sie nicht zu tun. Im Gegenzug bekommen Sie Dankbarkeit und Zuwendung.

Falsche Komplimente können Sie mit der natürlichen Alternative ersetzen - mit einem Geschenk. Sie schenken jemandem etwas, indem Sie ihm zu verstehen geben, dass Sie seine Bemühungen wertschätzen, seine eigene Bedeutung zu erhöhen. Die innere Absicht ist gewöhnlich auf eine bestimmte Weise ausgerichtet. Fast jeder ist bestrebt, seine eigene Bedeutsamkeit in einer konkreten Richtung zu unterstreichen und zu erhöhen. Er erwartet, dass andere genau das beachten, auf das er selbst Wert legt, und ihn dafür schätzen.

Angenommen, ein Mann macht einer Frau ein Kompliment wegen ihres schicken Kleides. Aber die schönen Worte lassen die Dame kalt, denn sie hat zu Hause Dutzende solcher Kleider. Ihre neue Frisur aber hat der Charmeur gar nicht bemerkt. Weil er seinen inneren Blick auf sich selbst gerichtet hält, kann er nicht sehen, worauf die innere Absicht der Frau abzielt. Sie hat sich um etwas ganz anderes bemüht und erwartet, dass genau das bemerkt wird. Ein Kompliment ist entweder allgemein gehalten oder auf gar nichts gerichtet. Ein Geschenk ist immer fokussiert und trifft auch ins Ziel. Es ist das Original.

»Du siehst gut aus« - dies ist ein Standardkompliment. Natürlich betont es die Bedeutsamkeit des Angesprochenen, aber es ist schablonenhaft, formell und verschwommen - und daher nicht überzeugend. Finden Sie heraus, was der oder die Betreffende getan hat, um gut auszusehen. Was ist das besondere Merkmal, das Highlight? Wenn Sie sich aufrichtig für Ihr Gegenüber interessieren, werden Sie die Frage unschwer beantworten und so ein fokussiertes Geschenk machen können.

Falls Sie die Ausrichtung der Absicht nicht feststellen können, dann sollten Sie zumindest schablonenhafte Phrasen vermeiden. Eine beliebige Improvisation wird dann als aufrichtige Wertschätzung aufgenommen werden. Ein Satz wie »Für einen miesen Tag wie heute siehst du aber ganz schön gut aus!« ist zwar nicht konkret, aber es ist ein Geschenk. Ein in feinen Humor verpacktes Kompliment ist ebenfalls ein Geschenk: »Siehst du wirklich so toll aus, oder bilde ich mir das nur ein?« Eine beiläufige Bemerkung ist oft wirkungsvoller als ein überschwängliches Kompliment. »Du hast gar keinen schlechten Geschmack« - ein solches Geschenk ruft stille Freude hervor.

Einen besonderen Effekt können Sie erzielen, wenn Sie Ihr Geschenk nicht direkt übergeben, sondern durch einen Vermittler. Wenn Sie in der Gegenwart eines Menschen positiv über ihn zu anderen sprechen, und zwar ohne jede Emotion, dann können Sie sich sicher sein, dass ihn das sehr angenehm berühren wird. Noch besser ist es, wenn Sie seine Vorzüge in seiner Abwesenheit würdigen und später andere ihm berichten, dass Sie an ihn gedacht haben. Er wird Ihnen zwar nicht dafür danken, aber Sie werden ihm heimliche Freude und Zufriedenheit bescheren.

Ein weiterer Unterschied zwischen einem Geschenk und einem Kompliment besteht darin, dass sich niemand geniert, sich für ein Kompliment zu bedanken, wohingegen Sie für ein Geschenk nur schweigsame Dankbarkeit bekommen. Ein Dankeschön bedeutet hierbei nur so viel wie »Sie sind sehr liebenswürdig«, mehr nicht. Alle wissen, dass ein solcher Dank so wenig verpflichtend ist wie das Kompliment. Falls Sie mit Ihrem Geschenk ins Schwarze treffen, wird Ihnen das kaum jemand gestehen, außer in seltenen Fällen. *Wenn Sie ein Geschenk überreichen, werden Sie keine Dankesworte hören. Sie bekommen etwas Besseres - echte Zuneigung.*

Sie glauben gar nicht, wie begehrt ein Geschenk ist! Sie sind von lauter Menschen umgeben, die unter negativen Dias und Komplexen leiden, auch wenn sie sich den Anschein geben, alles sei in Ordnung. Viele meinen sogar, sie hätten nichts, worauf sie stolz sein könnten, und leiden unter ihrer Unvollkommenheit. Wer ein Geschenk erhalten hat, wird im Herzen aufleben und heimlichen Stolz empfinden. Er wird Ihr Geschenk in einem entlegenen Winkel seines Gedächtnisses speichern, *weil jemand ihm das Gefühl gegeben hat, dass er in dieser Welt etwas bedeutet.*

Komplimente geraten schnell in Vergessenheit. An ein Geschenk erinnert man sich noch nach Jahren, vielleicht sogar sein Leben lang.

Sie können das anhand der eigenen Erfahrung prüfen. Sicher gab es verschiedene Gelegenheiten, wo jemand über Sie etwas Angenehmes gesagt hat, Sie gewürdigt oder geschätzt hat. Wenn Sie dann dachten, das Lob sei gerechtfertigt, werden Sie sich noch jetzt daran erinnern. Die Hauptsache aber ist, dass in Ihrem Herzen ein Fleck für denjenigen ist, der Ihnen das Geschenk machte. Daran können Sie sehen, wie sehr Geschenke auf Menschen einwirken können!

Finden Sie für jemanden das richtige Geschenk. Es ist gar nicht so schwer, gleichwohl etwas schwerer, als ein schablonenhaftes Kompliment zu machen. Sie müssen sich bloß aufrichtig für den Betreffenden interessieren, und sei es auch nur kurzfristig.

Der Mensch hat sich daran gewöhnt, in einem aggressiven Umfeld zu leben, wo er seine eigene Bedeutung ständig schützen und sich um Selbstbestätigung bemühen muss, wo jeder ausschließlich mit sich selbst beschäftigt ist und sich bemüht, sich selbst in den Vordergrund zu stellen, ohne es zu versäumen, bei Gelegenheit einen Konkurrenten herabzusetzen. Unter solchen Umständen ist jegliche Bekundung echter Anteilnahme und Sympathie Gold wert. Wenn Sie den Kampf um die eigene Bedeutsamkeit einmal beiseite stellen und stattdessen anderen ein Wertgefühl vermitteln, werden Sie zu einem »Lichtstrahl im dunklen Raum«. Man wird Ihnen das sehr hoch anrechnen.

Wenn Sie Ihre eigene Bedeutsamkeit aufgeben, werden Sie davon einen Überschuss bekommen. Und dafür müssen Sie nur eine Kleinigkeit tun: *Ihre innere Absicht auf die Bestätigung der Bedeutsamkeit anderer umschalten.* Schmeichelei und Lobhudelei werden sofort durchschaut werden. Was Sie aufbringen müssen, sind aufrichtige Aufmerksamkeit,

Anteilnahme, Beistand und uneigennützige Geschenke. Sie werden für Geschenke Dank erhalten. Aber das ist noch nicht alles.

Es kommt vor, dass ein Geschenk zu einer drastischen Wende im Leben eines Menschen führt. Viele bekannte Persönlichkeiten - Maler, Musiker oder Schriftsteller - kamen auf ihren Weg aufgrund der Aussage eines gütigen Wahrsagers, der ihnen ein Geschenk machte. Ein Geschenk kann auch unabsichtlich oder zufällig gemacht werden. Es gibt Fälle, wo jemand einem Jungen beiläufig sagte, er sei nicht unbegabt und könne vielleicht Musiker werden. Und dieser Junge wurde dann tatsächlich ein großer Musiker.

Solche Geschenke haben schicksalhafte Kraft; sie tragen in sich ein Ziel oder eine Tür. Der Geber ist dabei auf keine Weise verpflichtet oder belastet. Und der Beschenkte beginnt, vor Glück zu strahlen. Geschieht dies in einem Fall, wo empfindliche Saiten der Seele berührt werden, wird die Seele sofort aufleben und frischen Mut fassen, da sie versteht, dass dies genau das ist, was sie braucht.

Stellen Sie sich vor, was für Gaben Sie Ihren Mitmenschen darreichen können! Wenn Sie auf Komplimente verzichten und stattdessen Geschenke machen, wird es Ihnen vielleicht gelingen, jemanden auf seinen Weg zum Glück zu führen.

Die Vitalküche

Ich bekomme nicht selten pessimistische Briefe, in denen sich Leser beklagen, dass sie ihr Ziel nicht finden können, dass sie nicht wissen, was sie wollen, oder nicht verstehen, wie sie ihr Leben ändern können. Viele befinden sich in einer scheinbar aussichtslosen Lage. Und fast immer scheitert alles an fehlenden materiellen Mitteln. Wie kann ich der Stadt entkommen, die mir zum Halse heraushängt? Woher nehme ich das Geld für eine neue Wohnung? Wie kann ich meine verzwickten familiären Probleme lösen? Wo finde ich eine anständige Arbeit?

Im Transsurfing ist eine positive Stimmung unverzichtbar; doch woher den Optimismus nehmen, wenn du bis zum Hals im Sumpf steckst und nicht weißt, wie du damit umgehen sollst? Du hast kein besonderes Talent, die Jahre ziehen dahin und dein Leben ist an den Alltagstrott im Haushalt gebunden. Unter solchen Umständen fällt es nicht gerade leicht, an die unbegrenzten Möglichkeiten zu glauben, die im Transsurfing in Aussicht gestellt werden. Und dann gibt es ja noch sehr viele Menschen, die sich mit ernsthaften gesundheitlichen Problemen herumschlagen. Wie kann man einer solch ausweglosen Lage entkommen?

Wenn Sie sich in einer solchen Lage befinden, dann ist nicht viel zu machen. Sie können dieser Hoffnungslosigkeit nicht entkommen, und auch Transsurfing wird Ihnen nicht dabei helfen. Denn Ihnen fehlt dann nicht nur die Energie für das Transsurfing selbst, sondern schon dafür, sich ihm auch nur zu nähern. Mit »Energie« ist hier nicht etwa die Körperkraft gemeint, wie man sie braucht, um etwa eine Grube auszuheben, sondern freie Energie, die es einem ermöglicht, seinen eigenen Willen zu realisieren.

Wem es an freier Energie mangelt, dem mangelt es auch an der Absicht. Mit anderen Worten, du willst nichts und kannst auch nichts, deine Energie reicht nur für die Aufrechterhaltung der Existenz und für Routinehandlungen. Die Energie der Absicht ist eine Lebenskraft, der der Mensch seinen Wunsch verdankt, sich über das Leben zu freuen, aktiv etwas zu unternehmen, neue Gipfel zu erklimmen und letztlich seine eigene Realität zu formen.

Das Ganze ist sehr einfach. Bei niedriger Energetik geht der Optimismus in einen Pessimismus über, der Spiegel der Welt realisiert diese Art der Wirklichkeit - und so werden die Gründe für den Pessimismus noch verstärkt. Das ist ein Teufelskreis hoffnungsloser Realität, aus der es keinen Ausweg gibt, weil auch schon die Kräfte fehlen, darüber nachzudenken, was man tun könnte. Bei einem niedrigen Energielevel kann man auch nicht daran denken, Transsurfing in Angriff zu nehmen. Ein Mensch mit geschwächter Energetik kann nicht einmal einen bewussten Traum steuern, das ist nachgewiesen.

Es gibt nur zwei Möglichkeiten: Die erste ist, alles so zu lassen, wie es ist, und weiterhin ein Dasein ohne jede Hoffnung auf Besserung zu fristen. Dann ist es aber auch sinnlos zu jammern und sich bei mir zu beschweren, dass sich nichts tut. Es ist Ihre Wahl. Außer Ihnen selbst hindert Sie niemand daran, die zweite Variante zu wählen: etwas für Ihre Energetik zu tun. Dann werden Sie sowohl Optimismus haben als auch ein Ziel und die Kraft, es zu erreichen. Sie werden Ihre

Realität so gestalten können, wie es Ihnen in den Sinn kommt, und haben die Kraft, nach Dingen zu streben, von denen Sie nicht einmal zu träumen gewagt hätten. Dazu müssen Sie aber Ihre Absichtsenergie auf ein angemessenes Niveau heben. Wie Sie das tun können, davon soll im Folgenden die Rede sein.

Was Sie nun lesen werden, kann bei Ihnen entweder aktiven Widerspruch auslösen oder aber Begeisterung und einen neuen Hoffnungsschimmer. Aus einer ganzen Reihe von Gründen hat diese Information bislang keine Verbreitung gefunden. Das Verfahren, das Sie jetzt kennenlernen, ermöglicht es Ihnen, Ihre Energetik auf ein neues Niveau zu heben. Das gleiche Ergebnis können Sie auch auf anderen Wegen erreichen: zum Beispiel durch Yoga, diverse Trainingsmethoden oder Meditation. Halten Sie sich aber vor Augen, dass dies sehr lange und harte Weg sind. Ich biete einen Pfad an, der sehr kurz, einfach und natürlich ist. Weil dieses Verfahren so extrem ist (was übrigens nur auf den ersten Blick so erscheint), wird es gegenwärtig nur von sehr wenigen Leuten praktiziert. Und ich möchte darauf hinweisen, dass ich diese Information nur für jene bereitstelle, die sie für sich selbst als nützlich erachten, ohne irgendjemandem meinen Standpunkt aufdrängen zu wollen. Ob Sie das Verfahren anwenden wollen, entscheiden Sie allein.

Beginnen wir also der Reihe nach. Die wichtigste, wenn nicht gar einzige Ursache für eine mangelnde Energetik ist die bloße Verschlackung des Körpers, die übrigens auch die Ursache aller Krankheiten ist. Der Körper des durchschnittlichen Menschen speichert in sich abgestorbene Zellen, Proteine und Fettmasse, welche die interzellularen Räume überladen und die Blut- und Lymphgefäße buchstäblich verstopfen. Dieser

Biomüll stört die normalen Funktionen des Organismus; er behindert den Zellaustausch und vermindert die Kraft der elektrischen Signale, die von einer Zelle zur anderen transferiert werden.

Und obwohl dieses Thema über den Rahmen des Transsurfings hinausgeht, habe ich keine andere Wahl, als darauf einzugehen. Aber das ist auch gut so, denn so universale Probleme wie Übergewicht, Krankheiten, Altern, Depressionen, Pessimismus und mangelnde Lebenskraft beruhen auf ungeheurer Unwissenheit. Es ist schon seltsam, wie es kommt, dass die Menschen bei der heutigen Beschleunigung des Informationsflusses den Grund ihrer Probleme nicht kennen. Offensichtlich wäre es für die Pendel von Nachteil, wenn viele Menschen auf einmal wüssten, wie sie ihre eigene Realität lenken können.

Das Problem ist ein sehr grundlegendes: die falsche Ernährung. Damit ist natürlich noch nicht viel gesagt. Denn irgendwie weiß das jeder, ohne es sich jedoch bewusst zu machen. Wie so oft, mangelt es hierbei nicht an Informiertheit, sondern am Verstehen. Der Kern des Wissens ist hinter schablonenhaftem Denken verborgen, und an der Oberfläche bleiben nur haltlose Vermutungen. Gewöhnlich wird alles darauf reduziert, dass dieses oder jenes schädlich sei. Darin erschöpft sich in der Regel die Kunde von der gesunden Ernährung. Darüber hinaus gibt es noch die Ansicht, eine bestimmte Diät oder Nahrungsergänzungsmittel seien die Lösung.

Ist das Ganze aber wirklich so schwer? Einer ist in der Forschung tätig, ein anderer entwickelt komplexe Ernährungsprogramme oder stellt raffinierte Präparate her – kurzum, es gibt eine ganze Ernährungsindustrie. Was meinen Sie wohl, wem das etwas nützt? Irrtümer gibt es in rauen Mengen, aber sinnvoll ist das nicht. Sogar strikter Vegetarismus führt zu nichts, solange man die Prinzipien einer richtigen Ernährung nicht kennt und nicht beachtet. Und diese Prinzipien sind eigentlich sehr einfach; sie wurden auch nicht von wissenschaftlichen Koryphäen entwickelt, sondern von der Natur, mit dem Qualitätssiegel Gottes.

Zunächst einmal ist der Mensch von seiner physiologischen Verfassung her ein *Früchteesser.* Aber auch das ist nicht das Entscheidende. Die Hauptsache ist, dass die Verdauung auf besondere Weise vonstatten geht: Für die Verdauung ist es nötig, dass die Produkte gesondert gegessen werden, aufeinanderfolgend, nicht in buntem Durcheinander. Wenn Sie diese Regel nicht beachten, wird die Nahrung nicht verdaut, sondern beginnt zu verrotten, was zu Verstopfung, Verunreinigung und einer Vergiftung des gesamten Organismus führt. Und schließlich stellen wärmebehandelte Produkte eine extreme Belastung für den Körper dar, da fast alle wertvollen Stoffe zerstört wurden. In der Natur bereitet kein Tier seine Nahrung auf dem Feuer zu. Kochen ist ein relativ neues Phänomen, und den Verdauungstrakt gibt es bereits seit Millionen von Jahren.

Es ist seltsam: Die Menschen sind sehr auf äußerliche Hygiene bedacht, aber an ihr Inneres denken sie kaum. Heutzutage befindet sich im Körper eines durchschnittlichen Menschen eine ganze Mülldeponie – für ihn selbst unsichtbar, aber vom Gewicht her kommen da schon etliche (oder sogar mehrere Dutzend) Kilo zusammen. Das Ausscheidungssystem schafft es nicht, den Abfall zu bewältigen, und so ist der Körper gezwungen, die Dreckstoffe zu absorbieren, und zwar dort, wo gerade Platz ist. Als Folge davon wird der Körper alsbald stark verunreinigt und beginnt einer alten Sanitäranlage zu ähneln, die nie gereinigt wurde. Die Reserven des Organismus sind gewaltig, und so bringt es der Mensch bisweilen fertig, siebzig Jahre oder noch länger durchzuhalten. Doch alles hat sein Ende. Bereits in der Mitte seines Lebens beginnt der Mensch, die Folgen der Verschlackung zu spüren: Übergewicht, Mattigkeit und nachlassende Kräfte – kein Vergleich mehr mit dem jugendlichen Körper.

Vor allem aber reagiert der energetische Körper des Menschen auf subtile Weise auf die Verunreinigung seiner »Kanalisation«. Die Chakren verstopfen, die Energiekanäle verengen sich und der Energiefluss wird zu einem dünnen Rinnsal, was zu einem Verlust der Vitalität führt. Die Schwächung des Energiehaushalts wiederum bringt krankhafte Störungen im Körper mit sich. *Wenn Sie nicht einmal Ihren eigenen Körper beherrschen, wie dann die Realität?*

Dabei ist es durchaus möglich, das einstige Wohlbefinden wiederherzustellen und sogar eine so kräftige Gesundheit zu erlangen wie nie zuvor! Dafür müssen Sie aber Ihre tote Küche in eine Vitalküche umwandeln. Wozu brauchen Sie einen Herd, wozu Töpfe und Pfannen? Wenn Sie Ihren Körper von Abfall befreien und viele wertvolle Stunden sparen wollen, die Sie früher am Herd verbraten haben, dann werden all diese Geräte zum Töten der Nahrung aus Ihrer Küche verschwinden.

Diese Vorstellung mag nun auf den einen oder anderen schockierend wirken. Nehmen Sie es gelassen, keiner wird Sie zu etwas zwingen. Ich will Sie auch nicht zu etwas überreden, sondern sehe mich eher als jemand, der Fakten auflistet. Ist der Fraß, an den Sie sich gewöhnt haben, für Ihre Gesundheit, für Ihre Energie und Ihr Leben angemessen?

Es gibt ein Sprichwort, das meist mit bedauerndem Unterton gesagt wird: »Wenn die Jugend bloß wüsste ... und wenn das Alter nur könnte!« Bleibt uns nur festzustellen, dass allein die Jugend in der Lage ist, sowohl zu wissen als auch zu können.

Was wir als Erstes tun sollten, ist, unsere »Sanitäranlage« zu reinigen, insbesondere die Leber. Wie das zu tun ist, kann man in zahlreichen Büchern nachlesen. Warum wird normalerweise nur auf äußere Hygiene geachtet, aber nicht auf innere? Etwa bloß deshalb, weil nur äußerer Schmutz sichtbar ist? Aber die innere Hygiene wird durch den Organismus selbst unterstützt werden, wenn wir zu einer gesunden Ernährung übergehen. Das sollte allmählich geschehen, in Stufen: eine aufeinanderfolgende, separate Ernährung, der Verzicht auf eine Reihe von Produkten und schließlich Rohkost. Wenn man sofort zu einer Ernährung ausschließlich auf der Grundlage von Naturprodukten überginge, könnte man eine solch große Umstellung kaum vertragen, denn der Organismus braucht Zeit, um sich anzupassen.

Das Prinzip der Trennkost besteht darin, nicht alles gleichzeitig zu essen, sondern zuerst eine Art von Produkten, dann eine andere und so weiter. Wir sollten in erster Linie Dinge essen, die gut verdaulich sind. Wenn die Nahrung in einzelnen Schüben den Magen-Darm-Trakt durchläuft, wird die Verdauung wesentlich erleichtert, und die Menge an abgelagerten Schadstoffen reduziert sich. Trinken sollte man spätestens fünfzehn Minuten vor dem Essen oder frühestens zwei Stunden danach. Ansonsten verdünnt sich der Magensaft, und die Nahrung bleibt unverdaut und verrottet einfach. (Hierüber muss ich schreiben. Wie sonst soll ich die Prinzipien zur Steigerung der Energetik erklären?)

Die zweite Stufe, auf der man möglichst schnell vorankommen sollte, ist eine Trennkost, bei der die Produkte nicht nur in separater Abfolge gegessen werden, sondern auch nur Produkte, die miteinander vereinbar sind. Genau genommen sind allerdings alle praktisch nicht miteinander vereinbar. Die Dauer und die Bedingungen bei der Verdauung verschiedener Produkte sind unterschiedlich; wenn Sie sie daher miteinander vermischen, entstehen unweigerlich »Abfallprodukte«, die nicht ausgeschieden werden und im Körper in Form von Fett und Giftstoffen gelagert werden. Das Einzige, was sich praktisch mit allem kombinieren lässt, sind frische Kräuter. Deshalb sollte im Idealfall die Anzahl der Produkte bei einer Mahlzeit auf ein Minimum reduziert werden. Eine ausführlichere Darstellung der Prinzipien der Trennkost ist in zahlreichen Büchern zu finden, die problemlos erhältlich sind.

Eine beträchtliche Anzahl von Produkten sollte man von seiner Speisekarte streichen. Dazu gehören vor allem Zerealien wie Getreidebrei, Erzeugnisse aus weißem Mehl, Hefebrot, aber auch Milch und Konserven. Solches Futter hat keinen Wert. Zum Beispiel sind alle wertvollen Stoffe bei Getreidekörnern in der Fruchtschale und im Keim enthalten. Weißes Mehl wird durch die Reinigung des Korns von der Schale und dem Keim gewonnen. So werden alle guten Stoffe entfernt, und übrig bleibt nur eine tote Masse, die hauptsächlich aus Stärke besteht. Dieser leblose Teil des Getreidekorns ist von der Natur als Baumaterial vorgesehen, als eine Art Fettspeicher für den Keim. Dann werden künstliche Vitamine hinzugesetzt, also Chemie. Sich von Produkten aus weißem Mehl zu ernähren, ist ungefähr das Gleiche, als ob man sich im Geschäft eine Tüte Stärke kauft und diese genüsslich zum Mittag auslöffelt. Die Leber wird von der schmierigen Masse verstopft, die Stärke setzt sich im Körper als Schleim ab und die Darmwände werden verklebt. Getreide enthält außerdem sehr unausgewogene Proteine. Seltsamerweise täte man besser daran, sich von Fleisch zu ernähren als von Grütze und Makkaroni. Und in der Milch ist Kasein enthalten, was bei Tieren für das Wachstum von Hörnern und Hufen gebraucht wird. Im Organismus des Menschen verwandelt sich Milch in Xerogel - ein Stoff, der Tischlerleim ähnelt.

Ich könnte diese befremdlichen Beschreibungen noch lange fortsetzen. Wie bringt der Mensch es fertig, trotz alldem am Leben zu bleiben und sich darüber hinaus auch noch gesund zu fühlen? Er weiß einfach nicht, was wirkliche Gesundheit ist, weil er sie seit seiner Geburt nicht mehr erfahren hat. Schablonenhafte Rechtfertigungen wie: »Der Mensch hat sich von alters her so ernährt« sind daher unangebracht - es sei denn, Sie wollen die gleichen Probleme haben wie alle anderen.

Letztlich sollten auf dem Speiseplan nur natürliche Produkte verbleiben: frisches, tiefgekühltes oder getrocknetes Gemüse und Obst, Meerespflanzen, Nüsse, Samen und Honig. Wärmebehandlung sollte vermieden werden, nur Rohkost ist gesund. (Die Erdnuss sollte nicht fälschlich zu den Nüssen gezählt werden, denn sie ist eigentlich eine Bohnenfrucht, und zwar keine besonders bekömmliche.) Doch ein abrupter Wechsel von gängigen Produkten zu frischem Obst und Gemüse ist nicht anzuraten. Der Organismus braucht Zeit, um sich umzustellen. Gestalten Sie den Übergang Schritt für Schritt, indem Sie den Anteil gekochter pflanzlicher Nahrung verringern und den Anteil frischer Produkte steigern. Wenn sich ein Mensch sein Leben lang vorwiegend von wärmebehandelten Lebensmitteln ernährt hat, hat sich die Mikroflora diesem Speiseplan angepasst. Ein abrupter Wechsel ist zwar prinzipiell möglich, aber nur für Menschen mit ausgezeichneter Gesundheit.

Die Mikroflora stellt sich im Lauf eines Jahres von selbst um. Am Ende dieser Frist sollte keine wärmebehandelte Nahrung mehr auf dem Speiseplan übrig sein. Bekanntlich werden durch Wärmebehandlung nicht nur fast alle Vitamine und Spurenelemente vernichtet, sondern es bilden sich auch krebserregende Stoffe - Toxine. *Frische Nahrung verunreinigt den Organismus nicht, sondern reinigt ihn sogar.* Sowohl das Küchengeschirr als auch die inneren Organe bleiben sauber und rein. Das ist ein grundlegender Unterschied.

Es mag scheinen, dass die Umstellung auf Rohkost außerordentlich schwierig ist. Wie soll man sich zum Beispiel im Winter ernähren? Könnte das nicht auch ganz schön teuer werden? In Wirklichkeit ist das alles halb so wild. Im Gegenteil, es gibt eine reiche Auswahl, und diese Ernährung ist sogar billiger als die gängige. Fangen Sie einfach an, dann werden Sie auf alle möglichen Gerichte stoßen, von denen Sie noch nie gehört haben. Das ist eine völlig unerforschte Welt. Ich will im Folgenden nur einmal einige Gerichte aus gekeimten Samen aufzählen, die die Übergangsperiode erleichtern können.

Ein größerer Teil unseres Speiseplans setzt sich aus Samen zusammen - dazu gehören unter anderem Getreidekörner und Hülsenfrüchte. Samen sind Halbfertigprodukte, es sind konservierte Baustoffe, in erster Linie Stärke, Proteine und Fette. Des Weiteren sind auch Hemmstoffe enthalten, also Stoffe, die die Verdauung behindern. Die Natur hat dafür gesorgt, dass Vögel und andere Tiere die Samen über große Entfernungen unbeschädigt verschleppen.

Wenn die Samen keimen, finden umwälzende Veränderungen statt: Die Hemmstoffe werden zerstört, die Stärke verwandelt sich in Maltose, die Proteine in Aminosäuren und die Fette in Fettsäuren. Das Gleiche geschieht bei der Verdauung der Nahrung im Organismus. Das bedeutet, dass der größte Teil der Verdauungsarbeit in gekeimten Samen bereits getan ist. Außerdem werden viele sehr nützliche Stoffe synthetisiert, und es werden Reserven mobilisiert, um die gesamte Energie auf das Wachstum der Pflanze zu fokussieren. Die konservierten, schlummernden Kräfte der Samen erwachen zum Leben und setzen ein enormes Potenzial für die Entstehung neuen Lebens frei.

Samenkeimlinge enthalten viele Vitamine und Spurenelemente und verfügen über höchst heilwirksame und biostimulierende Eigenschaften. Es fällt mir schwer, sie alle aufzuzählen. Sie helfen dabei, den Stoffwechsel zu verbessern, den Organismus zu reinigen, die Immunkraft und die Leistungsfähigkeit zu steigern und viele Krankheiten zu heilen. Samenkeimlinge enthalten alles, was von der Natur zur Entwicklung neuen Lebens und zum Überleben in einer feindlichen Umgebung vorgesehen ist. Sie sind eine reichhaltige, ausgewogene, bekömmliche Nahrung und gleichzeitig ein wirksames Medikament.

Der Speiseplan kann verschiedene Keime enthalten: Weizen, Mais, Bohnen, Kichererbsen und Mungbohnen. Die Zubereitung ist sehr einfach. Am frühen Morgen werden die Samen in Wasser eingeweicht. Am Abend kommen sie in ein Sieb oder einen Durchschlag, werden einmal abgespült und dann mit feuchtem Mull bedeckt. Am nächsten Morgen werden Sie lebendige Nahrung sehen. Mais und Bohnen (am besten rote, da sie bekömmlicher sind) sollten vierundzwanzig Stunden quellen und ebenso lange oder noch länger keimen und hin und wieder abgespült werden.

Weizen- und Maiskeime kann man roh essen. Weizenkeime verfügen über hochwirksame Heilkräfte. Man sollte sie sorgfältig kauen (bis zu zwei Esslöffel pro Tag), doch wenn sich dabei im Mund eine gummiartige Substanz bildet, ist die Sorte ungeeignet, und man sollte eine andere nehmen. Der Geschmack von rohen Bohnenkeimlingen ist leider nicht besonders angenehm. Man sollte sie in siedend heißes Wasser geben und das Wasser zum Kochen bringen. Bei Mungbohnen reicht es, sie mit kochendem Wasser zu übergießen und zehn Minuten stehenzulassen.

Wissen Sie eigentlich, wie man *lebendiges Wasser* zubereitet? Dazu nehmen Sie abgestandenes Leitungswasser, bringen es in einem Fünf-Liter-Emailletopf zum Kochen und stellen dann den Topf zum Abkühlen in ein kaltes Wasserbad. Das ist die erste Phase der Strukturierung. Solches Wasser ist schon besser als normales abgekochtes Wasser.

In den Topf geben Sie fünf bis sieben schwarze Feuersteine, wie man sie in der Apotheke bekommt, bedecken den Topf mit Mull und lassen ihn zwei Tage lang stehen. Dann gießen Sie das Wasser vorsichtig in einen anderen Behälter, wobei Sie die untersten zwei bis vier Zentimeter weggießen, weil Feuerstein Keime und chemische Elemente ausfällt. Dieses Steinwasser birgt bereits Heilkräfte in sich und ist mit Silizium gesättigt, dem wichtigsten Spurenelement, bei dessen Mangel der Organismus fast keine anderen Elemente mehr aufnehmen kann.

Das Wasser sollte nun im Gefrierfach abgestellt werden. Sobald sich an der Oberfläche und an der Kochtopfwand Eis bildet, wird das Wasser in einen Plastikbehälter umgefüllt und wieder ins Gefrierfach gestellt. Die erste Eisschicht wird entsorgt, um so das schwere Wasser loszuwerden. Schweres Wasser enthält die Isotope Deuterium und Tritium, friert bei einer Temperatur von plus 3 Grad und wirkt sich ungünstig auf den Organismus aus.

Der letzte Gefriervorgang muss in einem Plastikbehälter ausgeführt werden, weil sonst die Emaille des Kochtopfes abplatzen kann. Wenn das Wasser zu zwei Dritteln gefroren ist, sollte man ein Loch durch die Eisdecke stoßen und das verbleibende Wasser abgießen. Dieses »Salzwasser« enthält alle möglichen unerwünschten Beimischungen. Nun soll das Eis bei Zimmertemperatur auftauen, worauf das Wasser von höchster Qualität ist - sogenanntes Protium-Wasser, weil es von den schweren Isotopen gereinigt wurde.

Zum Abschluss können Sie das Wasser noch durch einen Magnetring oder einen magnetischen Trichter gießen, um die Struktur noch weiter zu festigen. Das so erhaltene Wasser verfügt über hochwirksame Heilkräfte - es reinigt den Organismus, und bei langem Gebrauch kann es den Körper von einer ganzen Reihe von Erkrankungen befreien. Die Heileigenschaften bleiben für ungefähr sieben Stunden erhalten. Solches Wasser können Sie nirgends kaufen.

Das wäre also unsere erstaunliche Vitalküche, wo Nahrung nicht gekocht wird, sondern wächst. Im Unterschied zur normalen Küche, wo die Produkte abgetötet werden, werden sie hier belebt. Überzeugen Sie sich selbst: Gerichte aus Samenkeimlingen, ergänzt mit verschiedenen Zutaten und Soßen, sind viel wohlschmeckender als gewöhnliche Nahrung. Und sie sind in jeder Beziehung wertvoller als beispielsweise jene Breispeisen, die unter fehlinformierten Menschen als besonders edel gelten.

Samenkeimlinge enthalten viele Proteine, die sehr leicht verdaulich sind, was dem Organismus hilft, sich auf pflanzliche Nahrung umzustellen. Die neue Mikroflora wird in der Folge nicht nur Rohkost verarbeiten, sondern kann auch als Eiweißquelle dienen. Auf die gleiche Weise funktioniert die Verdauung pflanzenfressender Tiere.

Jemand mag nun fragen: Wie kann man denn solche Nahrungsmittel roh essen, die eine Zubereitung erfordern: zum Beispiel Kartoffeln und Kürbis? Darauf meine Gegenfrage: Muss man das denn essen? Gemüse mit einem hohen Stärkeanteil bringt dem Organismus nichts außer leeren Kalorien und Schleim – und genau das führt zur sogenannten Erkältung. Übrigens füttern Tierfarmer Schweine mit gekochten Kartoffeln, damit sie möglichst fett werden. Sie haben herausgefunden, dass man Schweine so schneller und billig mästen kann. Von Rohkost hingegen kann man nicht dick werden, ganz unabhängig von der Menge der »gegessenen« Kalorien.

Und um den Abschied von den gewohnten Gerichten nicht allzu schwer zu machen, kann im Speiseplan auch ein Anteil an Meeresprodukten enthalten sein. Meeresfische und Krebse kann man ohne Wärmebehandlung essen. Wie sie zuzubereiten sind, ist nicht schwer herauszufinden. Gegessen wird wieder roh, mit verschiedenen Zutaten, das ist viel schmackhafter. Allerdings verschmähen strikte Rohköstler nicht nur alles, was läuft, springt oder fliegt, sondern sie lassen auch das Salz weg.

Frisches Gemüse und Obst, insbesondere Samenkeimlinge, sind exzellente Reinigungsmittel. *Es sollte hierbei aber nicht unerwähnt bleiben, dass während der Umstellung auf Rohkost die eine oder andere*

Reinigungskrise zu erwarten ist, wobei alte Krankheiten verschärft auftreten können. Solche Symptome braucht man aber nicht zu bekämpfen, und sie sollten einen auch nicht beunruhigen. Sie zeigen nur, dass sich der Körper schließlich des über viele Jahre angesammelten Mülls entledigt und sich auf einen neuen Funktionsmodus einstellt. Die einzige nützliche Maßnahme in einer solchen Krise ist eine ein- oder mehrtägige Fastenkur unter Einnahme von destilliertem (abgekochtem) Wasser.

Wenn die Gesundheit einigermaßen gepflegt wurde, ist eine sofortige Umstellung auf Rohkost prinzipiell möglich. In diesem Fall wird die Reinigungskrise intensiver ausfallen, aber das ist von Fall zu Fall unterschiedlich. Ein weiterer Effekt ist eine bedeutende Gewichtsreduzierung. Das kommt daher, dass der Organismus tote Stoffe ausscheidet und wiederauflebt. Fette Menschen sind in Wirklichkeit wandelnde Skelette. Durch eine falsche Ernährung und Bewegungsmangel hat ihr Körper sich in eine Masse von Fettablagerungen und Schlackstoffen umgeformt. Lebendige Stoffe gibt es darin fast nicht mehr, in erster Linie ist alles tote Masse. Und dann wird all der überflüssige Ballast eben über Bord geworfen. Wichtig ist dabei, sich keine Sorgen zu machen. Der Organismus wird gereinigt werden und die Norm erreichen. Aber man muss ihm dabei helfen. Auf dem Speiseplan sollten auf keinen Fall Meerespflanzen, Blütenstaub und Leinöl fehlen, was im Verlauf der Übergangsperiode den zeitweiligen Mangel an nötigen Stoffen kompensieren wird. Außerdem ist es ratsam, aus dem Internet zusätzliche Informationen über das Thema Rohkost zu beziehen. Das Thema ist gar nicht umfangreich. Der Pfad der Rohkost ist ungewöhnlich, aber überaus effizient. Man kann ihn als den Königsweg zu einer Wiedergeburt im gleichen Körper bezeichnen.

Vielen mag das alles jetzt zwar nicht schauderhaft, aber doch zumindest recht ungewöhnlich erscheinen. In der Regel trennt sich der Mensch nur ungern von seinen Gewohnheiten. Wenn die falsche Lebensweise zur Norm wird, beginnen die einfachen und offensichtlich natürlichen Prinzipien widernatürlich zu erscheinen. Was ist so besonders an dieser natürlichen Ernährung, dass man großen kulinarischen Versuchungen widerstehen kann? Ist so etwas erstrebenswert? Vielleicht können ja einige weitere Fakten, die Ihnen wahrscheinlich nicht bekannt sind, Ihre Meinung entscheidend beeinflussen.

Rohkost ist die Wissenschaft der Ernährung für die Menschen des dritten Jahrtausends - für die dritte Zivilisationswelle. Einer der bekanntesten Vorreiter der Rohkost ist Arshavir Ter-Hovannessian (Aterhov). In seinem Buch *Rohkost - unsere natürliche Nahrung* (Originaltitel: *Raw Eating - A New World Free from Diseases, Vices, and Poisons,* Teheran 1967) werden die Grundprinzipien der Rohkost behandelt. Nach dem Verlust seiner ersten beiden Kinder, die an Krankheiten starben, hat Aterhov sein drittes Kind, eine Tochter, ausschließlich mit Rohkost aufgezogen. Sie wuchs zu einem selten gesunden Mädchen heran, das sowohl physisch als auch geistig hochentwickelt war. Folgendes schreibt er in seinem Buch:*

»Meine Tochter war schon bald sieben Jahre alt, sie nahm aber nie einen Bissen degenerierter Nahrung zu sich. Ihre Gesundheit war der Gipfel der Vollkommenheit. Jetzt sehe ich, um wie viel leichter

---

* Auf der (russischsprachigen) Website www.syroedenie.ru können Sie mehr über die Arbeit Aterhovs erfahren.

es ist, hundert Kinder mit Rohkost aufzuziehen als ein Kind mit Kochkost. Man braucht sich niemals um Kinderkrankheiten zu kümmern wie Erkältung oder Schnupfen, Durchfall oder Verstopfung oder dass das Kind zu viel oder zu wenig isst. Sie ist so munter wie eine Lerche, und wann immer es ihr gefällt, geht sie zum Tisch und nimmt sich, was sie will. Sie spielt, singt und tanzt den ganzen Tag, ohne Schrullen oder Marotten, ohne zu weinen und zu schreien und ohne anderen auf die Nerven zu gehen. Sie geht um Punkt 8 Uhr abends zu Bett, und nachdem sie ein paar Minuten vor sich hin gesungen hat, schließt sie die Augen und schläft wie ein Murmeltier bis sechs Uhr morgens. Besonders bemerkenswert ist auch, dass wir uns, seit sie ein paar Monate alt ist, an höchstens drei oder vier Gelegenheiten erinnern können, wo sie nachts aufgewacht ist. Sie schläft so fest, dass kein Lärm und keine Bewegung sie aufwecken können.«

Alexander Tschuprun, der bekannte Pionier der »Naturopathie« und Autor des Buches *Was ist Rohkost und wie man Rohköstler wird**, wurde bereits in seiner Jugend aufgrund einer schweren chronischen Erkrankung ein Invalide ersten Grades. Keine der zahlreichen Behandlungsmethoden brachte ein greifbares Ergebnis. Nachdem er seine Ernährung auf pflanzliche Rohkost umgestellt hatte, wurde er völlig gesund. Alexander Tschuprun hat eine erstaunliche, aber auffallend einleuchtende Deutung des Immunitätsproblems vorgelegt.

---

* Dieses Buch ist nur in russischer Sprache erhältlich. Mehr dazu auf der (ebenfalls russischen) Website www.syroedenie.ru.

Im Kern sagt er, dass der Organismus die Immunität während einer Infektionskrankheit bewusst abschaltet. Bekanntlich wird der Mensch in der Regel dann krank, wenn sein Organismus geschwächt oder von Schlackstoffen überlastet ist oder an einem Mangel an Vitaminen oder anderen lebenswichtigen Stoffen leidet. Ihm fiel auf, dass bei jemandem, der sich in einem solchen Zustand eine Infektion zuzieht, die Leistung der Interferone sinkt. Seine Eigenschutzkräfte scheinen vorsätzlich abgeschaltet zu werden, so dass die Krankheit sich entwickeln kann. Wie sich herausstellte, ernähren sich die Mikroorganismen, die die Krankheit hervorriefen, von den Schlackstoffen, die das Kanalisationssystem wegen falscher Ernährung nicht ausscheiden kann. Daher bleibt dem Organismus nichts anderes übrig, als es den Mikroben zu gestatten, sich zu vermehren. Wenn die Reinigungsmission erfüllt ist, wird die Immunität wiederhergestellt, und die Krankheit verschwindet.

»Im Prinzip«, so schreibt Tschuprun, »sollten wir Mikroben und Viruserkrankungen segnen, da sie typische heilende Krisen sind: Sie befreien den Organismus von seinem Hauptproblem - der Verunreinigung durch innere Schlackstoffe, und das ohne jedes Medikament. Doch man sollte diese Krisen auch richtig nutzen: In einem solchen Fall ist eine Totalfastenkur für mehrere Tage angesagt - so lange bis die akuten Symptome nachlassen. Das ist die beste Hilfe für die natürlichen Kräfte eines Organismus, der mit der Selbstheilung mithilfe von Mikroben und Viren beschäftigt ist. Irgendwann wird die zivilisierte Welt diese Methode genauso erlernen wie den Gebrauch von Seife und Zahnbürste. Aber wahrscheinlich nicht allzu bald, denn die Wissenschaft entwickelt sich zwar, doch die Unwissenheit nimmt ebenfalls zu.«

Man sollte sich fragen: Warum versetzen wir den Organismus überhaupt erst in einen Zustand, wo es ihm egal ist, von wem und wie er gereinigt wird? Wäre es nicht besser, seine ursprüngliche Reinheit zu unterstützen? Die Praxis zeigt: Wer sich von Rohkost ernährt, wird fast nie krank. Unumstößlich bleibt ein fundamentales Prinzip: *Der lebendige Organismus braucht lebendige Nahrung.* Auf die Bedeutung dieses Prinzips wurde zum ersten Mal von Dr. Francis Pottenger hingewiesen, der in der ersten Hälfte des zwanzigsten Jahrhunderts ein umfangreiches Experiment durchführte. Zehn Jahre lang fütterte er neunhundert Katzen mit Rohkost, und sie alle blieben gesund und widerstandsfähig. Eine zweite Gruppe Katzen bekam gekochte Nahrung, worauf sich in ihnen alle typisch menschlichen Krankheiten bildeten: Lungenentzündung, Lähmungen, Zahnausfall, Entkräftung, Nervosität und so weiter. Mit anderen Worten, alle Systeme des Organismus wurden in Mitleidenschaft gezogen. Die Katzenjungen der ersten Generation wurden schwach und krank geboren, in der zweiten gab es viele Totgeburten und in der dritten Generation begannen die Katzen an Unfruchtbarkeit zu leiden.

Dr. Edward Howell, einer der Begründer des Systems der natürlichen Heilung, ist zu dem Schluss gekommen, dass die Hauptkomponente, wodurch sich Rohkost von kulinarisch behandelter Nahrung unterscheidet, die Enzyme sind. Er hat festgestellt, dass diese »Einheiten zur Bemessung der Lebensenergie« *bei einer Temperatur über fünfzig Grad zerstört werden*. Wie ist er nun auf den Ausdruck »Einheiten zur Bemessung der Lebensenergie« gekommen?

Enzyme sind Stoffe, die das Leben ermöglichen. Sie sind für jede chemische Reaktion erforderlich, die in unserem Organismus abläuft.

Ohne Enzyme gäbe es im Körper keine Aktivität. Sie sind die Arbeiter, die den Organismus aufbauen, so wie Bauarbeiter Häuser bauen. Nährstoffe, Vitamine und Mineralien sind bloß Baumaterial. Jegliche Bewegung auf der »Baustelle« wird erst durch die Enzyme ermöglicht. Dabei dienen sie nicht nur als träge Katalysatoren, die die chemischen Reaktionen beschleunigen. Wie man herausfand, geben Enzyme bei ihrer Tätigkeit eine bestimmte Strahlung ab, was bei Katalysatoren sonst nicht der Fall ist. Enzyme bestehen aus Eiweißtransportern, die mit Energie geladen sind wie eine Elektrobatterie.

Woher nimmt unser Organismus die Enzyme? Allem Anschein nach bringen wir bereits mit der Geburt ein bestimmtes Enzympotenzial mit uns, das vererbt ist. *Dieser begrenzte Vorrat an Energie ist für das gesamte Leben bestimmt.* Es ist so etwas wie ein Startkapital. Wenn wir damit verschwenderisch umgehen, sind wir eines Tages pleite. Je schneller wir die Energie der Enzyme verbrauchen, desto eher wird unsere Lebenskraft verbraucht sein. Kommt es dazu, dass unser Organismus keine Enzyme mehr erzeugen kann, so ist unser Leben zu Ende. Die Batterie ist leer.

Indem die Menschen Nahrung zu sich nehmen, die einer Wärmebehandlung unterzogen wurde, brauchen sie ihren Bestand an Enzymen leichtsinnig auf. Nach Ansicht von Dr. Edward Howell ist dies einer der Hauptgründe für alle Krankheiten, für vorzeitiges Altern und einen frühen Tod. *Rohprodukte enthalten eigene Enzyme, die eine Autolyse ermöglichen; solche Nahrung wird leicht verdaut, weil sie sozusagen »im eigenen Saft geschmort« wird.* Wenn Sie hingegen gekochte Nahrung essen, die ihrer Enzyme beraubt ist, ist der Organismus gezwungen, seine eigenen Enzyme für deren Verdauung zu verwenden. Das führt dann zu einer Verringerung des Eigenpotenzials an Enzymen.

Stellen Sie sich vor, Sie haben sich entschlossen, Ihr Haus von Grund auf zu renovieren. Es gibt nun zwei Möglichkeiten, wie dies geschehen kann. Im ersten Fall liefert eine Firma die von Ihnen bestellten Materialen vor Ihrer Haustür ab, und Sie selbst müssen sehr viel Zeit und Mühe aufbringen, um die Renovierungsarbeiten durchzuführen. Im zweiten Fall kommt mit den Materialien eine Gruppe Bauarbeiter, die alles für Sie erledigt, während Sie sich entspannt Ihren eigenen Interessen widmen können.

Genau dies ist der Unterschied zwischen behandelter Nahrung und Rohkost. Wenn jemand gekochte Produkte isst, müssen alle Lebenskräfte sich mit der intensiven Verdauungsarbeit beschäftigen. *Die Enzyme - jene körpereigenen »Arbeiter«, die mit ihren Pflichten des Reinigens und der Wiederherstellung des lebenden Gewebes beschäftigt sein sollten -, müssen alles liegen und stehen lassen, um fremde Arbeit auszuführen.* Sie haben keine Zeit mehr, sich um den Organismus zu kümmern, der so dem Verfall preisgegeben wird.

Können Sie sich vorstellen, dass die Menschen plötzlich nicht mehr gehen und sich ausruhen, sondern stattdessen herumlaufen wie die Irren, obgleich sie schrecklich müde sind? Genau das ist der Unterschied zwischen dem Organismus eines Rohköstlers und dem des »normalen« Menschen: Der eine geht ruhig spazieren, während der andere einen Marathon ohne Ende läuft, bis er kraftlos umfällt.

In Anbetracht von alldem kann es keinen Zweifel mehr geben, dass wärmebehandelte Nahrung dem Organismus ungeheuren Schaden zufügt. Die Vorteile der Umstellung auf Rohkost wurden am besten von Nikolaj Kurdjumow zusammengefasst, einem Anhänger der natürlichen Ernährung. Er schreibt Folgendes:*

»1. *Entzündungen und Erkältung gibt es nicht mehr.* Eine Grippe verläuft praktisch unbemerkt. Alle psychosomatischen Krankheiten gehören der Vergangenheit an (Störungen der Organe, Gelenkleiden und sonstige Schmerzen; denn alle Organe werden gereinigt und verjüngt). Die Immunkraft wird vom künstlichen Minimum bis zum natürlichen Niveau gesteigert: Man kann drei Stunden im Schnee liegen oder in Badehosen bei minus achtzehn Grad umherlaufen, ohne dass einem etwas geschieht - und das alles ohne besondere Abhärtung!

2. *Die Sensibilität für Schadstoffe nimmt stark zu,* und der Körper kann heftige, mitunter schmerzhafte Reaktionen zeigen, aber der Körper sondert diese Stoffe ab, entschärft sie und führt sie schnell und effizient wieder aus. Es kommt dabei nicht zu Vergiftungserscheinungen.

3. Die Nahrungsverträglichkeit ist sehr stark. Wenn man umständehalber ungewöhnliche oder schwer verdauliche Speisen essen muss, wird der Körper sie problemlos verarbeiten und neutralisieren. Das Filtersystem bewältigt alles auf einen Rutsch. So etwas nennt man auch 'Verdauung eines Straußen'.

---

* Quelle: www.kurdyumov.ru

4. Die Nahrung ist sehr viel bekömmlicher. Gemeint ist hierbei der Absorptionskoeffizient. In den ersten acht Monaten mag ein Rohköstler zu viel essen, doch dann ist er von drei Äpfeln und ein paar Gurken satt. Er ist zufrieden mit wilden Waldkräutern, Blättern, Gemüse, Sprossen, Trauben - das alles eignet sich als Nahrung. Daher:

5. *Eine einzigartige Empfindung der Unabhängigkeit von den Umständen.* Wir wollen hier keine hochtrabenden Begriffe wie 'Einheit mit der Natur' benutzen, aber was immer geschieht und wo immer du dich aufhältst - sei es sogar im Wald -, du wirst auch ohne Geld immer satt sein und *wirst überleben.*

6. Das *Geschmacksempfinden* ist nicht auf Zunge und Augen begrenzt, sondern umfasst den ganzen Körper. Der Körper billigt oder missbilligt die Nahrung und signalisiert entweder Verlangen, Gleichgültigkeit oder Ablehnung. Das *Sättigungsgefühl* ist objektiv und entstammt dem Körper, daher gibt es keine Möglichkeit, zu viel zu essen.

7. *Hunger:* Nach einer 'Krise' tritt praktisch kein Hungergefühl auf. Jene Neurose, die wir Appetit nennen, gibt es nicht. Das Verständnis ist vielmehr: Aha, ich könnte mal etwas essen. Ein oder zwei Tage habe ich gar nicht daran gedacht, macht aber nichts. Nun habe ich mich daran erinnert, also gut. Daher:

8. Der *'Kameleffekt':* Die Fähigkeit, einen, zwei oder drei Tage gar nichts zu essen, ohne sich unwohl oder schwach zu fühlen. Du isst einmal am Tag - mehr als genug. Das Gleiche gilt für das Trinken, selbst bei großen physischen Belastungen.

9. Zusammenfassung: *Normale physische Ausdauer. Laufen ist angenehm.* Du kannst mehrere Stunden laufen, ohne schlappzumachen. Du wirst nicht müde, hast keinen Wunsch, dich hinzusetzen oder dich aufs Ohr zu legen. Die Effizienz des Lebens ist wesentlich höher, und das alles ohne besonderes Training.

10. Die *geistige Ausdauer* ist bei beliebiger Belastung genauso groß. Der Verstand ist kristallklar, und das *Gedächtnis* funktioniert einwandfrei. Die *Klarheit des Denkens* zeigt sich darin, dass man Prüfungen fast ohne Vorbereitung ablegen kann und beim Lernen keine Probleme mehr hat.

11. *Das Schlafbedürfnis wird auf sechs Stunden reduziert.* Schlafmangel ist leicht auszuhalten. Zum Beispiel ist es einem Sechzigjährigen möglich, drei Tage pausenlos ein Auto zu fahren, ohne dass Aufmerksamkeit und Selbstbeherrschung nachlassen. Das Erwachen ist leicht, munter und froh.

12. *Die Grundhaltung ist ein starkes Interesse am Leben.* Die *Stimmung* ist ausgeglichen und fröhlich. Unannehmlichkeiten beschwingen nur. Es ist fast unmöglich, sich zu streiten, nichts bringt einen in Rage. Alles nimmt man bewusst wahr.

13. *Die Fähigkeit, Entscheidungen zu treffen und Dinge zu bewirken.* Nicht du wirst von deinem Körper gelenkt, sondern dein Körper von dir. Du bist Herr all deiner Bedürfnisse, einschließlich der sexuellen. Abhängigkeit von Alkohol gibt es für Rohköstler nicht. Und wenn es sie mal gegeben haben sollte, dann schwindet sie schnell dahin.

14. *Es entwickelt sich in beträchtlichem Maße die Fähigkeit, seinen Körper zu beherrschen* - er wird gesittet, kultiviert und folgsam. Man stelle sich einmal vor, wie sehr das die Perspektiven im Leben erweitert.«

Zu ergänzen wäre noch, dass Probleme mit dem Äußeren, von denen viele Menschen geplagt werden, automatisch wegfallen, weil der Körper seine natürliche Schönheit zurückerlangt. Und ältere Menschen gewinnen Zeit - die Lebensuhr kann um zwanzig Jahre zurückgestellt werden, und das Ende der Party namens Leben kann sich auf unbestimmte Frist verlängern. Und alles, was Sie dafür ändern müssen, ist Ihre Ernährung!

Ich möchte besonders betonen: Dies ist nicht einfach eine neue Diät, die ein paar vorübergehende Ergebnisse bringt, sondern eine umfassende Lebensweise. Wenn Sie beschließen, Ihre Ernährung auf Rohkost umzustellen, so sollten Sie dies allmählich tun. *Vor allem: Drängen Sie niemandem diese Ernährung auf - weder sich selbst noch anderen.* Befolgen Sie hierbei besonders sorgsam die Regel des Transsurfings. Das gemeinsame Speisen ist ein untrennbarer Bestandteil unseres Lebens, und daher werden Ihre Mitmenschen unvermeidlich befremdet sein und Ihnen versichern, dass Sie Unsinn treiben. Geben Sie sich keine Mühe, ihnen das auszureden - sie sind ja deshalb so beunruhigt, weil sie den starken Verdacht haben, Sie könnten richtig liegen. Gehen Sie munter und gelassen Ihren Weg, ohne sich zu rechtfertigen oder irgendjemandem etwas beweisen zu wollen. Ihr blühendes Aussehen wird für sich sprechen.

Vor allem aber: Zwingen Sie sich nicht selbst. Wenn Sie nach dem Prinzip »ich muss« verfahren, werden Sie nicht weit kommen. Früher oder später werden Sie es nicht mehr aushalten und zu Ihren alten Gewohnheiten zurückkehren. Gehen Sie die Umstellung im Zustand der Einheit von Seele und Verstand an. Sagen Sie sich nicht: »Ich muss«, sondern: »Ich will.« Genau deshalb ist es ratsam, etappenweise vorzugehen, ohne Ihren Willen und Ihren Körper zu unterdrücken. Es gibt wirklich zahlreiche Versuchungen, die nicht leicht zu überwinden sind. Bis zum Alter von dreißig Jahren kann man sich noch austoben, doch dann ist Besonnenheit angesagt. Denn langsam, aber sicher entleert sich die »Batterie«.

Körperliche Übungen sollte man dabei nicht vergessen. Wechselwarmes Duschen und ein einstündiger Spaziergang pro Tag sind das Minimum. Laufen ist nicht nötig. Der Lauf ist ein extremer und unnatürlicher Zustand für den Körper. Sich selbst zu »schinden«, ist wenig sinnvoll, es sei denn für Sportler, die Ergebnisse anstreben. Dabei sei allerdings angemerkt, dass die Natur nicht nach Ergebnissen strebt, sondern nach optimalem Gleichgewicht. Gehen hingegen ist sehr nützlich. Wählen Sie Ihre Übungen nach Ihrem eigenen Geschmack. Tibetische Gymnastik zum Beispiel, wie sie in Peter Kelders Buch *Die fünf Tibeter* beschrieben ist, ist einfach und gleichzeitig sehr wirksam für die Steigerung der Energetik.

Die neue Lebensweise wird Ihre Absichtsenergie auf ein solches Niveau heben, dass Sie sich eines schönen Tages sagen können: Ich beherrsche tatsächlich meinen Körper, und ich beherrsche meine Realität. Und das ist kein leeres Geschwätz, sondern eine ganz konkrete Empfindung. Sie werden spüren, dass Sie in der Lage sind, Ihre Weltschicht nach eigenem Ermessen zu gestalten. Sie werden ein erstaunlich natürliches Gefühl der Koordinierung haben: *Was auch geschieht, meine Absicht wird sich erfüllen. Alles zielt in diese Richtung, und alles geschieht so, wie es nötig ist.*

Der Trolleybus der Beobachter

Ich möchte eine Frage stellen, die mich schon seit langem beschäftigt. Schreiben Sie das alles aus theoretischer oder aus praktischer Sicht? Befolgen Sie das alles selbst, was Sie da schreiben? Wenden Sie es im eigenen Leben an? Wenn ja, mit welchen Ergebnissen? Insbesondere, was die Ernährung betrifft ... Aber auch in Bezug auf das Transsurfing: Haben Sie persönlich den Nutzen des Transsurfings erfahren? Und sind Sie davon überzeugt, dass diese Theorie funktioniert?

Natürlich, all das, worüber ich schreibe, habe ich nicht nur erfahren, sondern auch zu meiner Lebensweise gemacht. Zum Beispiel habe ich als Folge meiner Umstellung auf naturbelassene Nahrung eine Menge freier Energie erhalten, was in mir schöpferische Fähigkeiten geweckt hat und es mir ermöglicht, die Technik des Transsurfings effizient anzuwenden.

Früher musste ich, wie die meisten Menschen, lange und hart arbeiten, um meine Ziele zu erreichen. Dabei habe ich ein beträchtliches Maß an Energie verschwendet. Mit gewöhnlichen Methoden ist es kaum möglich, viel zu erreichen. Jetzt kann ich meine eigene Weltschicht formen - die Realität, in der ich lebe -, so, wie es mir gefällt. Alles geschieht wie von selbst, ohne Kampf, indem ich meine Absichtsenergie in die erforderlichen Kanäle leite. Vor allem aber ist es wichtig, diese Energie auch zu haben.

Ich bin mittlerweile über vierzig, aber meine Gesundheit und meine Lebenskraft sind jetzt besser als mit vierzehn Jahren, als ich vor lauter Energie Kopf und Kragen riskierte, indem ich Abfahrtspisten hinabjagte und auf dem Trampolin trainierte. Äußerlich sehe ich überhaupt nicht so aus, wie es bei meinem Alter zu erwarten wäre. Wenn ich mich in einen Hörsaal unter Studenten setzte, würde ich kaum auffallen.

Freilich habe ich den »wahren Weg« erst dann beschritten, als mich meine unvernünftige Lebensweise in einen solchen Zustand versetzt hatte, dass mir allein das Gehen große Mühe bereitete. Wer in eine solche Lage gerät, hat die Wahl zwischen zwei Alternativen: sich behandeln zu lassen oder etwas für seine Gesundheit zu tun. Viele entscheiden sich für Ersteres. Daraufhin bleiben nicht nur die Krankheiten, sondern es gesellen sich noch neue hinzu. Wie könnte es auch anders sein? Der Spiegel reflektiert genau sein Gegenüber: »Ich beschäftige mich mit der Behandlung meiner Krankheit«, oder genauer gesagt: »Ich verhätschle meine Krankheiten, ich schleppe mich ins Krankenhaus, ich klage und mache mir und anderen das Leben schwer.« Der zweite Weg, den ich gewählt habe, geht genau in die entgegengesetzte Richtung: »Ich stärke meine Gesundheit.« Das Ergebnis wird dementsprechend ausfallen. Offenbar gibt es also zwei völlig unterschiedliche Herangehensweisen.

Viele Menschen sind noch recht fit und wollen nichts von Rohkost und ähnlichen »Perversionen« hören. Doch es gilt zu beachten, dass Gesundheit eine zeitweilige Erscheinung ist, wenn man sich nicht um seinen Körper kümmert. Warum warten, bis unerwünschte Veränderungen eintreten? Denn sie könnten ja auch schon nicht mehr umkehrbar sein. Und weshalb sträuben wir uns? Weil wir zu bequem sind, alte Gewohnheiten aufzugeben, die uns von den Pendeln aufgedrängt wurden.

Doch wie kann man so vielen gewohnten, verlockenden Speisen entsagen? Schon der Gedanke daran ist schrecklich. Allein, die »Welt der Leckereien« ist von den Pendeln geschaffen worden, und dahinter wartet schon deren Fangschlinge, der der größte Teil der unterdrückten Bevölkerung auf den Leim gegangen ist. Es ist naiv zu glauben, nur Drogensüchtige, Alkoholiker und Raucher seien darin gefangen. Die Vertreter der »guten« medizinischen Pendel - im Gegensatz zu den »schlechten« - stufen solche Menschen als krank ein und versuchen, ihre angebliche physische Abhängigkeit zu behandeln.

In Wahrheit ist die Ernährung von gängigen Produkten von gleichem Wesen wie eine Rauschgiftsucht - in beiden Fällen schnappt die Fangschlinge der Pendel zu. Und wie eine Drogensucht kann man auch den Heißhunger auf Süßigkeiten oder Fleisch behandeln. Es ist leicht nachzuprüfen und wurde auch schon oft bestätigt, dass Menschen, die von den »köstlichen« Pendeln befreit wurden, sich von natürlichen Produkten ernähren. Sobald zum Beispiel jemand, der an der Nadel der Nahrungssucht hängt, in der Nacht Kuchen oder Konfekt isst, hat er am nächsten Morgen einen »Kater«, ähnlich wie ein Alkoholiker.

Am Haken der Pendel baumeln sowohl die Drogensüchtigen wie auch die Konsumenten schädlicher, aber gängiger Nahrungsmittel. Daher können sie sich nur schwer vorstellen, wie man auch ohne diesen Dreck auskommen kann, der ihnen so wahnsinnig köstlich erscheint.

Der Ausdruck »köstlich« stellt nichts anderes dar als die Abhängigkeit von einem bestimmten Pendel. Aber alles ist relativ. Es ist überhaupt nicht nötig, auf Vergnügen zu verzichten. Sich der Fangschlinge der Pendel durch Enthaltung zu entziehen, ist sehr schwer und keineswegs angenehm. Es gibt einen anderen Ausweg: Wechseln Sie Ihre geschmackliche Orientierung, dann werden Ihnen Ihre Genüsse erhalten bleiben - sie werden einfach andere sein. Das beste Verfahren besteht darin, ein Anhänger eines anderen, weniger destruktiven Pendels zu werden, dessen Motto Trennkost oder Rohkost ist.

Rohköstler unterwerfen sich nicht etwa einem Zwang, wie man vielleicht als Außenstehender meinen könnte. Im Gegenteil, sie frönen mit Begeisterung der natürlichen Ernährung und erfahren dabei den gleichen Genuss wie ausgemachte Feinschmecker. Zum Beispiel ist eine Möhre frisch aus dem Beet für sie eine ebenso große Versuchung wie ein Stück feinster Torte für ein Schleckermaul. Der Geschmack ändert sich, sobald man das Pendel wechselt - so einfach ist das. Dabei wird das Leben nicht etwa genussfrei - im Gegenteil, der Genuss wird um ein Vielfaches größer, denn dank des Erwerbs neuer Lebenskraft gibt es neue, früher unbekannte Genüsse.

Bin ich hingegen bei jemandem zu Gast, dann mäkle ich nicht herum: »Dies kann ich nicht essen, jenes kann ich nicht trinken.« Ich kann mir erlauben, alles Mögliche zu essen, wenn es die Umstände erfordern, weil ich »weg von der Nadel« bin und keine Abhängigkeit gegenüber »Gläubigern« habe. Es ist so, als würde ich beiläufig zur Bank gehen, so viel Geld abheben, wie ich brauche, und in aller Ruhe weggehen, ohne mir Sorgen zu machen, dass ich bei meinem nächsten Bankbesuch wieder Geld einzahlen muss. Mit anderen Worten, ich kann nicht nur im Wald überleben, sondern auch in der Stadt.

Die Hauptsache ist, aus dem Traum aufzuwachen und sich aus der Fangschlinge der Pendel zu befreien. Die Umstellung auf naturbelassene

Nahrung ist der direkteste Weg zur Freiheit. Doch für die Pendel wäre es eine Katastrophe, wenn ein Mensch einen Großteil der Probleme, mit denen er sich ständig herumschlägt, auf einmal loswird. Alles Mögliche ist akzeptabel - aber bloß das nicht! Die bewusste Rückkehr zu natürlicher Reinheit und Unabhängigkeit zerstört ein gewaltiges Konglomerat von Branchen und Strömungen, die direkt oder indirekt mit der Gesundheit und Vitalität des Menschen verbunden sind.

Schauen Sie, ich will niemanden agitieren (was hätte ich auch davon?), und ich will auch niemanden zu etwas überreden. Ich präsentiere lediglich Informationen, die jemandem nützlich sein könnten. Viele Menschen legen sich unter das Messer oder sogar in den Sarg, nur weil sie nicht wissen, dass ihre Krankheiten leicht durch die Natur geheilt werden können. Es gibt nichts Dümmeres, als durch Unwissenheit zu sterben. Da sitzt nun einer in der Gewalt des Pendels, hat kaum etwas von der neuen Strömung gehört und denkt: »Rohköstler? Was sind das denn für Idioten?« Das Pendel flüstert ihm besänftigend zu: »Ja wirklich, solche Blödmänner aber auch - ernähren sich nur von Käse! Iss du mal hübsch weiter deine Würstchen!« So bleibt der Betreffende weiter in Unwissenheit.

Was nun konkrete Ergebnisse betrifft, die ich mithilfe der Technik des Transsurfings erlangt habe, so möchte ich sie nicht öffentlich zur Schau stellen. Das Privatleben sollte vor den Blicken der Allgemeinheit geschützt sein, sonst ist es kein Privatleben mehr. Ich hoffe, dass Sie mich in diesem Punkt verstehen. Ich kann nur eines sagen: Die Technik funktioniert einwandfrei, wenn Sie zielbewusst den Empfehlungen folgen, die in meiner Buchreihe *Transsurfing* beschrieben sind. Und das Ganze ist längst nicht so schwierig, wie es scheinen mag. Zu Beginn müssen Sie einige Bemühungen unternehmen, um die Gewohnheiten eines Transsurfers zu erwerben. Doch alle Prinzipien sind sehr einfach, Sie müssen sie bloß systematisch befolgen und nicht launenhaft.

Ehrlich gesagt hatte ich nicht erwartet, dass Sie plötzlich mit so etwas anfangen ... Ist Ihnen etwa die Luft ausgegangen? Verzeihen Sie, aber wenn einer nichts zu sagen hat, so sollte er meines Erachtens lieber den Mund halten. Außerdem: Denken Sie wirklich, man sollte sich des Genusses gut zubereiteter Speisen enthalten? Sterben werden wir ja so und so, früher oder später. Oder hat etwa jemand vor, ewig zu leben? Was den Schaden oder den Nutzen von Rohkost betrifft, so kann man darüber in alle Ewigkeit diskutieren. Aber das alles sind doch bloße Vermutungen! Mit Versuchen an Kaninchen lässt sich rein gar nichts beweisen. Der Mensch ist nun mal kein Kaninchen, und meiner Meinung nach lassen sich die beiden nicht vergleichen. Denn der Mensch ernährt sich nicht nur von materieller Nahrung, sondern auch vom Genuss - ist das etwa keine Energie? Man muss bloß auf seinen Körper hören, das ist alles. Und Rohkost ist nicht »unsere Methode«, meine schon gar nicht.

Ein stiller Beobachter

Nun, zunächst einmal strahlt dieser Brief keine Stille aus, sondern vielmehr Beunruhigung. Ich wende mich ja mit meinen Büchern an jene, die sich mutig über gängige Klischees hinwegsetzen, indem sie ihre Ernährung beispielsweise auf Rohkost umstellen, und daher kann ich nur wiederholen: Liebe Leser, ich habe Sie ja darauf hingewiesen, dass Sie ringsumher Leute vor den Kopf stoßen werden, die sich in ihrem heimeligen Sumpf bedroht fühlen. Und dass sie sich jede nur erdenkliche Mühe geben werden, Ihnen einen Stempel aufzudrücken, den man höflich als »komischer Kauz« bezeichnen könnte.

Einige von ihnen werden das aus menschenfreundlichsten Motiven heraus tun, indem sie Ihnen aus Leibeskräften zurufen: »Ihr habt doch einen an der Waffel! Lasst diesen Quatsch und lebt wie normale Menschen!« Andere werden Ihr Verhalten als Provokation deuten und entsprechend feindlich reagieren. All diese »Beunruhigten« haben einen Wunsch gemeinsam, nämlich Sie belehren zu wollen: »Ihr armen Irren, denkt ihr etwa, ihr seid was Besseres? Jetzt reißt euch mal zusammen und lebt wie wir!« Den Prinzipien ihrer Pendel Folge leistend, machen sie beharrlich Druck, damit auch Sie sich nach diesen Prinzipien richten. Man muss sich jedoch fragen: Was treibt sie eigentlich dazu, so emsig ihre Prinzipien zu beschützen? Es ist ja nicht so, dass Sie, liebe Leser, Ihre Meinung anderen aufdrängen oder jemanden »bekehren« wollen.

So paradox es auch klingen mag, aber wenn Sie versuchen würden, Ihre Mitmenschen von Ihrem Standpunkt zu überzeugen, würde man Sie einfach belächeln und Ihre Prinzipien als »Marotten« in den Wind schlagen. Wenn Sie aber, ohne sich um andere zu kümmern, einfach Ihren Weg gehen, regt sich alle Welt auf. Der Grund dafür ist, dass diese Leute, so sehr sie auch von den notorischen Klischees eingelullt sein mögen, tief im Inneren von Zweifeln geplagt werden.

Wenn solche Leute beispielsweise in den Zoo gehen, sehen sie dort ein Schild: »Tiere füttern verboten!« Ihr Verstand baut sogleich unwillkürlich eine logische Kette auf: Menschliche Nahrung macht die

Tiere krank; solche Nahrung ist für sie ungesund; Tiere sind gesund, wenn sie ihre eigene Nahrung fressen - das ist normal. Wenn der Mensch sich von seiner Nahrung ernährt, wird er krank - auch das ist normal. Aber Moment mal, ist da nicht irgendwo der Wurm drin? In der Tat, früher oder später ziehen sich alle Menschen irgendwelche Gebrechen zu. Zwar haben sie sich daran gewöhnt, aber ist das wirklich normal?

Wir wollen jetzt gar nicht weiter auf den Nutzen oder den Schaden dieser oder jener Produkte eingehen, denn der springende Punkt ist ein anderer. Die »Beunruhigten« regen sich deshalb so auf, weil sie ihren auf der Energie der Pendel beruhenden Komfort gefährdet sehen. Wie der stille Beobachter richtig anmerkte, ist »der Genuss gut zubereiteter Speisen« eine Energie (obgleich das Prädikat »gut« hierbei natürlich sehr relativ ist). Wie ich schon sagte, sind die gängigen Nahrungsmittel, besonders die eifrig beworbenen, als Kredite der Pendel zu sehen. Besagte Leute haben zwar nicht den Mut, ihrer täglichen »Dosis« zu entsagen, doch mitanzusehen, wie andere diesen Schritt geschafft haben, ist ihnen unerträglich. Und so sind jene »Beunruhigten« eben damit beschäftigt, ihre inneren Spannungen auszugleichen, indem sie eine Flut der Empörung über jene ausgießen, die es gewagt haben, »die Regel zu übertreten«.

Sie mögen sogar tatsächlich glauben, bei der Wahl ihrer Nahrung ausschließlich ihrer eigenen Überzeugung zu folgen. Tun sie aber nicht, denn wenn sie wirklich davon überzeugt wären, sich richtig zu ernähren, würden sie nicht solche Briefe schreiben, sondern in aller Stille weiter ihren Weg beschreiten, ohne sich um »nutzlose Informationen« zu kümmern. Wer keine Zweifel hat, hat es auch nicht nötig, jemand anderem etwas zu beweisen. Auch ich will niemandem etwas beweisen, sondern stelle einfach Informationen zur Verfügung für alle, die sie brauchen.

Briefe von unzufriedenen Lesern wie der vorliegende sind selten, doch Briefe mit der Bitte um Hilfe bei gesundheitlichen Problemen bekomme ich sehr oft. Daher wiederhole ich: Wie soll Transsurfing jemandem helfen, der nicht einmal genügend Energie hat, um auch nur gesund zu sein? Woher soll er diese Energie nehmen? Die Antwort ist offensichtlich: Er muss sich besser um seinen Körper kümmern. Wie kann jemand Herr seiner eigenen Weltschicht sein, wenn er nicht einmal Herr über seinen Körper ist?

Wer gesundheitliche Probleme hat und seine Energetik nicht in Schwung bekommt, braucht sich keine Sorgen zu machen. Ich denke, Leser, die die Prinzipien des Transsurfings befolgen, werden niemanden fragen, wie sie sich zu ernähren haben, und sie werden auch niemandem ihre Meinung aufdrängen. Nehmen Sie sich Ihr Recht, recht zu haben. Wenn Sie Herr Ihrer eigenen Realität sind, brauchen Sie andere nicht um Rat zu fragen. Wenn Sie zweifeln, werden Sie auf jeden Fall falsch handeln. Haben Sie jedoch die Einheit von Seele und Verstand erreicht (und hier wollen wir noch den Magen ergänzen), können Sie sich ernähren, wie es Ihnen gefällt, und es wird genau richtig sein.

Wenn ich hundertprozentig überzeugt bin, dass Kuchen mir nicht schadet, dann kann ich ruhig Kuchen essen. Ich habe mir das Recht genommen, recht zu haben, also befinde ich mich in einem Sektor des Variantenraumes, wo ich so viel Kuchen essen kann, wie ich will, ohne meiner Gesundheit damit zu schaden. Ich nehme die Verantwortung für meine Handlungen auf mich und nehme bewusst einen Kredit auf. Das gilt jedoch, wie gesagt, nur dann, wenn ich die Einheit erreicht habe. Wenn mein Körper mich warnt und mein Verstand mir sagt, dass der Kuchen mir nicht guttut, dann werde ich mir wirklich schaden. Der stille Beobachter schreibt: »Man muss bloß auf seinen Körper hören, das ist alles.« Ist das wirklich so? Aus solchen alltäglichen Phrasen, so schön sie auch klingen mögen, entstehen falsche Klischees.

Der Körper, dessen Bedürfnisse sich in der Abhängigkeit von den Pendeln gebildet haben, wird immer wieder ein neues energetisches Darlehen erbitten. Aber nicht der Körper lenkt die Realität. Die Realität wird von der äußeren Absicht gelenkt, welche wiederum in der Einheit von Seele und Verstand entsteht – wie sie gebieten, so wird es sein. Man sollte zwar auf den Körper hören, aber er spricht nicht immer die Wahrheit. Wenn der Körper etwas nicht mag und es ablehnt, kann man ihm getrost Glauben schenken, denn dabei wird er nicht lügen. Was aber Bedürfnisse betrifft, die weit von den natürlichen entfernt sind, so spricht unser Körper oft mit der Stimme der Pendel. Daher sollte man sehr sorgfältig abwägen, ob wirklich eine Einheit von Magen, Seele und Verstand erreicht ist.

Wenn der Verstand die Aufforderung nach »richtiger Ernährung« ablehnt und auch die Seele damit nichts anfangen kann, dann kann tatsächlich alles in Ordnung sein, und man mag alles vertragen, ohne der Gesundheit besonders zu schaden – jedenfalls solange die Einheit keine Zeichen missachtet, die eine Einführung von Beschränkungen signalisieren. Auch im Zustand der Einheit von Seele und Verstand kann also Vorsicht geboten sein – das ist ein wichtiger Punkt! Aber Zwang ist nie gut. Man kann sich mit Leichtigkeit auf natürliche Ernährung umstellen, wenn man es etappenweise macht, je nach eigener Überzeugung, ohne sich unter Druck zu setzen. Damit ist der Gesundheit gedient, und man hat auch seine Ruhe. Aber es gibt kaum etwas Schlimmeres, als sich selbst zu quälen und anderen vorzuschreiben, wie sie zu leben haben.

Vielen mag die Umstellung auf Rohkost als unnötiger, extremer Schritt erscheinen (das ging auch mir zuerst so). Wenn dem so ist, braucht man sich nicht zu einer Entscheidung zu drängen, diesen Schritt zu machen oder nicht. Die natürliche Ernährung sollte auf natürliche Weise zustande kommen, nach dem Gebot von Herz und Verstand, und nicht aufgrund irgendeiner Autorität. Bis es so weit ist, sollte man weiter reifen und wachsen. Die hier präsentierten Informationen sind optional, und ich biete sie nur jenen an, die bereit sind, sie anzunehmen. Das betrifft vor allem Menschen, die gesundheitliche Probleme haben, und solche, die ihre Energetik steigern wollen. Aber ich wiederhole: Es ist nicht obligatorisch.

Aus der Sicht des Transsurfings ist es eine interessante Situation, wenn ein Trolleybus (oder eine Straßenbahn) wegen Stromausfall liegenbleibt. Dieses Ereignis verstößt gegen das gewohnte Drehbuch, was die Menschen zwingt aufzuwachen. Alle Passagiere werden dann sozusagen eine Zeit lang Beobachter, die man in drei Gruppen einteilen kann.

Die erste Gruppe sind jene, die sogleich den Trolleybus verlassen und zu Fuß weitergehen. Dies sind die »entschlossenen Beobachter«. Sie haben die veränderten Umstände akzeptiert und ihr Drehbuch an die Situation angepasst. Sie haben keine Zeit zu verlieren und gehen selbstbewusst ihrer Wege.

Auch die Mitglieder der zweiten Gruppe nehmen die Lage hin und bleiben, ohne zu schwanken, auf ihrem Platz sitzen. Sie sind nicht in Eile und warten ruhig auf weitere Veränderungen im Variantenstrom. Das sind die »stillen Beobachter«. Wer an einem liegengebliebenen Trolleybus vorbeigeht, dem wird auffallen, wie aufmerksam die Passagiere ihn ansehen, wie große, kluge Vögel. Die Gelassenheit der zweiten Gruppe ist ebenso makellos wie die Entschlossenheit der ersten.

Die dritte Gruppe schließlich besteht aus Passagieren, die hin und her schwanken: Sollen sie warten oder gehen? Eine Zeit lang gehen sie auf und ab, dann verlassen sie den Trolleybus allmählich. Sie sind »rastlose Beobachter«. Sie können sich mit der Änderung im Drehbuch nicht abfinden und daher keinen festen Entschluss fassen. Sie sind aus der Fassung geraten, und bei ihnen setzt ein innerer Kampf ein. Einige von ihnen sind »rastlos« und wollen den Kampf nicht im Inneren belassen; daher lassen sie ihren Frust an der Umgebung aus. Sie empören sich, stellen Forderungen oder bringen stillschweigend ihre Missbilligung über die zum Ausdruck, die ohne zu zögern einen Entschluss gefasst haben.

Nun, wie mir scheint, wird unser Transsurfer mitnichten unter den Passagieren der dritten Gruppe zu finden sein, schon gar nicht unter den Letztgenannten, den Rastlosen. Was denken Sie?

Herr des Bieres

Wohlhabende Leute sind ständig von Produkten der Pendel umgeben: Parfums, Kosmetikartikel, stilvolle Kleidung, Autos ... Da ich nicht beabsichtige, in Armut zu leben, wüsste ich gern, wie gefährlich diese Pendel eigentlich sind. Es sind ja alles Attribute eines luxuriösen Lebens, und im Grunde geht es auch ohne sie. Aber ich liebe es einfach, sie zu kaufen und anzuwenden. Sollte ich also besser die Pendel ignorieren, indem ich all diese Produkte nicht kaufe?

Wenn ich sage, dass alle Produkte der Zivilisation energetische Darlehen der Pendel sind, so bedeutet das ganz und gar nicht, dass man sich vollständig von ihnen distanzieren sollte. Es ist sinnlos, vor den Pendeln wegzulaufen. Wo wollen Sie sich denn vor ihnen verstecken? Entscheidend ist, nicht ihr Sklave zu sein. Seien Sie Herr und Meister, seien Sie Besitzer. Zum Beispiel der Besitzer teurer Autos, der Besitzer vornehmer Hotels, der Besitzer von Spielautomaten ... Die Reihe lässt sich endlos fortsetzen.

Denken Sie daran, dass Sie nur so lange Herr oder Besitzer sind, bis Sie in Abhängigkeit von alldem geraten, bis Sie unfrei sind. Das Pendel versteht es, Sie so leicht und unmerklich zu vereinnahmen, dass Sie sich, ehe Sie sich versehen, im Trichter des induzierten Übergangs wiederfinden. Irgendwann wird Ihnen jedenfalls die Rechnung präsentiert.

In der Regel geschieht es nach einiger Zeit, dass das Darlehen des Pendels die Gesundheit oder den Geldbeutel zu strapazieren beginnt. Der Klient wäre schon froh, die Darlehen zu stoppen, aber wenn er es nicht schafft, wird er zum Sklaven. Zum Beispiel könnten Sie heute »Herr des Bieres« sein, morgen »Herr des Portweins«, dann »Herr des Wodkas«. Später vielleicht noch »Herr des Heroins«. Sind Sie Manns genug, Herr zu bleiben? Kaum. Sobald Sie merken, dass dieser oder jener Kredit Ihrer Gesundheit oder Ihrem Bankkonto schadet, sollten Sie schleunigst Ihre Beziehung zu der Bank der Laster abbrechen. In der Welt der Pendel ist oberste Vorsicht geboten. Sie müssen Ihre Bewusstheit auf einem hohen Niveau halten, um Ihre Freiheit zu sichern.

Jemand mag nun einwenden: »Ach, was für ein Unsinn! Ich verwende alle diese Dinge zum Nutzen der Zivilisation und denke nicht daran, auf sie zu verzichten - ich mag sie einfach.« Nun, genauso könnte auch eine Kuh urteilen, deren Bewusstsein kaum höher entwickelt sein dürfte: »Ich fresse mein Futter, die Menschen bedienen mich und dieses Leben gefällt mir - das von Wildkühen aber nicht.« Und in der Tat, alles ist in Ordnung: Mit der Entwicklung der Pendel verbessert sich die Lebensqualität. Doch es gibt dabei einen Haken: Je höher der Konsum der Produkte der Pendel, desto niedriger die Bewusstseinsstufe und desto stärker die Abhängigkeit.

Kennen Sie das Märchen von Sindbad dem Seefahrer? Eines Tages gingen die Reisenden vor einer fremden Küsten vor Anker. Als sie an Land gingen, wurden sie herzlich empfangen und fürstlich bewirtet. Die Speisen, die man ihnen servierte, erhöhten schnell ihr Gewicht und benebelten ihren Verstand. Wie sich herausstellte, hatten es die

Bewohner jenes Landes darauf abgesehen, die Fremden zu mästen, um sie dann zu verspeisen.

Denken Sie jetzt, so etwas gäbe es nur im Märchen? Keineswegs. Als Beispiel wollen wir den in Hinsicht auf Pendel am meisten entwickelten Staat nehmen: die USA. Dort leidet ein Drittel der Bevölkerung an Übergewicht, weil sie besagte Nahrung konsumieren. Diese Produkte sind nicht deshalb so verbreitet, weil sie gut sind, sondern aufgrund der ausufernden Wucherung der Pendel, von denen die Lebensweise der Menschen geprägt ist. Du sitzt im Kino, die Hände in einer Popkorntüte. Du läufst von der Arbeit nach Hause – mit einem Snack in der Hand, aber klar doch! Und was bestellst du dir, wenn du zu Hause bist? Wir wollen die Produkte nicht beim Namen nennen, jeder kennt sie ja.

Man könnte nun fragen, was daran so schlimm sein sollte: Die Konsumenten sind doch zufrieden – es gefällt ihnen einfach. Doch warum eigentlich? Weil dies dem System der Pendel nützt. Die Konsumenten *glauben* bloß, dass sie es selbst so wollen. Denn das System zwingt alle, die ihm angehören, genau das zu wollen, was für seine Aufrechterhaltung nötig ist. Mithilfe des weitverzweigten Informationsnetzes werden die Klischees der »richtigen« Lebensweise definiert und systematisch aufgebaut – »was gut ist und wie es erreicht werden kann«. Daraufhin wird das Bewusstsein des Menschen so »zurechtgestutzt«, dass es in die Matrixzelle passt und zu einem Element wird, das allen Anforderungen des Systems Genüge tut.

Wer im Wachzustand träumt, geht unmerklich, aber stetig in einen Bewusstseinszustand über, in dem er den Eindruck bekommt, als wolle er selbst all das, was dem System nützt. Das geschieht allmählich und unauffällig. Die Produkte der Pendel werden durch Werbung gezielt mit allen möglichen Alltagssituationen verbunden und werden so zu wesentlichen Bestandteilen des gewöhnlichen Lebens. Zum Beispiel gab es früher keine Handys, und Geschäftsleute taten eher etwas, als dass sie darüber sprachen. Mittlerweile aber sind Gespräche über das Handy der dominierende Anteil ihrer Tätigkeit geworden. Auf diese Weise verwickeln die Pendel die gesamte Gesellschaft in ihre Netze, indem sie ihre Produkte manipulativ in das tägliche Leben einbauen.

Die Städte Russlands, die uns früher so sehr mit ihrer Architektur erfreuten, sind heutzutage von billigen Verkaufsständen übersät - das ist das Bild, was sich uns heute auf der materiellen Ebene darbietet. Auf der energetischen Ebene sieht es so aus, als sei ringsumher alles von abscheulichen Spinnweben durchzogen. Das ist leider nicht bloß eine Allegorie, sondern es ist tatsächlich so.

Nun mögen Sie sagen: Gut, aber was hat das alles damit zu tun, dass Sindbads Reisegefährten gemästet wurden, um dann gefressen zu werden? Ganz einfach: Wer die Lebensmittel der Zivilisation konsumiert, wird krank und gerät in die Abhängigkeit eines weiteren Pendels - des Pendels der Medizin. Sehen wir der Realität einmal ins Gesicht: Das Ziel der Medizin - mit wenigen Ausnahmen wie zum Beispiel der Chirurgie - ist nicht die *Heilung des Patienten,* sondern der *Behandlungsprozess.* Wenn Sie die Behandlung einer gesunden Lebensweise vorziehen, können Sie sich bis ins Grab behandeln lassen, ohne die wahre Ursache Ihrer Krankheiten loszuwerden. Sie werden auf der Suche nach neuen Heilungsmethoden von einem Krankenhaus zum anderen pilgern, ohne je zu einem Ende zu kommen, da Sie in einen Teufelskreis geraten sind. Dabei greifen alle Pendel kooperativ ineinander über und unterstützen sich gegenseitig: Gesundheitswesen, Pharmaindustrie und Werbung.

Das Spinngewebe der Pendel hat die Gesellschaft schon so weit durchwuchert, dass es zu einem eigenständigen hierarchischen System geworden ist. Eingebunden in dessen vielfältige Prozesse, ist der Mensch nur noch ein kleines Rädchen in dem gigantischen Getriebe. Hierbei sollte angemerkt werden, dass die Pendel nicht über Bewusstsein verfügen und keineswegs vorsätzlich handeln. Ihr Netz entwickelt sich von allein, wie ein synergetisches System. Stellen Sie sich vor, dass Ihr Garten von einem Gestrüpp parasitärer Pflanzen überwuchert ist. Die Pflanzen verfolgen dabei kein Ziel, sie wuchern einfach. Das Gleiche gilt für die Pendel.

Indem Sie die Lebensmittel der Pendel konsumieren, nehmen Sie unweigerlich am Aufbau der Pendel teil und werden somit zu einem Strukturelement. Das Maß Ihrer Unfreiheit verhält sich proportional zum Anteil künstlicher Lebensmittel auf Ihrem Speiseplan. Umgekehrt gilt auch: Sie sind umso freier, je mehr natürliche, unbehandelte Lebensmittel Sie konsumieren. Auf den ersten Blick mag eine solche Beziehung zwischen Freiheit und Lebensmitteln zweifelhaft erscheinen. Doch wenn man sich näher damit befasst, erscheint diese Beziehung als eine sehr direkte – nur haben wir uns an das Leben in den Spinnenweben der Pendel gewöhnt.

Nur sehr wenige verstehen, dass eine falsche Ernährung die Ursache aller Krankheiten ist, und noch weniger Menschen sind klug genug, um sich von ihren unnatürlichen Essgewohnheiten zu trennen. Um diese einfache Tatsache zu verstehen, ist Wachsamkeit erforderlich, und solange man wie ein Zombie dahindöst, kann man diese natürlich nicht aufbringen. Wer seinen Speiseplan umkrempeln will, braucht einen gehörigen Schuss Absichtsenergie. Doch woher soll diese kommen, wenn man bis über die Ohren verschuldet ist - verschuldet durch Darlehen von den Pendeln? Sie glauben, es sei schwierig, das Rauchen aufzugeben? Nein, viel schwieriger ist es, sich von seinen ungesunden Essgewohnheiten zu verabschieden. Entweder Sie haben eine sehr starke Überzeugung, oder Sie beenden allmählich Ihre Darlehen, eines nach dem anderen.

Bleibt nur die Frage: Lohnt sich die Mühe? Das muss jeder für sich selbst entscheiden, und hierbei hängt vieles auch wieder vom Niveau der freien Energie ab, denn um sein Leben zu ändern, ist eine feste Entschlossenheit erforderlich, die man ohne genügend freie Energie nicht aufbringen kann. Solange es am Wunsch nach einer Umstellung mangelt, ist die Absichtsenergie auf einem sehr niedrigen Stand - die Kreditschuld ist zu hoch.

Es gibt da die Geschichte eines sehr bekannten weiblichen Hollywoodstars. Als das Alter jener Schauspielerin eine kritische Marke überschritten und ihr Erscheinungsbild an Glanz verloren hatte, erhielt sie keine Filmangebote mehr. Die unbeschäftigte Diva wollte sich nicht mit den lausigen Rollen abfinden, die man ihr noch anbot, und so zog sie sich an einen abgelegenen Ort zurück, fernab vom Glamour der High Society. Jeder dachte, das war's. Wie groß war daher das Erstaunen, als sie ein paar Jahre darauf zurückkehrte und ein strahlendes Comeback feierte, das ihren früheren Ruhm sogar noch in den Schatten stellte! Das Geheimnis ihrer neu erblühten Jugend war sehr einfach - sie hatte ihre Ernährung gänzlich auf naturbelassene Lebensmittel umgestellt.

Denken Sie jetzt bloß nicht, ich betreibe Agitation. Das Schicksal und die Gesundheit mir unbekannter Menschen sind mir zutiefst gleichgültig, denn das liegt allein in ihren eigenen Händen. Ich präsentiere einfach nur Fakten, die Suchenden die Augen öffnen könnten.

Niemand wird ernsthaft bestreiten wollen, dass die physische wie auch die psychische Gesundheit, an der die Pendel ihren Raubbau betreiben, umso robuster ist, je mehr wir uns der Natur zuwenden und je weiter wir uns von der Zivilisation abwenden. Und es geht hierbei nicht nur um Umweltschutz und Bioprodukte. Die destruktivste Komponente, die uns Gesundheit, Energie und Freiheit raubt, ist der Anteil der Energie des Pendels, der in dessen Produkten enthalten ist. Stellen Sie sich einmal vor, wie viele Menschen an der Produktion Ihres Käsebrotes beteiligt waren. Jemand hat die verschiedenen Zutaten zubereitet, andere kümmerten sich um den Vertrieb, die Werbung, die Ernte, die Bedienung der Melkmaschine. Wieder andere stellten die Erntemaschinen her, kauften den Treibstoff dafür ein und so weiter – fast die gesamte Gesellschaft hat dazu beigetragen. Jeder, der an der Herstellung des Käsebrotes teilgenommen hat, hat einen Teil seiner Energie beigesteuert. Und Energie geht ja bekanntlich nicht verloren, vielmehr wird sie von den Pendeln akkumuliert und als Darlehen vergeben. Wenn Sie das Fertigprodukt erwerben, zahlen Sie nicht nur Geld, sondern nehmen gleichzeitig ein energetisches Darlehen auf, das Sie mit soundso vielen Prozenten zurückzahlen müssen. Diese Abhängigkeit drängt Sie in die Struktur, die Ihnen Ihre Freiheit und Ihre Energie nimmt.

Wie nun kann man dieser Abhängigkeit entkommen? Dies muss wiederum jeder für sich selbst entscheiden. Einen ganz konkreten Weg zur Befreiung hat Anastasia angeboten, die aus den Büchern Wladimir

Megres bekannt ist. In Russland haben viele Menschen begeistert die Idee aufgenommen, einen eigenen Familienlandsitz zu gründen. Einige haben sich sogar zu Ökosiedlungen zusammengeschlossen, wo sie versuchen, ein möglichst natürliches Leben zu führen. Das Grundprinzip ist Folgendes: *Je höher der Anteil natürlicher Lebensmittel, desto freier sind Sie in jeder Hinsicht.* Aber natürlich ist es nicht nötig, gleich in Extreme zu verfallen, wenn man sich beispielsweise im Herzen nicht vom Stadtleben trennen mag. Optimal ist es, in der Stadt zu arbeiten und auf dem Lande zu wohnen. Es spielt keine Rolle, wenn Sie sich das zurzeit nicht leisten können - dafür gibt es das Transsurfing. Im Übrigen rate ich Ihnen: Fragen Sie weder mich noch andere, was Sie tun sollen. Das wissen Sie selbst am besten. Sie können sich damit begnügen, »Herr des Bieres« zu sein. Doch wenn Sie Mumm genug haben, wird niemand Sie daran hindern, Ihre Realität selbst in die Hand zu nehmen. Sie brauchen sich nur das Recht dazu zu nehmen.

Der Mord an den Tieren

Wahrscheinlich ist der Mensch der König aller Tiere, denn seine Grausamkeit übertrifft die ihrige. Wir leben vom Tod anderer. Wir sind wandelnde Grabstätten! Die Zeit wird kommen, da das Verbrechen am Tier genauso geahndet wird wie das Verbrechen am Menschen.
Leonardo da Vinci

Warnung: Dieses Kapitel kann empfindlichen Menschen sehr unangenehme Momente bescheren. Wenn Sie sich daher unpässlich fühlen, rate ich Ihnen, die Lektüre zu verschieben. Ich entschuldige mich im Voraus.

Aus der überregionalen Zeitschrift Rodowaja Semlja.*

Der Zusammenhang zwischen Arteriosklerose, Herzkrankheiten und Fleischkonsum ist von medizinischen Wissenschaftlern schon seit langem nachgewiesen worden. Im *Journal of the American Medical Association* war bereits 1961 zu lesen: »Die Umstellung auf eine vegetarische Ernährung kann in 90 bis 97 Prozent der Fälle die Entstehung

* *Rodowaja Semlja,* Ausgabe Nr. 6, 2002. Die hier wiedergegebenen Informationen sind dieser Ausgabe der Zeitschrift sinngemäß entnommen.

von Herz-Kreislauf-Erkrankungen verhindern.« Neben dem Alkoholismus sind Rauchen und Fleischessen die häufigsten Todesursachen in Westeuropa, den USA, Australien und anderen Industrienationen. Was Krebserkrankungen betrifft, so beweisen die Forschungen der letzten zwanzig Jahre eindeutig einen direkten Zusammenhang zwischen Fleischkonsum und dem Karzinom des Dickdarms, des Mastdarms, der weiblichen Brust und der Gebärmutter. Diese Krebsarten kommen bei Vegetariern äußerst selten vor.

Warum neigen Menschen, die Fleisch essen, verstärkt zu diesen Erkrankungen? Neben chemischen Verunreinigungen und der giftigen Wirkung der vor dem Schlachten ausgeschütteten Stresshormone beruht ein nicht unwesentlicher Grund auf der Natur. Nach Ansicht von Ernährungswissenschaftlern und Biologen ist der menschliche Verdauungstrakt einfach nicht für die Verdauung von Fleisch geeignet. Tiere, die sich von Fleisch ernähren, haben einen relativ kurzen Darm, der nur dreimal so lang ist wie der Körper, wodurch es möglich ist, das schnell verwesende, Toxine erzeugende Fleisch rechtzeitig auszuscheiden. Bei Pflanzenfressern ist der Darm sechs- bis zehnmal so lang wie der Körper, da die Verdauung von Pflanzen wesentlich länger dauert als die von Fleisch. Wenn nun der Mensch, dessen Darm sechsmal länger ist als sein Körper, Fleisch isst, wird sein Organismus mit giftigen Toxinen belastet, was die Arbeit der Nieren und der Leber erschwert. Diese Giftstoffe sammeln sich im Körper an und führen zu allen möglichen Krankheiten, darunter auch Krebs.

Fleisch wird mit diversen Chemikalien behandelt. Sobald ein Tier geschlachtet wird, beginnt der Kadaver zu verwesen und nimmt nach nur wenigen Tagen eine grau-grünliche Färbung an. In den fleischverarbeitenden Betrieben wird, um dieser Farbveränderung entgegenzuwirken, das Fleisch mit Nitraten, Nitriten und anderen Stoffen behandelt, die zur Erhaltung der hellroten Farbe beitragen. Wie Forschungen ergeben haben, besitzen viele dieser Stoffe tumorfördernde Eigenschaften. Dieses Problem wird dadurch verschlimmert, dass dem Vieh, bevor es zur Schlachtbank geführt wird, eine Unzahl chemischer Stoffe verabreicht wird.

In ihrem Buch *How to Get Rid of the Poisons in Your Body* zählen Gary und Steven Null Fakten auf, die den Leser zum Nachdenken zwingen sollen, bevor er das nächste Stück Fleisch oder Schinken kauft. Beim Mästen der Schlachttiere werden ihrem Futter Tranquilizer, Hormone, Antibiotika und andere Stoffe beigemengt. Der Prozess der chemischen Behandlung des Tieres beginnt mit seiner Geburt und währt die gesamte Zeit bis zu seinem gewaltsamen Tod. Und obwohl diese Stoffe in dem Fleisch stecken, das über die Ladentheke verkauft wird, ist es gesetzlich nicht vorgeschrieben, dass die Inhaltsstoffe auf dem Etikett ausgezeichnet werden.

Der ernsteste Faktor, der einen äußerst negativen Einfluss auf die Qualität des Fleisches hat, ist der Stress vor der Schlachtung, gepaart mit anderen Arten von Stress, die beim Aufladen, während des Transports, beim Ausladen, durch Ernährungsausfall, Gedränge, Verletzungen, Überhitzung und Unterkühlung entstehen – allen voran natürlich die Angst vor dem Tode.

Wenn ein Schaf neben einem Käfig untergebracht ist, in dem ein Wolf lebt, wird es eines Tages an gebrochenem Herzen eingehen. Haustiere erstarren vor Angst, wenn sie Blut riechen, denn sie sind ja keine

Räuber, sondern Opfer. Schweine sind sogar noch stressanfälliger als Kühe, weil sie über eine sehr sensible Psyche verfügen; man kann sogar sagen, sie neigen zu hysterischen Reaktionen.

Nicht umsonst war in Russland der Schweineschlächter ein hoch angesehener Beruf. Er ging hinter dem Schwein her, liebkoste und streichelte es, und wenn das Schwein vor Vergnügen den Schwanz hob, schlug er es mit einem gezielten Hieb tot. Kenner konnten dann je nachdem, wie sehr der Schwanz vom Körper abstand, die Qualität des Fleisches erkennen.

Freilich sind solche Beziehungen unter den Bedingungen moderner industrieller Schlachthöfe, die im Volksmund zu Recht »Schinderstätten« genannt werden, undenkbar. Der Artikel »Die Ethik des Vegetarismus« in der Zeitschrift der North American Vegetarian Society entlarvt die Verlogenheit der sogenannten humanen Tiertötung. Schlachttiere, die ihr gesamtes Leben in Gefangenschaft verbringen, sind zu einer elenden, qualvollen Existenz verdammt. Sie kommen als Folge künstlicher Besamung zur Welt, werden auf brutale Weise kastriert, mit Hormonen stimuliert, mit unnatürlicher Nahrung gemästet und schließlich auf langen Transportwegen dorthin verschleppt, wo der Tod auf sie wartet. Enge Pferche, Elektroschocker und das unsägliche Grauen, dem sie ständig ausgeliefert sind, das alles gehört noch immer zum Alltag der »modernen« Art, Tiere zu züchten, zu transportieren und zu töten.

Die Wahrheit über das Schlachten der Tiere ist haarsträubend – die industriellen Schlachthöfe erinnern an Beschreibungen der Hölle. Die schreienden Tiere werden mit einem Hammer, per Stromstoß oder

Bolzenschuss betäubt. Dann werden sie, an den Füßen aufgehängt, mit einem Förderband in die Todesfabrik gebracht. Bei lebendigem Leib wird ihnen die Kehle durchgeschnitten und das Fell abgezogen, so dass sie schließlich verbluten. Der Schlachtstress, den das Tier durchmacht, dauert ziemlich lange und der Schrecken dringt tief in jede Körperzelle ein. Viele Menschen würden auf der Stelle das Fleischessen aufgeben, wenn sie einige Zeit auf einem Schlachthof verbringen müssten.

Von der Website http://mercy2000.chat.ru

»Das Abschlachten der Tiere kann man nicht gerade als angenehme Beschäftigung bezeichnen, und daher ist es auch nicht verwunderlich, dass die meisten von uns es vorziehen, die Verantwortung für diese Prozedur auf irgendeinen anonymen Fleischer auf einem weit entfernten Schlachthof abzuschieben, fernab von unseren sensiblen Empfindungen ...

... Folgendes sagt ein bekannter Koch über das Fleisch von Tieren, die vor ihrem Tod Angst und Schmerzen durchgemacht haben: ›Es kann keinen Zweifel daran geben, dass gehetzte oder qualvoll verendete Tiere schlechte Nahrung sind. Nehmen wir folgendes Beispiel: Wenn Sie im Fleischerladen ein Kaninchen mit blutigen, gebrochenen Läufen sehen, sollte Ihnen Ihr gesunder Menschenverstand sagen, dass das Tier in eine Falle geraten und dort langsam und unter Schmerzen verendet ist und Sie es daher keinesfalls kaufen sollten. Vernünftige Hausfrauen werden auch weder Kaninchen noch Hase oder Wild kaufen, das zerlegt wurde, um die Art des Tötens zu vertuschen. In das Fleisch eines Tieres, das sich in Agonie vor dem nahenden Tod windet, werden durch den Blutfluss Drüsensekrete gepumpt, so dass solches Fleisch nicht zum Verzehr geeignet ist.‹«

Eine Schlachthofführung

»Das Erste, was uns entgegenschlug, war der (hauptsächlich maschinelle) Lärm und ein ekelhafter Gestank. Zunächst sahen wir, wie Kühe geschlachtet werden. Eine nach der anderen kamen sie aus einem Verschlag heraus, durchquerten einen Gang und betraten eine Metallplattform mit hohen Seitenwänden. Ein Mann mit einer Elektropistole beugte sich über eine Seitenwand und schoss den Tieren zwischen die Augen. Das Tier fiel dann betäubt zu Boden. Die Seitenwände wurden nun angehoben, und die Kuh wurde auf die Seite gerollt. Sie schien wie versteinert, als sei jeder Muskel ihres Körpers vor Anspannung erstarrt. Der gleiche Mann zog eine Anschlingkette um das Knie des Tieres, das nun mithilfe eines elektrischen Hebemechanismus hochgezogen wurde, bis nur noch der Kopf auf dem Boden lag. Dann nahm er ein großes Stück Draht, durch das, wie man uns sagte, kein Strom floss, und schob es in die Schussöffnung zwischen den Augen des Tieres. Uns wurde erklärt, dass damit die Verbindung zwischen dem Gehirn und dem Rückenmark des Tieres durchtrennt werde, worauf es verende. Jedes Mal, wenn der Draht in das Hirn der Kuh eingeführt wurde, strampelte sie, obwohl sie scheinbar schon bewusstlos war. Mehrmals wurden wir Zeuge, wie eine Kuh nicht vollständig betäubt war, strampelte und auf die Metallplattform fiel, worauf der Mann erneut von der Elektropistole Gebrauch machte.

Wenn die Kuh aufhörte zu zappeln, wurde sie hochgehievt, so dass der Kopf zwei bis drei Fuß über dem Boden hing. Dann drehte der Mann den Kopf des Tieres zur Seite und schnitt ihm die Kehle durch. Sogleich schoss Blut in alle Richtungen hervor, auch auf uns. Der Mann trennte dann die Vorderbeine bei den Knien ab. Ein anderer Arbeiter trennte dem Tier den Kopf ab. Ein weiterer Mann, der auf einer erhöhten Plattform stand, zog der Kuh das Fell ab. Dann wurde der Rumpf an einen anderen Ort transportiert, wo er der Länge nach aufgeschnitten wurde. Dabei fielen die Innereien - Lunge, Magen, Darm usw. - heraus. Mit Entsetzen wurden wir mehrmals Zeuge, wie ziemlich große Kälber mit herausfielen, da die Schlachttiere hochträchtig waren. Unser Führer erklärte uns, dass so etwas dort zum Alltag gehöre.

Dann nahm ein Arbeiter eine Kettensäge und zerteilte das Schlachttier entlang der Wirbelsäule. Die beiden Hälften wurden im Gefrierraum aufgehängt. Bislang hatten wir nur die Abteilung besichtigt, wo Kühe geschlachtet wurden, aber in den Stallungen gab es auch Schafe. Die Tiere, die auf ihr Schicksal warteten, zeigten Merkmale panischer Angst: Sie keuchten, rollten mit den Augen und aus ihrem Maul trat Schaum hervor. Wie man uns sagte, werden Schweine per Elektroschock getötet, aber diese Methode eigne sich nicht für Kühe, denn für eine Kuh sei eine so hohe Spannung erforderlich, dass das Blut gerinnt und das Fleisch hinterher mit schwarzen Punkten übersät ist.

Ein oder gleich drei Schafe auf einmal wurden hereingeführt und mit dem Rücken nach unten auf einen niedrigen Tisch gelegt. Mit einem scharfen Messer wurde ihnen die Kehle durchtrennt, worauf sie zum Ausbluten an den Hinterbeinen aufgehängt wurden. So wurde gewährleistet, dass die Prozedur nicht wiederholt werden muss oder dass der Metzger ein Schaf, das sich in einer Lache seines eigenen Blutes am Boden windet, nicht manuell töten muss. Schafe, die sich gegen das Töten sträubten, wurden dort mit Namen wie ›blödes Viech‹ oder ›sturer Bastard‹ bedacht.

In den Stallungen versuchten die Fleischer, ein junges Bullenkalb von der Stelle zu bewegen. Das Tier spürte den Atem des nahenden Todes und sträubte sich. Mit Bajonetten und Spießen trieben sie es in einen besonderen Pferch, wo es eine Injektion bekam, damit sein Fleisch zarter wurde. Nach einigen Minuten zerrten sie das Tier mit Gewalt in einen Verschlag und schlugen die Tür hinter ihm zu. Hier betäubten sie es mit einer Elektropistole. Die Beine des Tieres gaben nach, die Tür wurde geöffnet, und das Tier fiel zu Boden. In die Schussöffnung in der Stirn (etwa eineinhalb Zentimeter im Durchmesser) wurde wiederum ein Draht eingeführt und hin und her gedreht. Eine Zeit lang zuckte das Tier noch, dann wurde es ruhig. Während dem Tier die Anschlingkette um das Hinterbein gelegt wurde, begann es auf einmal wieder zu zappeln und zu treten, doch das Hebewerk zog es just in diesem Moment in die Höhe, wo es über einer Lache seines eigenen Blutes baumelte. Schließlich erstarrte es. Ein Fleischer näherte sich ihm mit einem Messer. Viele sahen, dass der Blick des Bullenkalbs auf den Fleischer gerichtet war; die Augen folgten seinen Schritten. Das Tier sträubte sich nicht nur, bis das Messer in es hineinfuhr, sondern auch noch mit dem Messer im Leib. Die Anwesenden bezeugten einhellig, dass der Widerstand des Tieres nicht bloß ein Reflex war, sondern in vollem Bewusstsein erfolgte. Der Fleischer stieß das Messer zweimal in das Tier, so dass es schließlich verblutete.

Für mich sah das Töten der Schweine durch Elektroschock besonders qualvoll aus. Zunächst sind sie zu einer elenden Existenz in engen Schweineställen verdammt, um dann auf der Autobahn ihrem Schicksal zugeführt zu werden. Die Nacht vor ihrem Tode, die sie im Schweinepferch auf dem Schlachthof verbringen, ist wahrscheinlich die glücklichste in ihrem Leben. Dort können sie auf Holzspänen schlafen und werden gefüttert und gewaschen. Aber das ist nur ein kurzer Lichtblick für sie ... und zugleich auch der letzte. Das Geschrei, das sie von sich geben, wenn sie den elektrischen Schlag bekommen, ist wohl der kläglichste Laut, den man sich vorstellen kann.«

Aus Philip Kapleaus Buch »Über die menschliche Güte«

»Wie viele von uns sind sich bewusst, dass 95 Prozent der Legehennen in den USA ihr Leben in der sogenannten ›Intensivhaltung‹ oder ›Fließbandhaltung‹ verbringen? In der Praxis bedeutet dies normalerweise, dass vier ausgewachsene Vögel ihr kurzes Leben auf engstem Raum in einer sogenannten Batteriezelle verbringen. In diesen 30×45 Zentimeter großen Zellen gibt es keine Hühnerstange, und sie bestehen aus geflochtenem Draht, damit der Kot durch den Boden fallen kann. Aus Mangel an hartem Bodenbelag zum Abwetzen wachsen ihre Krallen zu ungewöhnlicher Länge heran und bleiben dann zwischen dem Drahtgeflecht hängen. Dies führt dazu, dass der Stahldraht ins Fleisch der Zehen einschneidet und mit der Zeit damit verwächst. Hinzu kommt, dass in den Legebatterien achtzehn Stunden am Tag künstliches Licht scheint, um die Hühner zu zwingen, ständig Eier zu legen. Im Durchschnitt legt ein solches Huhn vierzehn Monate lang alle 32 Stunden ein Ei. Danach wird das Huhn entsorgt.«

»Heutzutage ist eine typische Geflügelfarm in einem Industrieland für ihre Bewohner nichts anderes als eine Folterkammer. Aus absolutem Platzmangel gibt es für sie keine Gelegenheit, im Sand zu scharren, auf einer Hühnerstange zu sitzen, ein erfrischendes Sandbad zu nehmen, die Flügel auszubreiten oder auch nur umherzulaufen - alle natürlichen Instinkte werden gnadenlos unterdrückt. Solcher Dauerstress führt unweigerlich zu Aggressionen, die an den Zellennachbarn ausgelassen werden. Die stärkeren Vögel greifen die schwächeren an, und weil diese nicht fliehen können, werden sie nicht selten Opfer des Kannibalismus. Um diesem Phänomen entgegenzuwirken, werden Hühner oft ›entschnabelt‹. Verstümmelnde Verfahren, bei denen der Schnabel - das wichtigste Organ des Vogels, das aus Knochen und empfindlichem Horngewebe besteht - rücksichtslos entfernt wird, entweder mit einem heißen Messer oder mit einer Art Guillotine. Manchmal muss eine Henne diese Prozedur zweimal im Leben erleiden.«

»Die meisten Qualen müssen die Tiere wohl während ihres Transports zum Schlachthof durchmachen. Das beginnt bereits beim Beladen des Transporters, wobei Grobheit und Eile die Regel sind. Tiere, die aus Angst und Verwirrung von den rutschigen Ladestegen fallen, werden oft liegen gelassen und verenden langsam an ihren Verletzungen. Im überladenen LKW gibt es weitere Opfer aufgrund von Panik und Atemnot als Folge des Platzmangels.

Oft müssen die Tiere drei Tage ohne Nahrung und Wasser im Laderaum des Transporters ausharren, bis sie schließlich ausgeladen werden. Zu den Qualen von Hunger und Durst gesellt sich oft noch der Klimafaktor: Der Winter führt mit Eis und Wind zur allgemeinen Unterkühlung und lokalen Erfrierungen; im Sommer kommt es aufgrund sengender Hitze und direkter Sonneneinstrahlung in Verbindung mit Wassermangel zu Flüssigkeitsverlusten. Die gleichen Kälber, die erst vor wenigen Tagen kastriert und ihrer Mutter entrissen wurden, leiden wohl umso schlimmer.«

»Ein paar Worte zum Kastrieren sind hier angebracht. Selbst die Tierfarmer räumen ein, dass dies eine äußerst schmerzhafte Prozedur ist, die die Tiere in einen langanhaltenden Schockzustand versetzt. In den USA, wo in der Regel keine Betäubung angewandt wird, geht der Vorgang so vonstatten: Die Tiere werden mit dem Rücken auf die Erde gelegt, dann wird der Hodensack durchtrennt, so dass die Hoden freigelegt sind. Jeder von ihnen wird dann mitsamt der daran hängenden Sehnen und Bänder manuell herausgerissen.«

Der Triumph des Absurden

Wie kann ich es vermeiden, Negatives in mich einzulassen? Ich habe versucht, gegebenenfalls das Fernsehprogramm zu wechseln, doch dann erkannte ich, dass solches Ausweichen zu einem Überschusspotenzial führt. Das Negative scheint dadurch sogar zuzunehmen. Soll ich die Nachrichten etwa wie Informationen von einem anderen Planeten aufnehmen? Aber wie gehe ich dann mit Ereignissen wie denen in Beslan um? Irgendwie muss ich ja reagieren - ich bin ja nicht aus Stein.

In sich keine negativen Informationen einzulassen bedeutet, sie mit Abstand zu betrachten, sie sich nicht zu Herzen zu nehmen; nicht sie zu vermeiden, sich ihnen zu widersetzen oder sich ihretwegen zu verteidigen, sondern sie an sich vorbeizulassen. Zwei völlig verschiedene Begriffe sollten dabei nicht verwechselt werden: Distanz und Gleichgültigkeit.

Um ein geflügeltes Wort zu gebrauchen: Das ganze Leben ist ein Spiel. Wenn Sie sich mit Haut und Haaren auf dieses Spiel einlassen, geraten Sie in die Macht der Umstände und werden zu einer Marionette - Sie werden lenkbar. Dann wird Ihr Leben zu einer Art unbewusstem Traum - zu etwas, das Ihnen zustößt. Wenn Sie aber mit Distanz an diesem Spiel teilnehmen, wie ein mitspielender Zuschauer, so bekommen Sie die Fähigkeit, die tatsächliche Lage zu erkennen und nach eigenem Ermessen über Ihr Schicksal zu verfügen.

Um Ihr Leben in einen bewussten Traum zu verwandeln, den Sie selbst lenken können, müssen Sie vor allem das Spiel verlassen und gleichzeitig darin bleiben. Spielen Sie Ihre Rolle – aber so, dass Sie das Ganze von außen betrachten, ohne ein Instrument fremden Willens zu werden. Mit anderen Worten: Aktivieren Sie Ihre Wachsamkeit. Sonst werden Sie nicht Herrin Ihres Schicksals sein, und Ihr Leben wird nach einem Drehbuch verlaufen, das irgendjemandem nützlich ist, nur nicht Ihnen.

Es ist sehr leicht, ein mitspielender Zuschauer zu werden. Sie müssen sich nur klarmachen, in wessen Interesse das Spiel abläuft. Wir leben in einer Welt, in der eine Hierarchie der Pendel herrscht. Die Pendel sind energoinformative Entitäten, die einen Überbau über den materiellen Strukturen darstellen. In der Regel läuft jedes beliebige Spiel im Interesse dieses oder jenes Pendels ab.

Ungeachtet der scheinbaren Komplexität der Prozesse, die in unserer Welt stattfinden, lassen sie sich alle auf zwei fundamentale Prozesse zurückführen: zum einen der antagonistische Kampf der Pendel untereinander, zum anderen das Streben jedes einzelnen Pendels nach der Festigung seiner eigenen Struktur. Womit sich ein Pendel auch beschäftigt, es ist bestrebt, seine eigene Struktur zu festigen und die anderer Pendel zu zerstören. Das ist alles, was geschieht – Stabilisierung und Zerstörung, nicht mehr.

Wenn Sie nun irgendein beliebiges Ereignis durch dieses Prisma betrachten, wird Ihnen alles klar sein. Gleichzeitig mit dem Verstehen der Situation tritt anstelle der poetischen Illusion die prosaische Wirklichkeit. Wie oft schon konnten Menschen es nicht fassen, wenn Sie mit Grausamkeiten, Ungerechtigkeiten und Absurditäten konfrontiert wurden: Warum nur? Denn schließlich sind die menschlichen Werte ja für jeden offensichtlich: Frieden, eine saubere Umwelt, Barmherzigkeit, Gleichberechtigung. Wann endlich wird die Stimme der Vernunft siegen?

Nie - denn in der Welt der Pendel geschieht alles zum Wohl der Struktur, nicht zum Wohl der Menschen, sprich: der Strukturelemente. Natürlich wird das genaue Gegenteil proklamiert. Aber da die gesamte Menschheit in einem unbewussten Traum dahindämmert, kann man ihr jeden beliebigen Unsinn weismachen, angefangen damit, dass eine Party ohne »Klinskij«* undenkbar sei oder dass ein ökologisch reiner Motor mit Wasserstoff als Treibstoff keine Leistung bringt.

Es ist naiv zu denken, jemand an den Schalthebeln der Macht sorge sich um das Wohlergehen der Bürger. Und das liegt nicht etwa daran, dass an der Spitze Zyniker stehen - ganz und gar nicht. Im Gegenteil, sie sind überzeugt davon, ihrem Vaterland ehrlich zu dienen. In Wirklichkeit jedoch sind die Machthaber gar nicht Herr ihrer Handlungen. Die Struktur zwingt alle - sowohl die gewöhnlichen Strukturelemente wie auch den Herrscher -, im Interesse der Struktur zu handeln. Alles läuft automatisch ab - die Struktur organisiert sich selbst.

Um die Elemente zu zwingen, für die Struktur zu arbeiten, müssen sie in ein einheitliches Informationsfeld versetzt werden, bestehend aus den Massenmedien, dem Internet und so weiter. Unter dem Einfluss

---

* Klinskij: ein russischer Hersteller von Fleisch- und Wurstwaren. (Anmerkung des Übersetzers)

dieses Feldes legen sich die Menschen selbst an die Kette. Sie glauben nur, in ihren Motiven und Handlungen unabhängig zu sein. Teilweise sind sie das zwar, aber eben nur teilweise. *Denn die energoinformative Struktur zwingt sie dazu, genau das zu wollen, was der Struktur dient.* Wenn Sie nicht zur Marionette werden wollen, sollten Sie Nachrichten einfach als objektive Fakten betrachten und sie von jener einseitigen Auslegung unterscheiden, mit der man Ihnen ein bestimmtes Ziel aufdrängen will.

Wir wollen die Tragödie von Beslan* einmal aus der Sicht der zwei obengenannten Standpunkte betrachten. Aus beiden Perspektiven wurden Menschen als Kanonenfutter im Konflikt zweier im Streit befindlicher Strukturen verwendet. Dieser Konflikt ist für beide Pendel wünschenswert, denn aus ihm schöpfen sie Energie und können so ihre Absicht realisieren, einander zu vernichten. Deshalb lässt die eine Struktur es zu, dass die andere einen Konflikt anzettelt, um dann vernichtend zurückzuschlagen. Das ist der Vorgang der Vernichtung. Im Laufe des Konflikts wird eine mächtige Informationskampagne geführt, die die Menschen zwingt, in einer bestimmten Richtung zu denken. Unter der Ägide der Gewährleistung der Sicherheit findet eine Umstrukturierung des Machtapparats statt. Das ist der Vorgang der Stabilisierung. Anschließend werden alle zum gemeinsamen Kampf gegen den Terrorismus aufgerufen – eine erneute Stabilisierung mit der Vorbereitung auf den nächsten Konflikt.

---

* Geiseldrama von Beslan: Am 1. September 2004 nahm eine Gruppe tschetschenischer Terroristen in einer örtlichen Schule mehr als 1200 Geiseln. Bei der Erstürmung der Schule gab es weit über 300 Todesopfer, die meisten Minderjährige. (Anmerkung des Übersetzers)

Beachten Sie: Alles, was hier geschieht, ist kein Kampf der Ideen und Prinzipien, sondern ein Konflikt zweier Strukturen. Jede beliebige Ideologie – ob religiös oder politisch – ist dabei nur eine Dekoration. Weder dem einen noch dem anderen Pendel geht es um irgendwelche moralischen oder ethischen Normen. Es kämpfen nicht Menschen miteinander, sondern Strukturen, die die Menschen zu ihren Sklaven gemacht haben. Die Menschen sind nur Werkzeuge des Krieges. Die fanatischen Terroristen sind sich nicht im Klaren, dass ihnen ihr Bewusstsein nicht mehr gehört. Sie sind Muster jenes Materials, in das sich der Mensch verwandelt, wenn er zu einem Element der Matrix wird. Weder die Opfer noch die Zuschauer merken, dass sie auf diese oder jene Weise verwendet werden.

Hinsichtlich des angeblich unvermeidlichen Triumphs des gesunden Menschenverstandes und des Humanismus braucht man sich also keine Illusionen zu machen. Wenn Sie daher Zeuge schreiender Ungerechtigkeit oder blanken Wahnsinns sind, dann regen Sie sich besser nicht auf, und fragen Sie nicht, warum. Fragen Sie sich lieber, was für ein Prozess hier abläuft: der der Zerstörung oder der der Stabilisierung?

Die Realität hat, wie gesagt, zwei Seiten: die physische und die metaphysische. Auf der physischen Ebene sehen wir einen Krieg der Strukturen. Auf der metaphysischen Ebene ist es ein Krieg der Pendel. Dabei ist zu beachten, dass der Krieg nicht eher enden wird, als dass die Hierarchie der Pendel die Spitze der Machtpyramide eingenommen hat. Wie die Welt dann aussehen wird, darüber können wir nur spekulieren.

Es ist sinnlos und naiv, seine Hoffnungen auf die Stimme der Vernunft, den Sieg der Gerechtigkeit oder die guten Absichten von Gott-weiß-Wem zu setzen. In jüngerer Vergangenheit hat sich die Weltlage stark verändert: Der moderne Krieg ist nicht mehr das, was wir früher unter der Verteidigung der Heimat verstanden haben. Der Kampf gegen den Terrorismus - in welcher Form auch immer - ist ein reiner Krieg der Pendel. Sich an einem solchen Krieg zu beteiligen bedeutet, sein ganzes Leben den Interessen der Struktur unterzuordnen.

Sowohl die Teilnahme als auch der Widerstand spielt den militärischen Interessen in die Hand. Die Pendel sammeln durch jedes aktive Reagieren Stärke - ob positiv oder negativ, spielt dabei keine Rolle. *Das einzige Mittel gegen die destruktiven Pendel besteht im Offenlegen ihrer wahren Motive.* Sie verstecken sich stets hinter religiösen, demokratischen, patriotischen, humanen oder sonstigen Losungen. Ein Pendel, das seiner rechtschaffenen Tarnung beraubt ist, verliert die Fäden, mit deren Hilfe es das Bewusstsein seiner Anhänger manipulieren kann.

Wenn Sie aufgefordert werden, gemeinsam etwas aufzubauen oder gegen etwas zu kämpfen, können Sie davon ausgehen, dass dabei die Interessen einer Struktur verfolgt werden. Für das Pendel ist es von lebenswichtigem Interesse, dass die Gedanken und Handlungen seiner Anhänger in eine Richtung fokussiert sind. Und dafür wird die »gemeinsame Sache« so präsentiert, dass sie dem Einzelnen persönliche Vorteile bringt. »Lasst uns alle zusammen an diesem Projekt arbeiten, dann wird jeder etwas davon haben.« Doch in einem solchen Fall werden persönliche Interessen immer in den Hintergrund gedrängt, unabhängig von der Art der Ideologie. Es ist wie in dem Lied: »Persönliches zählt heute nicht, heute zählt nur der Arbeitsbericht.«*

---

* Eine Zeile aus dem Lied »Meine Adresse ist die Sowjetunion« der russischen Musikgruppe *Samozweti* in den 1970er Jahren. (Anmerkung des Übersetzers)

Die Idee eines allgemeinen Einverständnisses zu Frieden und Wohlstand ist eine Utopie, wie vom objektivsten Richter, der Geschichte, hinreichend bestätigt. *Man kann nicht für sein persönliches Glück sorgen, wenn man damit beschäftigt ist, das Glück der Allgemeinheit aufzubauen.* Das Glück der Allgemeinheit ist ohnehin ein reines Abstraktum, denn Glück kann nur individuell sein. Dieser Frage muss man sich ganz anders nähern: *Wenn sich jeder um sein eigenes Wohlergehen kümmert, wird es auch allgemeinen Wohlstand geben.* Ansonsten wird jede Tätigkeit nur zu einem führen: zur Schaffung einer Struktur.

Einer Lösung des Problems des allgemeinen Wohlstands am nächsten gekommen ist Anastasia, die aus den Büchern Wladimir Megres bekannt ist. Aber selbst ihre Ideen sind utopisch, da sie nicht berücksichtigt hat, wie weit der Einfluss der Pendel bereits gewuchert ist. Allen Menschen einen Hektar Land geben, damit jeder seinen Familienlandsitz gründen kann? Schön und gut, aber wer wird ihnen das geben? Das ist eine schöne, menschliche und faire Idee. Hier könnten die höchsten Regierungsstellen einmal zeigen, dass sie sich um das Wohl des Volkes kümmern.

Aber freilich wird ihnen letztlich niemand das Land geben. Und das liegt nicht einmal daran, dass das Land Geld kostet. Schließlich haben sie ja auch einigen wenigen Oligarchen erlaubt, sich öffentliches Eigentum unter den Nagel zu reißen, nach dem Prinzip: »Es gehörte dem Volk, nun wurde es Privateigentum.« Für die Struktur ist es nämlich viel leichter, eine Handvoll Schachfiguren unter Kontrolle zu halten als die große Masse der Bürger. Die Hauptsache aber ist: Wenn jeder aufhört, als Tagelöhner für die Struktur zu arbeiten, und für sein eigenes Wohl sorgt, was wird dann aus der Struktur?

Für jedes System ist die persönliche Freiheit seiner Elemente nicht nur unvorteilhaft, sondern bringt sogar Verderben. Interessant hierbei ist Folgendes: Die Gesetze des Systems werden nicht von bestimmten Menschen erlassen und umgesetzt, die dem System unterstehen, sondern vom System selbst. Alles geschieht wie von selbst. Die Günstlinge des Systems haben keine Handlungsfreiheit, die gewöhnlichen Anhänger haben keine Wunschfreiheit. Die Struktur läuft so sehr im Eigensteuerungsmodus, dass alle Strukturelemente die ihnen zugedachten Funktionen erfüllen und dabei überzeugt sind, ihren eigenen Willen umzusetzen. Das Strukturelement denkt bloß, es sei frei. Außerdem kann der Einzelne, solange er nicht bereit ist, sich seine Freiheit zu nehmen, mit ihr auch nichts anfangen.

Was wird ein Mensch mit einem Hektar Land anfangen, wenn er in seinem Bewusstsein schon halb mit der Matrix verwachsen ist? Es ist sinnlos, einen Schlafenden zu wecken, der nicht aufwachen will. Ein paar Aufgewachte versuchen, ihre verschlafenen Kameraden zu wecken: »Öffne die Augen! Sieh nur – du befindest dich in einer Matrixzelle!« Doch der winkt im Schlafe ab: »Verpiss dich, mir geht's ausgezeichnet.«

Ich möchte hier ein praktisches Beispiel anführen. Als ich im Internetforum begann, über natürliche Ernährung zu schreiben, haben sich einige Leute fürchterlich aufgeregt. Es gab sogar Leser, die diese Information regelrecht auf die Barrikaden brachte. Angeblich gehörte das nicht zum Thema. Lass es lieber so, wie es war: »Wir schlafen, und du erzählst uns etwas über unsere Träume, nur wecke uns nicht.« Ich hätte am liebsten ausgerufen: »Aha, da habe ich euch erwischt!« Ich hatte ja bereits gesagt, dass ich niemanden zu mir einlade: weder zum Essen noch in einen Traum. Transsurfing ist kein Märchen für süße

Träume, sondern eine kalte Dusche, um aufzuwachen. Schlaft ruhig weiter und lest keine Bücher, die eurem Traum schaden könnten.

Die »Schläfer« sind sauer auf jene, die sie in ihrer Ruhe stören, ohne zu verstehen, dass die Struktur, die ihr »Vieh« auf der Weide »grasen« lässt, sie dazu zwingt, sich gegen alles Fremde aufzulehnen. Die Elemente des Systems sind wie Junkies von den systemischen Produkten abhängig, und *daher denken sie, dass sie selbst sie wollen.* So kommt es, dass das System die »Schläfer« für seine eigenen Zwecke ausnutzt, indem es sie in die Prozesse der Stabilisierung und der Zerstörung einbezieht.

Den »Geweckten«, die dennoch nicht aufwachen, mangelt es sogar an der Erkenntnis, dass sie nicht einmal vom Transsurfing frei sind. Wer tatsächlich die Spinnweben der Illusion abzuschütteln vermag, erlangt die Fähigkeit, selbst zu entscheiden, was er zu tun hat und wie. Der »Erwachte« hat kein Bedürfnis, in externen Quellen nach der Wahrheit zu suchen – er findet sie in sich selbst und braucht daher nicht einmal eine Unterweisung durch Transsurfing.

Es geht hier nicht darum, allen Produkten des Systems zu entsagen und sich in eine Bergschlucht zurückzuziehen. Im Gegenteil, jeder Traum lässt sich nur im Rahmen dieser oder jener Struktur realisieren. Die Frage ist nur, wer sich dabei einspannen lässt: Sie vom Pendel oder das Pendel von Ihnen. Es ist wichtig, sich klarzumachen: Arbeite ich in der Struktur für mich oder für die Struktur? Das System wie auch dessen Produkte kann und sollte man für seine Zwecke verwenden – man muss nur wissen, wie. Und dafür muss man eben aufwachen.

... Am ersten September waren überall viele elegante und gespannt-fröhliche Kinder mit Blumen zu sehen. Fast alle wurden von ihren Eltern begleitet, und viele Schüler trugen prächtige Blumensträuße und dazu eine teure Uniform. Ich ging auf der Straße spazieren und beobachtete diese festliche, fast schon karnevalsartige Prozession.* Die bunte Realität vermittelte den Eindruck: »Alles ist gut. Alles ist so, wie es sein soll.« Als Folge davon bin ich »eingeschlafen«.

Ein ungewöhnlicher Umstand weckte mich aus meinem Schlummer. Etwas abseits von der festlichen Menge ging ein etwa achtjähriges Mädchen. Sie war zwar nicht schäbig gekleidet, aber einfach und sehr ärmlich, so dass sie mir sogleich auffiel. Ihre Schuhe sahen so aus, als seien sie dem Müll entnommen, und in den Händen hielt sie ein paar mickrige Blümchen, die offenbar aus einem Beet gepflückt worden waren. Aus ihren Augen starrte eine unkindliche Entfremdung. Offensichtlich freute sie sich nicht über den Feiertag, sondern hatte sich schon lange mit ihrem Schicksal abgefunden und erwartete von der Welt keine Geschenke mehr.

Höchstwahrscheinlich waren ihre Eltern dem System hoch verschuldet, das seinen Elementen gern Darlehen in Form von alkoholischer Euphorie gewährt, damit sie noch fester schlafen. Das System interessiert sich nicht für die Tragödie dieses Mädchens - oder auch für das Schicksal Tausender und Abertausender ähnlicher Kinder. Es entspricht vollkommen der Struktur, sich auch um die Tragödie in Beslan keine

---

* Der 1. September ist der erste Schultag, der in der Sowjetunion und später auch in der Russischen Föderation mit einem großen Umzug gefeiert wurde. (Anmerkung des Übersetzers)

Sorgen zu machen. Stellt es aber Besorgnis zur Schau, so verfolgt es damit einen besonderen Zweck.

Ich sage das alles in Bezug darauf, dass das System jede beliebige Information – sei sie positiv oder negativ – nicht einfach so sendet, sondern mit einem bestimmten Ziel, ganz gleich, wie »frei und unabhängig« die Quelle auch sein mag. Absolut freie und unabhängige Informationsquellen gibt es im Prinzip nicht, weil sie alle Teile ein und desselben Systems sind, der Hierarchie der Pendel. Und wie gesagt besteht das Ziel des Pendels darin, seine eigene oder eine übergeordnete Struktur zu festigen beziehungsweise eine fremde Struktur zu zerstören.

Bleiben Sie stets wachsam und unterscheiden Sie, ob jemand Ihnen etwas mitteilen oder einflößen will. Wenn Informationen von einem Pendel ausgehen, können Sie sich gewiss sein, dass seine Struktur damit irgendwelche Ziele verfolgt. Das Pendel predigt überzeugend, schwingt große Reden und flüstert vertraulich: »Bezwingt die Fremden! Sie sind an allem schuld!« Und vor allem: »Macht was aus eurem Leben! Seid so erfolgreich wie die Leute in den Werbespots!« *»Macht es so wie ich!«*

Selbst wenn die Information nicht ideologisch gefärbt ist, erfüllt sie eine für das Pendel sehr wichtige Funktion – sie fängt die Aufmerksamkeit der Massen wie mit einem Lasso. Wenn die Gedanken der Menschen in eine Richtung synchronisiert sind, lässt sich ihr Bewusstsein leicht manipulieren. Die Hauptsache ist, die Aufmerksamkeit zu fangen – der Rest ist eine Frage der Suggestionstechnik. Um der einlullenden Wirkung der Pendel zu entgehen, müssen Sie wachsam sein und die Fakten von ihrer Darstellung trennen. Sonst wachen Sie vielleicht eines Tages in einer Matrixzelle auf, oder Sie wachen überhaupt nie auf.

Die Schlacht der Pendel

Die heutige Welt ist so beschaffen, dass es den Menschen immer schwerer fällt, sich in Sicherheit zu fühlen - an erster Stelle zu nennen wäre der Terrorismus, der sich immer näher an gewöhnliche, einfache Leute heranmacht, aber auch eine allgemeine Zunahme von Grausamkeit und Aggression. Es ist kein Geheimnis, dass Menschen bisweilen in haarsträubende Situationen geraten. Wieso stößt ihnen so etwas zu? Und wie kann sich unsereins durch Transsurfing davor schützen? Soll ich einfach glauben, dass alles gut sein wird?

Erstens: Lassen Sie schreckliche Informationen an sich abperlen. Richten Sie Ihre Aufmerksamkeit auf etwas anderes. Zweitens: Sagen Sie sich von Schuldgefühlen los - nicht vom Gewissen, sondern von der verpflichtenden Schuld. Nach der Furcht und den schlimmsten Erwartungen ist die Schuld der wesentlichste Grund für Unannehmlichkeiten. Davon habe ich schon oft gesprochen, und ich werde es hier nochmals wiederholen.

Schuldgefühle bewirken verschiedenste Formen der Strafe, angefangen von kleinen Unannehmlichkeiten bis hin zu großen Problemen. Die äußere Absicht wird auf jeden Fall diese oder jene Strafe ins Drehbuch aufnehmen. Das ist das Verhaltensmuster des Menschen: Jedes Vergehen ruft nach Vergeltung, darin sind sich Seele und Verstand völlig einig. Darüber hinaus bewirken Schuldgefühle eine Verstärkung der Polarisierung. Als Folge davon spielen die Nivellierungskräfte dem »Schuldknaben« übel mit.

Doch wie kann man dieser Misere entgehen? Schuldgefühle lassen sich nicht gewaltsam unterdrücken, und wir können sie auch nicht einfach ablegen - dazu haben sie sich zu tief in uns eingenistet. Seele und Verstand haben schon sehr lange mit dieser Empfindung gelebt: immer allen etwas schuldig zu sein. Um sie von diesem Zustand zu befreien, ist eine konkrete Handlungsweise erforderlich.

Tun Sie Folgendes: Hören Sie auf, sich zu rechtfertigen. Es liegt hier jener Sonderfall vor, wo die Behandlung der Krankheit deren Ursache beseitigt. Sie brauchen sich nicht einzureden, dass Sie niemandem etwas schuldig sind. Achten Sie einfach auf Ihre gewöhnlichen Handlungen, wozu Sie Wachsamkeit brauchen. Hatten Sie früher die Angewohnheit, sich bei jedem geringsten Anlass zu entschuldigen, so gewöhnen Sie sich jetzt einfach an, Ihre Handlungen nur in dem Fall zu erklären, wenn es wirklich nötig ist.

Versuchen Sie nicht, sich selbst davon zu überzeugen, dass Sie niemandem etwas schuldig sind. Lassen Sie das Schuldgefühl einfach im Inneren ruhen. Aber zeigen Sie es nicht nach außen hin. Seele und Verstand werden sich schon bald an die neue Empfindung gewöhnen: Sie rechtfertigen sich nicht, also gibt es auch keinen Grund dafür, was wiederum bedeutet, dass Sie einfach keine Schuld tragen. In der Folge wird es immer weniger Anlässe für eine »Sühne« geben. Sie stoßen also eine Kausalkette an: Durch Ihr äußeres Verhalten werden Sie Ihr Innenleben allmählich in Ordnung bringen; das Schuldgefühl wird verschwinden und damit auch gleichzeitig die entsprechenden Probleme.

Würden Sie bitte erklären, was Sie unter zwei einander entgegengesetzten Strukturen verstehen? Es gibt ja das Pendel der Romantik, das des Christentums, das der Demokratie ... richtig? Sind aber all diese Pendel wiederum verschiedene hierarchische Stufen ein und desselben globalen Pendels? Oder sind das Pendel der Romantik und das des Christentums zwei einander entgegengesetzte Strukturen?

Mir ist nicht bekannt, wie diese Pendel im Detail aufgebaut sind. Aber für unser Verständnis reicht ein grobes Modell. Pendel sind energoinformative Wesen, ähnlich dem Überbau irgendeiner Struktur. Die Romantik ist zum Beispiel keine Struktur. Auch Demokratie oder Religion sind keine Strukturen. Aber die Kirche ist eine Struktur. Auch eine Terrororganisation ist eine Struktur, ebenso wie die Staaten, die die Terroristen bekämpfen. Aber die Terroristen existieren nicht für sich gesondert - sie äußern die Interessen ihnen übergeordneter Strukturen. Welcher Strukturen genau, das möchte ich nicht beurteilen, denn ich bin kein Politiker.

Ich verstehe nicht, warum Sie denken, dass es irgendwann in der Zukunft eine Matrix geben wird. Es gibt sie doch schon, und ihr Entstehungsprozess ist beinahe beendet. Und was die Pyramide betrifft, so wurde das Hauptpendel vor sehr langer Zeit gebildet - es ist das Pendel des Geldes.

Damit kann ich nicht übereinstimmen. Geld ist nur ein Attribut. Auf der physischen Ebene findet der Austausch von Geld statt, auf der metaphysischen Ebene der Austausch von Energie. Die Energie ermöglicht die Wechselwirkung der Pendel nicht nur mit den Menschen, sondern mit allen Lebewesen.

Also, zunächst einmal finde ich den pessimistischen Ton des Autors der Transsurfing-Reihe etwas befremdlich. Außerdem wird die Welt in Zukunft genauso aussehen wie jetzt, denn die Hierarchie der Pendel hat schon jetzt einen Gipfelpunkt – das Pendel des Planeten Erde. Und die Matrix existiert schon lange.

Mein pessimistischer Ton bezieht sich nur auf die Gesellschaft als Ganzes. Transsurfing kann nur Individuen helfen, die selbst schon ein Grundwissen haben und daher bereit sind, dieses Wissen zu akzeptieren. Die restliche Masse der Menschen zu erwecken wird nicht gelingen. Was die Hierarchie der Pendel betrifft, so enthalte ich mich gern jeglicher Spekulationen. Denn nur Mutmaßungen sind hierbei möglich. Das reale Bild werden wir niemals erfassen – das werden die Pendel nicht zulassen.

Bezüglich der Tragödie vom 11. September in den USA: Ich komme nicht von dem Gedanken los, dass die Amerikaner, die ja für ihre Katastrophenfilme weltbekannt sind, diese bestimmte Katastrophe im realen Leben selbst herbeigeführt oder inszeniert haben. Was sagen Sie dazu?

Was in diesem Falle vorliegt, ist die Realisierung des kollektiven Bewusstseins. Die Welt ist ein Spiegel, in dem die Gedanken und Absichten der Menschen reflektiert werden. Die Massenmedien, die Meldungen über Kriege, Katastrophen, Verbrechen und Unglücksfälle verbreiten, sind Werkzeuge der Pendel, die aus Konflikten Energie schöpfen. In den Nachrichten ist in der Regel nur die Rede davon, was alles an Schlechtem passiert ist. So werden größere Emotionen geweckt. Solche Nachrichten sind eher besorgniserregend als interessant. Und genau das brauchen die Pendel.

Man zeigt uns Filme, in denen die Welt als gefährlicher, aggressiver Ort dargestellt wird. Wenn wir uns solche Filme anschauen, kommen wir zur Überzeugung, dass dies die Realität ist, und so erstellen wir eine innere Gedankenform. Im Spiegel der Welt wird diese Form reflektiert und nimmt reale Gestalt an. Darauf kommen weitere schlechte Nachrichten. Das ist eine ausweglose Lage.

Interessanterweise kommen die Programmdirektoren nie auf den Gedanken, eine Sendung zu zeigen, was alles Gutes passiert ist - und sei es nur mit dem Gedanken, einmal etwas Neues zu bringen. Denn eine solche Sendung, die sich von dem kontinuierlichen, ekligen Strom des Negativen abheben würde, würde mit Sicherheit Aufmerksamkeit erregen. Aber nein. Die Informationen sollen in erster Linie den Interessen der destruktiven Pendel dienen. So groß ist ihr abstumpfender Einfluss bereits geworden!

> *Wir leben in Israel und wüssten gern, wie wir unseren Kindern (vier und fünf Jahre alt) bestimmte Vorfälle erklären können (Terroranschläge, Verkehrsunfälle und so weiter), damit sie nicht in den Trichter der Pendel geraten.*

Kindern in diesem Alter sollten Sie besser nicht solche »Vorfälle erklären«. Sie werden besser als Sie wissen, was sie zu verstehen haben und wie. Erwachsene, die sich in dieser aggressiven Welt hilflos fühlen, flößen den Kindern ein, sie seien kleine Wichte, die nichts verstehen und nichts können. Mit anderen Worten, sie drängen ihnen ihre eigenen unterbewussten Projektionen auf.

Sie sollten den Kindern genau das Gegenteil beibringen. Und besonders sollten Sie ihnen nicht negative Ereignisse »erklären«, denn dadurch lenken Sie nur ihre Aufmerksamkeit auf solche Dinge. Im Gegenteil, schützen Sie das kindliche Bewusstsein vor alldem. Halten Sie den mentalen Raum der Kinder möglichst rein, denn wie Sie wissen, gestaltet sich jeder auf der Grundlage seiner Mentalität die eigene Weltschicht, in der er dann zu leben hat.

Der Variantenraum

Unlängst hat mir jemand empfohlen, Ihr Buch »Transsurfing. Die Realität ist steuerbar« zu lesen. Etwas in dem Buch ist auf seltsame Weise wahr und richtig. Vieles von dem, was im Leben geschieht, lässt sich auf einmal erklären. Dafür danke ich Ihnen. Allein auch schon dafür, dass Sie es riskiert haben, den Menschen die Chance zu geben, Mensch zu werden.

Vielen Dank für die lobenden Worte. Doch ich habe nichts »riskiert« und (Gott bewahre!) gebe den Menschen auch nicht »die Chance, Mensch zu werden«. Ein so hochtrabendes Ansinnen habe ich nicht, auch nicht das dafür erforderliche Wissen. Es gibt solches Wissen zwar, aber nicht in meinen Büchern, sondern im Variantenraum – ganz gleich, ob Ihnen dieser Gedanke gefällt oder nicht. Es ist auch nicht sinnvoll, das Transsurfing mit anderen, äußerlich ähnlichen Lehren zu vergleichen – beispielsweise mit der Simoron-Schule oder mit irgendeiner anderen Lehre.

Außer solchen dankbaren Reaktionen erhalte ich auch manchmal Briefe von entgegengesetztem Wesen (wenngleich diese sehr selten sind), Briefe, aus denen mir kalte Feindseligkeit entgegenschlägt. Wenn ich Dinge höre wie: »Im Transsurfing wurden diese oder jene Elemente von einer anderen Lehre abgekupfert«, beschleicht mich eine Mischung aus Befremden, Verwirrung und Ratlosigkeit, wie sie ein Mensch erfährt, der mit einem Volltrottel spricht. Und der dann verzweifelt ausrufen will: »Wie kann es nur sein, dass Sie überhaupt nichts verstehen?!«

Und was ist mit Simoron - ist das vielleicht auch »abgekupfert«? Und bei wem hat wiederum die Simoron zugrunde liegende Lehre »abgespickt«? Warum machen Sie nicht mal einen Vergleich mit Blavatsky, Roerich, Gurdjieff oder Uspenskij? Wahrscheinlich deshalb, weil Sie diese Autoren nicht gelesen haben. Ich muss gestehen: Ich auch nicht, aber ich weiß immerhin so viel, dass sie alle über das Gleiche schreiben. Jede Epoche hat ihre eigene Lehre - und umgekehrt. Wie viele Schulen und Weltanschauungen es auch geben mag, sie alle reflektieren über das Wesen ein und derselben Realität. Es gibt zwar verschiedene Standpunkte, aber die Realität ist die gleiche! Daran haben Sie wohl noch nie gedacht?!

Versuchen Sie einmal, eine Lehre zu finden, die nichts mit einer anderen gemein hat. Wenn Sie eine finden, wird sie sich auf eine andere Realität beziehen. Doch der menschliche Verstand ist gar nicht in der Lage, etwas zu schaffen, was keinen Bezug zu unserer Wirklichkeit hätte. Sogar Fantastereien werden früher oder später Wirklichkeit. Fantasten beschreiben eine Wirklichkeit, die (möglicherweise) noch nicht realisiert wurde. In Wahrheit sind all diese Ideen und Vorstellungen - wie auch Träume - keine Produkte des Geistes, sie existieren ganz real und konstant in einem integralen Informationsfeld. Und alle - sowohl die »Lehrer« als auch die gewöhnlichen Menschen - haben Zugriff auf ein und dieselbe Datenbank. Folglich kann ich nur jene bedauern, die etwas ganz Neues suchen.

Wer eine Lehre mit anderen vergleicht, mag irgendwann auf die Upanishaden stoßen. (Haben Sie schon einmal davon gehört?) Aber was soll's? *All dieses Wissen stammt letztlich aus einer Quelle.* Aus dem gleichen Grund geschieht es nicht selten, dass die gleichen Entdeckungen von verschiedenen Menschen unabhängig voneinander gemacht werden und dass viele neue Strömungen gleichzeitig an verschiedenen Enden der Welt entstehen.

Zugriff auf die Information aus dem Variantenraum hat jeder. Alles ist ganz einfach: Gehe in jene kosmische »Bibliothek« und entnehme einem beliebigen Regal ein Buch. Die einzige Bedingung ist: Man muss an seine eigenen Fähigkeiten glauben, sein Zugriffsrecht nutzen und dann beabsichtigen, das Wissen zu bekommen. Stellen Sie sich eine Frage und wagen Sie, sich die Antwort selbst zu geben. Wer wagt, macht Entdeckungen, komponiert Musik, schreibt Bücher und erschafft auf den verschiedensten Gebieten Meisterwerke. Das Wissen erschließt sich jenem, der seine Absicht verkündet hat, SICH DAS SEINE ZU NEHMEN.

Zum Beispiel kann man sagen, dass die unglaublichsten und grandiosesten Entdeckungen von den mutigsten Menschen stammen, die in der Wissenschaftsgeschichte bekannt sind: Albert Einstein und Nikola Tesla. Nach ihren eigenen Worten zu urteilen, entsprangen ihre Erkenntnisse nicht ihrem eigenen Kopf, sondern kamen von außen zu ihnen – Wissen von sonst woher. Dabei sollte aber nicht unerwähnt bleiben, dass keine neue Theorie abrupt erscheint, wie das Aufleuchten eines einsamen Sterns am schwarzen Nachthimmel. Fast immer wurde ihre Entwicklung von parallelen Arbeiten anderer Forscher begleitet, die sehr häufig fast gleichzeitig zu ein und derselben Schlussfolgerung kamen. Sie alle leben unter einem Himmel.

Man kann entgegen der gängigen Meinung mit Gewissheit behaupten, dass Nikola Tesla den Rundfunk erfunden hat, ohne damit wirklich falsch zu liegen. In ähnlicher Weise lässt sich sagen, dass der Vater der Relativitätstheorie nicht Einstein, sondern Hendrik Lorentz ist, und auch hierin liegt weit mehr als ein Körnchen Wahrheit. Denn mit der »Lorentz-Transformation«, die zeigt, dass mit der Annäherung an die Lichtgeschwindigkeit Materie verkürzt wird und die Masse zunimmt, während die Zeit langsamer wird, kam er Einstein zuvor. Doch Einstein traute sich, das endgültige Tüpfelchen auf das i zu setzen. Von denen, die das nötige Können hatten, aber es nicht umsetzten, unterschied er sich nur in einem Belang: *Er hatte den Mut, sich sein Recht zu nehmen.*

Jeder kann seine eigenen Entdeckungen machen. Doch sehr viele wissen das nicht, oder aber sie TRAUEN sich nicht, vielmehr verlassen sie sich darauf, Informationen aus fremder Hand zu bekommen. In der Tat, jene Linie zu überschreiten, hinter der man vom Tonband zum Empfänger wird, ist nicht einmal so schwer, aber sehr ungewöhnlich. Es ist ungefähr so wie der erste Fallschirmsprung. Das ist einfach nicht jedermanns Sache. Es finden sich immer Leute, die sich nicht entschließen können, es auszuprobieren, und dann denken: »Wenn ich es nicht kann, dann lass du es bitte auch bleiben. Denkst du etwa, du seist besser als ich?« Doch irgendwo muss die Energie der nicht realisierten Absicht ja bleiben – also wohin damit? Die Absicht schlägt sich dann bisweilen auf die andere Seite und versucht beispielsweise, andere des Missbrauchs zu bezichtigen, des Plagiats (Gott behüte!), der Haltlosigkeit und so weiter. Das sagt sich eben sehr leicht. Es ist eine Art, seine eigene Bedeutsamkeit zu bestätigen und seine Lebensweise zu erklären. Aber es ist bei weitem nicht die beste Art.

Noch interessanter wird es, wenn ein Leser, gewappnet mit der tiefen Überzeugung, er wisse fast alles und noch ein bisschen mehr, erklärt, es gebe in meinen Büchern für ihn nichts Neues. Nachdem er den Text schnell überflogen und dabei einige ihm geläufige Begriffe wie »Absicht« oder »Wichtigkeit« entdeckt hat, erklärt er triumphierend: »Das ist ja Castaneda!« Und ohne den Inhalt im Kern zu verstehen, schlägt er das Büchlein zu - die Sache ist für ihn abgehakt - und geht weiter seiner Wege. Er beachtet dabei nicht weiter, dass die Lehren des Don Juan und die des Transsurfings eigentlich in entgegengesetzten Randgebieten der Realität anzusiedeln sind. In dieser Hinsicht fällt mir übrigens meine eigene Unwissenheit auf: Beim Durchlesen meiner eigenen Bücher stoße ich bisweilen auf Dinge, die mir selbst irgendwie neu erscheinen.

Obgleich ich es in diesem Fall nicht mit einem Volltrottel zu tun habe, sondern mit einem gebildeten Intellektuellen, beschleicht mich wieder das gleiche Gefühl der Frustration und Ohnmacht bei dem Versuch, etwas zu meiner Rechtfertigung zu schreiben. Es ist zwecklos! Ein solcher Opponent hat sich einen Filter in die Ohren gesteckt, der nur das durchlässt, was mit der von ihm gewählten Rolle vereinbar ist: »Ich kann jemanden kritisieren oder bloßstellen, also bin ich wer!«

Es ist ein sehr undankbares Geschäft, anderen Vorwürfe zu machen, selbst wenn es gerechtfertigt sein sollte. Eine kurze Weile empfindet der Ankläger, stolz auf sich selbst, eine Art inneren Triumph. Doch dieses kleine Freudenfest wiegt bei weitem nicht jene unangenehmen Momente auf, die dann folgen. Die Nivellierungskräfte werden ohne jeden Zweifel so wirken, dass der Ankläger in die Rolle des Angeklagten gezwungen wird. Das habe ich schon öfter erlebt: Sobald man unachtsam wird und jemandem beweisen will, dass er im Unrecht ist, dreht sich der Spieß irgendwie um. Ist Ihnen das auch schon einmal aufgefallen?

Ich möchte in diesem Zusammenhang Stephen Kings Buch *Die Langoliers* erwähnen. Die Handlung gründet auf der Vorstellung, dass sowohl Vergangenheit als auch Zukunft irgendwo wie auf einem Filmstreifen gespeichert sind. Der Zeiteffekt wird nur als Folge der Bewegung eines Einzelbildes wahrgenommen, das in der Gegenwart beleuchtet wird. Das Buch ist so interessant, dass es sich lohnt, eine kurze Zusammenfassung seines Inhalts vorzustellen.

Einige Passagiere schlafen während einer Flugzeugreise. Als sie aufwachen, entdecken sie zu ihrem Schrecken, dass alle übrigen Passagiere, einschließlich des Piloten, verschwunden sind. Zum Glück ist unter ihnen ein gelernter Pilot, der das Flugzeug steuern kann. Das verbessert ihre Lage aber nur unwesentlich. Die überflogenen Städte, die normalerweise in der Nacht hell erleuchtet sind, gleichen einer stockdunklen Wüste, alle Funkfrequenzen sind tot. Was ist mit dem Leben auf der Erde geschehen?

Es gelingt ihnen, einen Flughafen anzusteuern und zu landen, doch was sie dort erwartet, hätten sie sich in keinem Albtraum vorstellen können. Die Flugzeuge, das Flughafengebäude, alle materiellen Objekte sind an ihrem Ort – sogar ein Restaurant mit den dazugehörigen Lebensmitteln, nur Menschen gibt es keine. Rundherum herrscht eisige Stille. Es gibt keinen Strom, die Telefone gehen nicht, die Nahrung hat weder Geschmack noch Geruch und es gibt allgemein keine Bewegung. Sie waren in die Welt der Vergangenheit geraten, die dem vorwärts gerückten, nächsten Bild gewichen war.

Auf einmal hörten die Passagiere ein vom Horizont heranrückendes, unheimliches Rauschen, das nichts Gutes verhieß. Vor ihren Augen begann die materielle Welt, sich in eine Leere aufzulösen. Offenbar wurde die Materie, im Gegensatz zur Information, nicht ewig erhalten. Einer von ihnen mutmaßte, dass sie während des Fluges durch ein Zeitloch in die Vergangenheit geraten waren und dass sie nur auf gleichem Wege wieder zurückfinden könnten. Eilig kehrten sie ins Flugzeug zurück und nahmen den gleichen Kurs, auf dem sie hergekommen waren, wobei sie mit knapper Not der Leere entkamen, die die alte Realität verschlang. Es gelang ihnen, durch das gleiche Zeitloch zurückzufliegen, doch als sie landeten, fanden sie wieder einen leeren Flughafen vor.

Doch etwas war anders als in der vorherigen, sich auflösenden Realität, in der ein eisiger Wind geweht hatte. Farben, Klänge und Gerüche hatten ihren normalen Sättigungsgrad. Aber ein von allen Seiten heranwehendes, anschwellendes Gewirr beunruhigte sie: Sie ahnten, dass sich ein umwälzendes Geschehen ankündigte, das entweder ihre Rettung oder ein unheimliches Ende bedeutete. Da entstanden vor ihren Augen, wie aus der Luft, menschliche Körper, die sich so bewegten wie im normalen Leben. Wie sich zeigte, hatten die Reisenden den Bildausschnitt der Gegenwart überholt und waren in der Zukunft angekommen, worauf die Gegenwart sich manifestierte.

Wieso ich das erzähle? Um mit schlauer Miene ein paar dumme Fragen zu stellen. Ist es das Verdienst Stephen Kings, den Variantenraum erdacht zu haben? Nein, Vorstellungen von der Zeit als dem Bild auf einem Filmstreifen gab es auch schon früher. Stephen King wurde nach eigenen Angaben mehrmals beinahe des Plagiats beschuldigt, weil in den Werken anderer Autoren ähnliche Szenarien vorkommen.

Ist es das Verdienst des Transsurfings, dass der Variantenraum aus dem Reich der Fantasie in die Realität geholt wurde? Ebenfalls nein. Fantastereien im Sinne von reinen Hirngespinsten gibt es nicht. In den vierziger Jahren des vorigen Jahrhunderts hat Nikola Tesla mithilfe starker elektromagnetischer Felder ähnliche Manipulationen an Raum und Zeit demonstriert, als er ein ganzes Schiff der US-Marine in ein Zeitloch manövrierte. Die Überlebenden, die an diesem Experiment teilnahmen, materialisierten sich zu einer anderen Zeit an einem anderen Ort. Sie litten unter einem starken psychischen Schock.

Wenn wir uns das Ziel setzen herauszufinden, wer unter all den »Erleuchteten« als Erster die Existenz des Variantenraumes erklärt hat, so fürchte ich, dass wir tief in die vergangenen Jahrtausende tauchen müssen. Es gibt wirklich nichts Neues unter der Sonne. Auch das Leben der Menschen mit ihren Fehlern und falschen Klischees hat eine lange Vergangenheit. Mir scheint, trotz all der geistigen Lehren, von denen ein und dieselbe Wahrheit aus verschiedenen Blickwinkeln beschrieben wurde, kann die Menschheit nicht zur Vernunft gebracht werden. Dieser Sachverhalt wird wohl vor allem jene »Kenner« stören, die sich ständig darüber beklagen, dass man ihnen angeblich nichts Neues präsentiert. Möglicherweise wird eines Tages ein Messias mit einer so unglaublich »neuen« Lehre auftauchen, dass sie aus allen Wolken fallen und, ehrerbietig die Hände faltend, nur noch stammeln können: »Das ist es! Jetzt habe ich es endlich verstanden!«

Aber nein, beten werden sie nicht, unsere »Kenner«. Solche Leute suchen ja auch gar nicht nach Wissen, sondern nach Mängeln und Lücken. Sollen sie doch! Es lohnt sich eigentlich kaum, sich auf einen eitlen Schlagabtausch mit ihnen einzulassen. Denn die Aufgabenstellung beim Transsurfing ist nun mal eine ganz andere: *altes* (nicht neues!) Wissen jenen zu verkünden, die es brauchen. Ich habe die Zeit für die vorliegenden Argumente nur dafür verwendet, meine lieben Leser, um nochmals den Zweck meines intellektuellen Besuches bei Ihnen zu erklären. Ich bleibe Ihnen gegenüber ehrlich und erkläre das Wesen des Transsurfings so, wie ich es selbst empfangen habe. All dies ist real, und auch den Aufseher gibt es wirklich. Nur wo genau er zu finden ist, kann ich, verehrte Leser, nicht sagen, da er mir nach jenem ersten Treffen nicht mehr erschienen ist. Das bedeutet allerdings nur, dass alles so läuft, wie es sein soll. Andernfalls wäre ich von der Quelle der Information einfach abgeschnitten worden. Ich berichte Ihnen also alles so, wie es sich mir darbietet. Ob Sie damit etwas anfangen können oder nicht, müssen Sie selbst entscheiden.

Ich habe eine Schwäche für Fantasy und Science-Fiction. Beim Lesen tauche ich förmlich in die Realität der Helden ein, und auch nach der Lektüre »lebe« ich noch einige Tage in jener Welt. Meine Umgebung tritt in den Hintergrund, andere Dinge berühren mich kaum mehr. Ich weiß, dass dieser Zustand einige Tage anhält, aber eigentlich will ich das gar nicht. Mir scheint, das Pendel hat mich zu sehr angestoßen. Kann das sein? Wenn es so ist, sollte ich vielleicht, wenn ich vor dem Fernseher sitze oder ein Buch lese, meine Gefühle besser abschalten. Andererseits habe ich ja meine Freude daran. Was soll ich tun? Ist mein Traum, in andere Welten einzugehen, realisierbar?

Das hat mit Pendeln herzlich wenig zu tun. Wenn Sie unter dem Eindruck der Filme oder Bücher stehen, ist Ihre Seele auf den entsprechenden Sektor des Variantenraumes gestimmt. Sie empfängt, grob gesagt, die Information, während der Verstand sie interpretiert und über sie nachdenkt. Er lässt sie sozusagen in seinem logischen Denkapparat abspielen, so ähnlich wie ein Computerprogramm, das die eingehenden Daten verarbeitet.

Die Welt der Fantasy ist kein Hirngespinst. Es gibt sie tatsächlich, aber auf der metaphysischen Ebene, die noch nicht realisiert ist. Dorthin zu gelangen ist kaum möglich, denn für die Verkörperung von allem, was es dort gibt, ist in unserer Wirklichkeit ein hoher Energieaufwand erforderlich. Das bedeutet nicht, dass die Drehbücher und Bühnenbilder jener Welt nicht realisiert werden können. Übernatürliche Personen und Ereignisse sind bezüglich unserer Realität nur insofern unwirklich, wie die enormen Temperaturen der Sonne in Bezug zur Erde unwirklich sind. Mit anderen Worten, die Welt der Fantasy existiert in bestimmten Sektoren des Variantenraumes, die aber sehr weit entfernt sind von unserem realisierten Sektor – zu weit, als dass man dorthin »fliegen« könnte.

Wenn Sie sich in der Welt der Fantasy aufhalten, träumen Sie mit offenen Augen. Das ist keineswegs verwerflich oder schlimm, wenn es Ihnen gefällt. Filme und Bücher sind prachtvolle Schaukeln für Seele und Verstand. Allerdings riskieren Sie, den Bezug zur Wirklichkeit zu verlieren, der nicht daran gelegen ist, Ihnen nur Annehmlichkeiten zu bereiten. Wenn Sie die Realität nicht lenken, werden Sie von ihr gelenkt.

Daher ist es, praktisch gesehen, unvorteilhaft, sich ständig in der nichtrealisierten Welt aufzuhalten – es ist so ähnlich, wie das ganze Leben zu verschlafen. Bei schöpferischer Beschäftigung schwebt die

Seele, auf der Suche nach neuen Ideen, ebenfalls ständig im metaphysischen Raum. Es ist jedoch eine Sache, aktiv zu schaffen und Ideen umzusetzen, und eine ganz andere Sache, passiv im Meer der Träume zu schwimmen. Transsurfing ist ein außergewöhnlich aktiver Daseinsmodus, bei dem Sie nicht nur schwimmen, sondern rudern und bewusst ein Ziel anpeilen. Die Welt reflektiert das, was Sie bewusst wählen: Entweder Sie laufen einem Traum hinterher oder der Traum kommt zu Ihnen. Und Sie brauchen nicht unbedingt im Lande Oz zu suchen – die Realität kann viel strahlender und überraschender sein, allein schon deshalb, weil Sie sie selbst erschaffen, wenn Sie das wollen. Das Ganze ist schon ein wenig schwieriger als ein Computerspiel, dafür aber auch viel spannender – Sie müssen bloß die Regeln kennen und sie befolgen.

> *In letzter Zeit habe ich mich gefragt: Wer hat eigentlich alles in den Variantenraum hineingepackt? Wie kommt es dorthin? Und warum? Und was existierte dort, bevor alles dorthin gelangte?*

Ehrlich gesagt, *ich weiß es nicht.* Ich kann nur Vermutungen anstellen: Niemand hat den Variantenraum erschaffen – er hat schon immer existiert. Der menschliche Verstand ist so beschaffen, dass es ihm scheint, als ob alles in dieser Welt von etwas oder von jemandem erschaffen wurde und als ob alles einen Anfang und ein Ende hat. Offenbar nicht alles. Ich fürchte, selbst wenn der Mensch sein Bewusstsein über die Stufe der Auster hinaus erhöbe, würde es nicht ausreichen, um solche Dinge zu verstehen. Es gibt in dieser Welt Fragen, die so unfassbar sind, dass unser Verstand sie einfach nicht knacken kann. Er ist ja nur ein logischer Apparat, auch wenn er über die Fähigkeit verfügt, abstrakt zu denken.

Auf meinem Level des abstrakten Denkens kann ich lediglich ein primitives mathematisches Modell erstellen. Wenn ein Mensch mit bedingtem Begriffsvermögen sich an die Unendlichkeit wendet, wobei sein Begriffsvermögen einem Punkt gleichkommt, dann liefe Ihre Frage auf Folgendes hinaus: »Warum ist es mir, dem Punkt, möglich, auf dem Koordinatennetz eine beliebige Position einzunehmen? Wer hat das Koordinatennetz erschaffen? Wozu ist es gut? Was existierte vor dem Koordinatennetz?« Würde dieser Punkt dann die Antwort erhalten, dass es außer der Ebene noch einen dreidimensionalen Raum und weitere n-dimensionale Räume gibt, so würde der Punkt sicher total abschnallen. Aber vielleicht kennt ja Ihre weise, alte Seele die Antwort auf diese Frage ...

Der Mut der Götter

Wie kann ich mir ein Leben ohne Pendel vorstellen, wo alle Menschen erwacht sind und mit Entschlossenheit Ziele verfolgen und Entscheidungen treffen?

Ohne die Pendel ist das Leben unmöglich, oder genauer gesagt können wir sie weder vernichten noch sie vermeiden. Die Hauptsache ist, die Pendel für seine eigenen Ziele zu verwenden und nicht ihre Marionette zu sein. Wenn Sie mit Ihrer Frage meinen, ob die irdischen Güter für alle Menschen in einer Gesellschaft ausreichen würden, in der sich jeder bewusst sein Recht nimmt, so kann ich Sie beruhigen: Nicht jeder wird das tun. Viele interessieren sich zwar dafür, aber nur wenige wenden das Wissen auch an.

Lässt sich irgendwie feststellen, in welchem Maße ich bewusst denke, also »nicht schlafe«? Gibt es so etwas wie einen gedanklichen Trick?

Sogar im Wachzustand befindet sich die Bewusstheit des Menschen - der innere Aufseher - die meiste Zeit im Schlaf. Viele Dinge werden mechanisch ausgeführt, wobei die Gedanken irgendwo in den Wolken schweben und das Bewusstsein in der Fangschlinge irgendeines Pendels steckt. Das ist ein natürlicher Schlaf mit offenen Augen, in dem der Mensch in die Gewalt der Umstände gerät und sich keine nüchterne Rechenschaft über seine Handlungen ablegt.

Um die Lage unter Kontrolle zu bekommen, müssen Sie aufwachen, den inneren Aufseher aktivieren und Ihre Umgebung von außen betrachten. Ich schlafe nicht, wenn ich mir im Klaren darüber bin, wie und warum ich etwas gerade tue. Ich erfülle meine Rolle und beobachte gleichzeitig alles als mitspielender Zuschauer. Sehr wichtig ist hierbei: Die Kontrolle des Verstandes sollte nicht auf das eigene Drehbuch des Laufs der Dinge gerichtet sein, sondern auf das Befolgen des Prinzips der Koordinierung der Absicht, die Bewegung mit dem Strom und das Beachten der seelischen Zufriedenheit, während man einen Entschluss fällt. Nur bei Einhaltung dieser Bedingungen wird Transsurfing das gewünschte Ergebnis bringen.

Könnte es sein, dass es gar keinen Variantenraum gibt, sondern dass der Mensch den selbst erschafft? Auf die Frage, ob er Gott sei, hat Sai Baba geantwortet: »Auch du bist Gott. Der einzige Unterschied ist, dass ich dies weiß, du aber nicht.«

Es gibt verschiedene Interpretationen ein und derselben Sache. Sie verweisen auf Sai Baba, ohne aber zu verstehen, was er Ihnen klarmachen will. Er sagt: «Höre auf, in fremden Quellen nach der Wahrheit zu suchen. Schau in dich, und du wirst dort die Antworten auf alle Fragen finden.« Dieses In-sich-Hineinschauen ist nicht etwas Abstraktes. Stellen Sie sich eine Frage und haben Sie einfach den Mut, sie selbst zu beantworten. Im Transsurfing ist es, wie in ähnlichen Lehren auch, nur erforderlich, die Augen zu öffnen. Weiter kann jeder von allein gehen, wohin er auch gehen mag. Das habe ich bereits mehrfach erklärt. Die Hauptsache ist, die eigene Wachsamkeit zu unterstützen, seine Augen zu öffnen – und darüber hinaus den Mut zu besitzen, sich sein legitimes Recht auf die Lenkung der eigenen Realität zu nehmen. Denn dieses Recht haben Sie! Anderen mangelt es einfach am nötigen Mut, dieses Recht in Anspruch zu nehmen. Nehmen Sie es sich, das ist alles.

Was die Frage betrifft, ob es den Variantenraum tatsächlich gibt oder ob er nur in der Einbildung existiert, so ist meine Antwort: Ja, es gibt ihn tatsächlich. Erstens gibt es eine Menge kurioser Fakten, von denen ich jetzt nur einen herausgreifen möchte, nämlich das Phänomen der Schüler der Akademie von Wjatscheslaw Bronnikow*, das von der offiziellen Wissenschaft anerkannt ist. Zweitens - urteilen Sie selbst: Das Dilemma zwischen Idealismus und Materialismus war schon immer ein wissenschaftlich heftig umstrittenes Thema. Hat die Welt materielle Substanz oder ist sie Illusion? Für beide Standpunkte gibt es ja gute Gründe.

In Wahrheit ist die Antwort auf einer anderen Ebene zu suchen. Die absolute Wahrheit ist in den individuellen Erscheinungsformen der vielschichtigen Realität nicht zu finden. Man braucht sich nur mit der Tatsache abzufinden, dass die Realität zwei Formen hat: eine physische, die wir mit unseren Händen berühren können, und eine metaphysische, die jenseits unserer Wahrnehmung liegt, aber genauso real ist. Die offizielle Wissenschaft zieht es vor, sich mit der ersten Form zu befassen, die Esoterik wendet sich lieber der zweiten Form zu. Das ist ihr ganzer Streitpunkt. Dabei gibt es eigentlich keinen Grund, darüber zu streiten - man braucht bloß die Dualität unserer Welt anzuerkennen.

---

* www.bio-rc.com

Die Welt ist ein dualer Spiegel. Auf der einen Seite befindet sich das materielle Universum und zur anderen Seite erstreckt sich die schwarze Unendlichkeit des Variantenraums.

Was sehen Sie, wenn Sie »in sich schauen«? Alles und nichts. Nichts deshalb, weil das Gehirn nur ein primitiver Biocomputer ist. Und alles, weil er Zugriff hat auf ein unendliches Informationsfeld, aus dem alle Erkenntnisse, Entdeckungen, alle Intuition und alle Hellsicht kommen. Aber das ist noch nicht alles.

Die Energie der Gedanken kann unter bestimmten Bedingungen diesen oder jenen Sektor des Variantenraums materialisieren. Der Mensch ist mit der Fähigkeit ausgestattet, seine Weltschicht, seine eigene, individuelle Realität zu formen. In diesem Sinne ist er Gott. Doch nur unter einer Bedingung: Der Herrscher muss sich das ihm gegebene Recht zu herrschen nehmen. Wer daran glaubt, dass er die Realität lenken kann, dem unterwirft sie sich. Tut er dies nicht, so wird er von der Realität gelenkt. Er bekommt immer das, was er sich auswählt. Denn er ist ja Gott.

> *Ich habe bislang noch keinen echten Guru finden können. Stimmt vielleicht etwas mit mir nicht, oder ist das einfach nicht meine Tür und mein Ziel?*

An Ihrer Stelle würde ich mich selbst zum Guru ernennen und würde mir sagen, dass ich selbst am besten wissen sollte, was ich zu tun habe. Wenn Sie dazu den Mumm haben, werden Sie keinen Lehrer mehr brauchen.

Meine Frage betrifft, wenn ich so sagen darf, die persönliche Sensibilität gegenüber der öffentlichen Meinung. Sie behaupten ja, dass es nach dem Gesetz des Ausgleichs den folgenden Zusammenhang gibt: Je schlechter ich von jemandem denke, desto bedeutender wird er. Wie ist es aber mit dem kirchlichen Bannfluch? Wenn jemand in Bausch und Bogen verdammt wurde, hat es für ihn eigentlich immer schlecht geendet.

Zunächst einmal kann ich nichts mit uneingeschränkter Gewissheit behaupten. Denken Sie wirklich, jemand würde die absolute Wahrheit kennen? Die gibt es doch gar nicht. Was glauben Sie wohl, warum ich immer wiederhole, dass die Welt zwei Aspekte hat: den physischen und den metaphysischen? Das Einzige, was ich behaupten kann, ist, dass die Welt vielschichtig ist; und dann kann ich noch einige Gesetzmäßigkeiten feststellen. Glauben Sie niemandem, der nur einen der beiden Aspekte akzeptiert und diesen dann als die absolute Wahrheit hinstellt. Seien Sie nicht naiv in der Welt der Pendel. Ich hoffe, niemand der Transsurfer zählt mich zu den geistigen Lehrern der Menschheit. Ich bin nicht mehr als ein Übermittler von Wissen aus dem Variantenraum, und wenn mich jemand fragt, so antworte ich. In erster Linie lehrt das Transsurfing, sein eigener Lehrer zu sein. Zweifellos KÖNNEN SIE DAS, wenn Sie sich das Recht dazu nehmen. Ansonsten kann ja bekanntlich jeder Narr einen Guru finden.

Nun zu Ihrer Frage. Es gibt doch viele Beispiele von Herrschern oder hohen Beamten, die vom ganzen Volk gehasst werden, aber selbst glücklich und zufrieden sind. Und andererseits schweben auch allseits beliebte Stars längst nicht immer auf Wolke sieben. Die Sache ist die: Die Energie eines Fluches oder Segens kommt beim Adressaten nicht an – sie wird von einem Pendel absorbiert. Um die Liebe oder den Hass einer großen Menschenmenge auf sich zu ziehen, muss man ein Günstling eines Pendels werden. Ein Glückspilz ist nicht einfach ein abgesondertes Individuum – er befindet sich unter der Vormundschaft seines Pendels, das den Löwenanteil der Energie absorbiert. Warum dieser oder jener Star dann wieder in Ungnade fällt, das ist eine andere Frage.

Sie schreiben: »Wenn ich der Welt gestatte, für mich zu sorgen, wird sich alles zum Guten wenden – das funktioniert hundertprozentig.« Ich konnte mich bereits davon überzeugen, dass es funktioniert. Ich sehe mich auch schon in der Lage, es anzuwenden: Ich muss der Welt einfach nur gestatten, für mich zu sorgen; dann wird wirklich alles gut. Das Problem ist nur dieses: Es erfordert enorme Kraft, um schwach genug zu sein, sich in diesem Zustand zu halten: »Ich gestatte der Welt, für mich zu sorgen, und will ihr keine Ratschläge erteilen, wie sie das zu tun hat.«

Das haben Sie ja schön ausgedrückt: »Es erfordert enorme Kraft, um schwach genug zu sein ...« Aber so arg schwierig ist das Ganze gar nicht. In Wahrheit ist alles nur eine Frage der Gewohnheit, also der Zeit. Die Hauptsache ist, systematisch mit dem Spiegel zu arbeiten. »Haben Sie den Mut«, alles Ihrer Weltschicht zu überlassen. Lassen Sie sich von der Welt »in die Arme nehmen«, und sie wird Sie tragen. Sie dürfen dabei nur nicht vergessen, sich selbst auch in Bewegung zu setzen, mit anderen Worten: Hoffen Sie auf die Hilfe der Welt in vernünftigen Grenzen. Und falls sie sich doch einmal nicht um Sie kümmern sollte, nehmen Sie es ihr nicht übel! Wenn Sie sich den spielerischen Umgang mit dem Spiegel zur Gewohnheit machen, werden Sie praktisch immer »in den Armen« Ihrer Welt liegen.

Wie kann ich es schaffen, dass Transsurfing für mich zur alltäglichen Angelegenheit wird? In den ersten Tagen hatte ich das Gefühl, das Buch in den Händen zu halten, nach dem ich mein Leben lang gesucht hatte. Ja, genau das ist es, was ich wollte. Ich hatte ja früher gar nichts von irgendeiner Absicht gewusst. Doch jetzt ist das alles irgendwie normal geworden. Das stört mich eigentlich auch gar nicht. Ich wüsste nur gern, ob das alles seine Richtigkeit hat.

Sicher, das ist schon ganz richtig so, es ist sogar hervorragend! Wenn die Magie den Alltag durchdringt, werden Sie zum Lenker Ihrer Realität. Indem Sie den Lauf Ihrer Gedanken steuern, steuern Sie die Realität. Im Grunde fliegt jeder von uns in seinem individuellen Raumschiff durch den Variantenraum. Wenn Sie den Mut haben, sich an das Schaltpult zu setzen, werden Sie Ihr Raumschiff lenken. Dabei gibt es allerdings keine Hebel und Knöpfe. Die ganze Navigation besteht in Ihrer Absicht. Sobald Sie aber das Lenken Ihres Raumschiffs aufgeben, überlassen Sie die Steuerung den Umständen. Wenn Sie die Realität nicht selbst in die Hand nehmen, werden Sie von ihr gelenkt werden. Ihr Raumschiff ist Ihre Weltschicht. Sie können mit ihm machen, was Sie wollen. Die meisten Menschen wissen nur nicht, dass sie das KÖNNEN, oder sie tun es einfach nicht.

Jeder hat seine eigenen Ziele - so weit bin ich einverstanden. Aber lassen Sie uns das Ganze einmal anders betrachten. Wer entscheidet eigentlich: Ist das nun mein Ziel oder nicht? Ich bin mir da nicht so sicher, ob ich das selbst tue. So wäre es doch nur dann der Fall, wenn ich auch selbst die Ursache meiner Existenz wäre. Aber wie mir scheint, bin ich nicht aus eigenem Antrieb hier erschienen. Aus der theosophischen Weltanschauung ist mir bekannt, dass der Mensch angeblich sein Einverständnis für seine Geburt in dieser Welt gibt. Doch aus der Sicht meines jetzigen Bewusstseins kann ich mich daran nicht erinnern. Wie kann ich also mein Ziel bestimmen, wenn ich gar nicht der Grund meiner Existenz bin?

SIE KÖNNEN ES.

So weit ich verstanden habe, ist alles möglich. Nur weigert sich mein Verstand, das zu akzeptieren. Warum ist das so? Ist der Verstand etwa erschaffen worden, um uns zu ärgern? Damit wir ja nicht in vollen Zügen genießen können? Sollen wir folglich unseren Verstand abschalten und wie Volltrottel einfach alles glauben, damit wir all unsere Wünsche verwirklichen können?

Der Verstand befindet sich in den Händen der Pendel und der Klischees. Er ist tatsächlich ein Volltrottel. Glauben Sie also nicht einfach, was Ihnen irgendjemand erzählt. Versuchen Sie es einmal damit, weniger zu denken und die Prinzipien des Transsurfings in der Praxis anzuwenden. Dann können Sie sich selbst davon überzeugen, dass sie funktionieren. Glauben Sie Ihrer eigenen Erfahrung.

Ich habe mich dazu entschieden, Anwalt zu werden, koste es, was es wolle. Die Arbeit eines Anwalts ist natürlich nicht ganz einfach. Ich muss dann ständig mit jemandem streiten oder jemandem etwas beweisen. Freilich scheint die Regel des Pendels bisweilen ein Hindernis zu sein, das Recht der Klienten durchzusetzen. Sehe ich das richtig?

Es ist unwichtig, ob Sie dieses Pendel stört oder nicht. Sie müssen sich bloß zum Günstling des Pendels machen, das ist alles. Dafür sollten Sie Folgendes tun: Haben Sie den Mut, Ihre eigenen neuen Regeln zu kreieren, ohne über den Rahmen der Regeln des jeweiligen Pendels hinauszugehen. Mit anderen Worten: Trauen Sie sich etwas zu, ohne zu befürchten, stereotype Vorstellungen zu verletzen. Seien Sie unabhängig – HABEN SIE DEN MUT, IM RECHT ZU SEIN.

Welchen Rat würden Sie einem angehenden Rechtsanwalt geben?

Andere nicht um Rat zu fragen. SICH SEIN RECHT ZU NEHMEN. Ich wiederhole nochmals: *Nehmen Sie sich das Recht, im Recht zu sein, was auch geschehen mag.* Das ist nicht jene Art der Überzeugung, die in jedem Augenblick durch die Umstände ins Wanken kommen kann. Es ist auch nicht bloßer Optimismus oder auf blindem Erfolgsglauben gründende Selbstsicherheit. Es ist die Absicht des Lenkers. Sie selbst haben es in der Hand, die Realität zu steuern.

Die Zaghaftigkeit der Zauberer

Ich habe schon oft über ein Ziel im Leben nachgedacht. Aber irgendwie ist es immer auf die Gründung eines eigenen Unternehmens hinausgelaufen. Meine eigenen Träume habe ich leider nie begriffen. Nun ja, vielleicht waren sie auch ein wenig zu versponnen ... Ich war in der Hinsicht immer voller Zweifel. Aber dann habe ich mir einen Film angeschaut, und wissen Sie was - dort kam eine Passage vor, die mir so nahegegangen ist, dass sie bei mir einen totalen Wandel ausgelöst hat: »Manchmal bin ich gut, sehr gut sogar, aber dann wieder bin ich schlecht, so schlecht, wie ich eben will. Freiheit bedeutet Kraft. Nach dem eigenen Willen und ohne Beschränkungen zu leben, das ist eine Gabe.« Ich erkannte, dass all meine Träume - zum Beispiel Zauberer zu werden oder eine Weltreise zu machen - nur davon zeugen, dass ich frei sein will - im wahrsten Sinne des Wortes. So weit ist eigentlich alles klar. Nur wüsste ich gern noch, was für ein Dia ich dafür brauche.

Ihr Ziel ist das, was Ihr Leben in ein Freudenfest verwandelt. Freiheit ist eine begleitende Empfindung, ein untrennbarer Bestandteil dieses Freudenfestes. Denn wenn Sie Ihren Pfad durch Ihre eigene Tür gehen und Ihr eigenes Ziel verfolgen, dienen Sie sich selbst und nicht irgendjemand anderem. Hierauf beruht das Gefühl der Freiheit. Suchen Sie daher Ihren eigenen Weg. Nur von Freiheit zu träumen ohne eine entsprechende Grundlage führt zu nichts.

Es klingt vielleicht banal, aber Freiheit kann in unserer Welt nur jemand haben, *der frei ist von der Notwendigkeit,* für seinen Lebensunterhalt zu malochen. Wenn Sie Ihrem eigenen Pfad folgen, tun Sie, was Sie wollen, nicht was Sie müssen. Das Geld kommt dabei automatisch, sozusagen als Begleiterscheinung. Denn Menschen finden immer das attraktiv, woran es ihnen selbst mangelt. Die meisten Leute, die nicht ihren eigenen Weg gehen, zeigen lebhaftes Interesse an jenen, die einen solchen Weg gefunden haben, und sind bereit, für das, was jene tun, zu zahlen. Das ist ein Aspekt der Freiheit.

Aber es gibt noch etwas anderes in dem von Ihnen zitierten Text, das für Sie genau zutrifft: »Manchmal bin ich gut, sehr gut sogar, aber dann wieder bin ich schlecht, so schlecht, wie ich eben will.« Sie können Ihre Freiheit auf der Stelle haben. Nehmen Sie sich einfach das Recht, Lenker Ihrer Realität zu sein. Und das werden Sie, wenn Sie sich mit dem Transsurfing beschäftigen. Der springende Punkt ist, dass Sie das Klima in Ihrer Weltschicht selbst bestimmen. Wenn Sie wollen, nehmen Sie sich Urlaub, und wenn Sie wollen, wählen Sie Trauer. Wesentlich ist dabei, dass Sie alles bewusst tun. Sie können sogar einen Misserfolg in einen Erfolg umkehren. Dafür gibt es das Prinzip der Koordinierung der Absicht. Haben Sie den Mut, das Privileg des Lenkers zu nutzen. Dafür brauchen Sie gar keine Dias.

Ich habe folgendes Problem: Wenn ich mit meinem Mann Zoff habe, denke ich manchmal: »Das wird mir alles zu viel, ich sollte besser allein leben. Dann werde ich mir einen anderen suchen, den Mann meiner Träume, denn mit meinem jetzigen Partner halte ich es einfach nicht mehr aus.« Er ist mit allem unzufrieden, hält jeden für einen dummen Taugenichts, der ihn daran hindert, zu arbeiten und Geld zu verdienen. Und ich sage dann immer: »Dann such dir doch eine andere, wenn ich alles falsch mache.« Aber wenn ich dann morgens aufwache, denke ich: Was, wenn er eines Tages wirklich geht? Andererseits liebe ich ihn eigentlich. Er ist wirklich gut und sorgt für mich, so gut er kann. Uns erwartet eine schöne Zukunft, wie ich sie mir erträume, aber das kann noch lange dauern, denn er ist arm und auch nicht besonders helle oder zielstrebig. Und ich fürchte, dass ich keinen Besseren finde und dass ich ohne ihn mein Leben lang allein sein werde.

Sie sollten die Situation so akzeptieren, wie sie ist, denn sie ist ganz normal. Die Nivellierungskräfte lassen gegensätzliche Charaktere aufeinanderprallen, um Überschusspotenziale, wie sie Menschen mit ausgeprägter Individualität nun einmal in sich tragen, abzubauen. Paare mit zwei verschiedenen Polen sind in der Regel stabiler als »einpolige« Paare. Nehmen Sie die unvermeidlichen Konflikte leichter und toleranter. Darüber hinaus sollten Sie sich beide bemühen, die Regel des Transsurfings zu beachten: *Gestatten Sie sich, Sie selbst zu sein, und dem anderen, anders zu sein.*

Andererseits erschaffen Sie mit Ihrer negativen Denkweise eine negative Reflexion im Spiegel der Realität. Reißen Sie sich doch zusammen, und wandeln Sie mit Ihrem Willen des Lenkers Schlechtes in Gutes um: *Mit geht es gut; alles ist so, wie es sein soll, weil ich es entschieden habe.* Das ist wieder das Prinzip der Koordinierung und die andere Seite der Freiheit, von der ich weiter oben gesprochen habe.

Wenn Sie auf diese Weise die Lage akzeptieren, beruhigen Sie den Wind der Nivellierungskräfte. Und wenn Sie beschließen, dass es Ihnen hervorragend geht, ebnen Sie damit die Reflexion im Spiegel. Dann wird sich auch Ihre Realität zum Guten wandeln.

Wie kann ich der Angst entkommen? Mit kleinen Unannehmlichkeiten komme ich zurecht. Aber ich schaffe es nicht, mich von meinen großen Ängsten zu befreien. Vom Verstand her verstehe ich, dass die Angst meiner Spiegelreflexion schadet, und ich versuche, meine Panik zu bändigen. Aber selbst wenn äußerlich alles ruhig ist, leide ich unter starkem innerem Druck. Jetzt fürchte ich, dass diese Angst meiner Welt schaden kann.

Kämpfen Sie vor allem nicht gegen Ihre Angst. Aber vergessen Sie auch nicht - egal was geschieht, die Welt sorgt für Sie. Alles dauert seine Zeit. Warum wollen Sie alles sofort haben? Der Spiegel wirkt mit Verzögerung, daher dauert es eine Weile, bis Ihre Realität sich wandelt. Mit der Zeit wird sich alles regeln - vorausgesetzt Sie halten sich an das Prinzip der Koordinierung. Denn was ist die Angst eigentlich? Schlimmste Erwartungen, Bedrückung aufgrund der Umstände. In seiner Naivität meint der Verstand, er wüsste immer genau, was für ihn gut oder schlecht sei, und hält stur an seinem Drehbuch fest. Wenn etwas anders kommt als erwartet, sieht er alles in die Brüche gehen und rechnet mit dem Schlimmsten. Mit anderen Worten, alles nimmt seinen Lauf, unabhängig davon, was ich »will« oder »nicht will«. Das ist es, was Sie beunruhigt.

Das Prinzip der Koordinierung der Absicht befreit Sie von der unwillkürlichen Bedrückung durch die Umstände. Sie sind Königin Ihrer

Welt, und daher steht es Ihnen frei, eine Niederlage als Sieg zu deklarieren: Ich habe es so gewollt. Daraufhin wendet sich die Realität tatsächlich zum Guten und übertrifft nicht selten sogar alle Ihre Erwartungen. Hierbei ist die Analogie mit dem Radfahren lehrreich. Angenommen, das Fahrrad macht einen Schlenker zur Seite – Sie passen sich der Richtungsänderung an und fangen sich gleich wieder. Würden Sie hingegen ruckartig gegenlenken, so würden Sie unvermeidlich stürzen. Weisen Sie daher Ihren Verstand zurecht, sobald er »die Nase rümpft«, weil ihm eine Situation nicht passt. Wenn Sie es sich angewöhnen, das Prinzip der Koordinierung der Absicht zu befolgen, wird es in Ihrem Leben schon bald keine Gründe mehr geben, sich zu fürchten. Sie müssen nur Folgendes tun: Setzen Sie sich auf Ihr Rad und fahren Sie, wie es gerade kommt. Schlecht wäre, stehenzubleiben und nachzudenken, ob es klappen wird oder nicht.

Die Anwendung des besagten Prinzips reinigt Ihre individuelle Realität, Ihre Weltschicht, von außen. Sehr oft ist das jedoch unzureichend. Auch innere Reinheit ist erforderlich. Die innere Welt ist hauptsächlich durch zwei Komplexe verunreinigt, an denen jeder mehr oder weniger zu leiden hat: das Gefühl der Schuld und das der Unvollkommenheit. Es ist nicht so leicht, diesen Schrott loszuwerden; dazu sind konkrete Handlungen nötig: Sie müssen aufhören, sich zu rechtfertigen und Ihre Bedeutsamkeit zu schützen. Warum das so ist, dürfte Ihnen aus der Buchreihe *Transsurfing* bekannt sein. Die Koordinierung der Wichtignahme reinigt die Innenwelt.

Sie können außerdem noch das erste Prinzip des Freiling hinzufügen: Geben Sie Ihre Absicht auf, etwas zu bekommen, und ersetzen Sie sie mit der Absicht zu geben; dann werden Sie genau das bekommen, auf das Sie verzichtet haben. In Situationen des persönlichen oder gesellschaftlichen Umgangs werden Sie all das erreichen, was Sie sich wünschen – und das, ohne auch nur darauf aus zu sein. Dazu brauchen Sie bloß Ihre Absicht anzupassen: Ersetzen Sie einfach »ich bekomme, was ich will« mit »ich gebe, was ich kann«. Praktisch alle Schwierigkeiten, wie sie in zwischenmenschlichen und geschäftlichen Beziehungen aufkommen, werden so eliminiert, und es gibt viel weniger Gründe zur Beunruhigung.

Diese beiden Prinzipien – die Koordinierung der Wichtignahme und Freiling – gewähren Ihnen das, was viele erstreben, aber nur einige wenige haben: das Gefühl innerer Freiheit. Dieses Gefühl kommt in einem Menschen auf, der über innere Fülle und Selbstgenügsamkeit verfügt und der gemäß seinem eigenen Credo lebt. Wer in sich selbst keinen Halt findet, sucht danach im Außen. Als Antwort auf diese Suche gibt es ein reiches Angebot an Pendeln: Häng dich dran und schwinge! Wer in sich selbst Halt findet, wird zu einer Achse, um die die Welt sich zu drehen beginnt.

Ist Transsurfing nicht eine Art Betrug? Nicht in dem Sinne, dass es nicht funktioniert – Resultate gibt es ja durchaus –, sondern darin, dass ich manchmal das Gefühl habe, ich würde ETWAS betrügen.

Ich habe vor einigen Tagen meine Zwischenprüfung absolviert. Dennoch: Zu sagen, dass ich sie absolviert habe, ist eigentlich nicht ganz richtig. Es ist mir einfach gelungen, ein Dia zu realisieren. Alles hat sich genauso abgespielt wie im Dia, sogar der Lehrer hat mir in gleicher Weise zugewinkt. Ich habe das

Gefühl, dass ich entweder die Ereignisse überholt habe oder dass ich Gott betrüge oder ... weiß der Geier!

In Ihrer Transsurfing-Serie schreiben Sie: »Die Magier der Antike erreichten eine solche Vollkommenheit, dass sie ohne magische Rituale auskamen. Natürlich entstand durch eine solche Macht ein gewaltiges Überschusspotenzial. Deshalb wurden Zivilisationen von der Art der Atlanter, die das Geheimnis der äußeren Absicht entdeckt hatten, von den Nivellierungskräften zerstört.«

Angenommen, ich würde dieses Wissen besitzen, werden mich dann die Nivellierungskräfte auch zerstören?

Sie betrügen nichts und niemanden. Sie lenken Ihre individuelle Realität, Ihre eigene Weltschicht. Eigentlich sollte Sie das freuen, doch Sie fürchten sich. Die Angst vor der eigenen Kraft ist das schwerste Hindernis bei der Beschäftigung mit dem Transsurfing.

Die Magier der Antike waren offenbar nicht auf die Errichtung der Pyramiden begrenzt, sondern schufen Dinge, die für die äußere Welt noch wesentlich greifbarer waren. Wenn eine Zivilisation eine bestimmte Stufe der Macht erreicht – egal ob in technologischer oder psychischer Hinsicht, zerstört sie sich selbst. Die feindliche Energie, die von den Pendeln oder vom Menschen auf die äußere Welt gerichtet wird, kehrt wie ein Bumerang zurück und vernichtet die aggressive Quelle.

Doch von den alten Magiern sind wir weit, weit entfernt. Deshalb brauchen Sie sich vor den Nivellierungskräften nicht zu fürchten – Sie werden Ihnen nichts antun. Durch Transsurfing lernen Sie, Ihre eigene

Weltschicht zu gestalten. Solange Sie dabei nicht in fremde Schichten eingreifen, das heißt, solange Sie Ihre Absicht nicht zum Schaden eines anderen einsetzen, werden Sie kein Gleichgewicht stören. Jeder hat ein Recht auf seine individuelle Realität. Und anstatt sich mit sinnloser Selbstanalyse zu beschäftigen, sollten Sie sich ein Beispiel an Kindern nehmen, für die das Transsurfing einfach und natürlich ist - wie aus folgendem Brief ersichtlich.

> *Meine Tochter haut mich einfach aus den Socken. Als ich ihr von den Wundern des Transsurfings erzählt hatte, stellte sie sich vor, sie sei eine Zauberin, und sobald sie sich an etwas erinnerte und es sich wünschte, wurde es sehr schnell Realität. Das ist ja wohl eine schöne Sache. Doch was soll ich davon halten, wenn sie ihre Hausaufgaben nicht gemacht hat und sich dann wünscht, dass die Lehrerin nicht kommt - und die Lehrerin kommt dann tatsächlich nicht? Sollte ich mich da einschalten (sie ist dreizehn), oder soll ich sie in ihrer eigenen Welt walten lassen?*

Natürlich werden sich die Kinder von selbst zurechtfinden; sie haben nämlich den großen Vorteil, dass sie die Dummheit der Erwachsenen nur unvollständig übernommen haben. Machen Sie ihr nur klar, dass sie ihre Absicht nicht destruktiv einsetzen soll.

Im Allgemeinen ist es besser, weniger über die Theorie des Transsurfings nachzudenken und dafür umso kühner zu handeln. Als Beispiel möchte ich den folgenden Brief anführen, aus dem ersichtlich ist, dass jemand sich nicht mit eitlen Gedanken abplagt, sondern einfach das Leben genießt.

Ich danke Ihnen! Meine Welt ist aufregend und schön, und mit jedem Tag wird alles besser! Und alles geht so schnell! Jeden Tag bin ich freudig erstaunt! Es ist ganz, ganz toll, Zauberin zu sein!

Gewöhnlich veröffentliche ich keine begeisterten Leserbriefe, im Gegenteil, ich gebe mir alle Mühe zu zeigen, wie »gleichgültig« sie mir sind. Im Vertrauen möchte ich Ihnen jedoch verraten, dass ich, wie wohl alle Autoren, in Bezug auf Lesersympathien ein unverbesserlicher, vollständiger, hoffnungsloser Bettler bin. Dass ich viele solche Briefe bekomme, freut mich ungemein. Freilich kommt es auch vor, dass mir ein zorniges Brüllen und Zischen entgegenschlägt. Doch wenn auch nur einer durch das Lesen dieses kleinen Büchleins (das alles andere als vollkommen ist) ein wenig Glück in seinem Leben erfährt, wird dies den negativen Schwall aller Kritiker zusammengenommen bei weitem aufwiegen.

DAS KORRIGIEREN DER REALITÄT

Die Feiertage sind vorbei. Nach so vielen Tagen Erholung und Spaß mag für einige ein schwarzer Streifen am Horizont erscheinen. So geschieht es recht häufig, wenn man die Realität nicht unter Kontrolle hat. Es gelingt nicht immer, den Feiertag in sich zu tragen. Aber lassen Sie es nicht zu, dass Ihre Weltschicht in finstere Regionen des Variantenraumes abdriftet. Was auch immer geschieht, Sie kennen ja das Prinzip der Koordinierung der Absicht - das Universalwerkzeug, mit dem sich jede auch noch so verfahrene Situation korrigieren lässt. Das klingt so:

Wenn Sie sich vornehmen, ein scheinbar negatives Ereignis positiv zu sehen, dann wird es das auch sein.

Wie Sie wissen, ist der Dualismus eine unvermeidliche Eigenschaft dieser Welt. Für alles gibt es ein Gegenteil: Licht und Finsternis, schwarz und weiß, positiv und negativ und so weiter. Jedes Gleichgewicht in der Natur kann entweder zur einen oder zur anderen Seite kippen. Wenn Sie auf einem Balken balancieren und zu einer Seite schwanken, so heben Sie den Arm auf der anderen Seite, um das Gleichgewicht wiederherzustellen. Für jedes Ereignis auf unserer Lebenslinie gibt es zwei Abzweigungen: eine positive und eine negative. Jedes Mal, wenn Sie mit dieser oder jener Situation konfrontiert werden, treffen Sie eine Entscheidung, wie Sie sich verhalten werden. Wenn Sie das Ereignis positiv betrachten, werden Sie auf eine günstige

Abzweigung Ihrer Lebenslinie geraten. Viel öfter geschieht es jedoch, dass die Neigung zur Negativität einen Menschen zwingt, seine Unzufriedenheit zu äußern und die ungünstige Abzweigung zu wählen.

Der Mensch ist schon vom Morgen an beim geringsten Anlass verstimmt. Das geht dann immer so weiter, bis der ganze Tag zu einer einzigen Reihe von Unannehmlichkeiten wird. Sie kennen das sicher aus eigener Erfahrung: Sobald man wegen einer Kleinigkeit die Nerven verliert, folgt die dramatische Entwicklung eines negativen Drehbuchs. Kaum hat man sich über etwas aufgeregt, kommt auch schon die nächste Unannehmlichkeit. Daher sagt man auch: »Ein Unglück kommt selten allein.« *Aber die Kette von Unannehmlichkeiten entsteht nicht aus dem ersten Unglück selbst, sondern aus unserer Einstellung zu ihm!* Die Gesetzmäßigkeit wird durch unsere Auswahl an der Weggabelung aktiviert. Sobald Sie sich über eine Kleinigkeit aufgeregt haben, strahlen Sie bereits geistige Energie auf der Frequenz der ungünstigen Abzweigung aus. Dazu erzeugt Ihre negative Einstellung ein Spannungspotenzial, das Ihre Absichtsenergie anzapft, worauf Sie bereits ineffizient handeln, und schon stoßen Sie auf eine neue, noch größere Unannehmlichkeit.

Stellen Sie sich nun ein anderes Drehbuch vor. Sie werden mit einem bedauerlichen Umstand konfrontiert. Sie vermeiden es, überstürzt in eine negative Haltung zu schliddern, und reagieren stattdessen primitiv wie eine Auster. Sie stellen sich positiv auf das Ereignis ein und tun so, als würde es Sie erfreuen. Sie versuchen, in dem bedauerlichen Vorfall einen positiven Kern zu sehen. Selbst wenn Sie nicht fündig werden, sind Sie dennoch guter Dinge. *Sie nehmen die »idiotische« Gewohnheit an, sich über Misserfolge zu freuen.* Das ist viel lustiger, als sich bei jedem Anlass zu ärgern. Sie werden bald sehen, dass Ihnen

Unannehmlichkeiten eigentlich in die Hand spielen. Und selbst wenn dies nicht der Fall sein sollte, können Sie sich sicher sein: Dank Ihrer positiven Einstellung finden Sie sich plötzlich auf einer günstigen Abzweigung wieder und haben weitere Unannehmlichkeiten vermieden.

Die Koordinierung ist die wirksamste Art der Fortbewegung im Variantenraum. Sie begegnen jedem Ereignis positiv und nehmen so stets die günstigste Abzweigung. Immer öfter geraten Sie auf eine Erfolgswelle. Sie schweben nicht in den Wolken, sondern Sie handeln absichtlich und bewusst. So reiten Sie auf der Erfolgswelle.

Doch wenn jemand in Not ist oder an Depressionen leidet, ist ihm meist nicht nach Transsurfing zumute. Nicht selten bekomme ich Briefe mit der Bitte um Hilfe in einer Notlage. Wir wollen uns zwei ganz typische Briefe herausnehmen.

> *Wenn ein geliebter Mensch dem Tode nahe ist oder krank wird, so muss es doch möglich sein, das aufzuhalten, jedenfalls glaube ich fest daran. Aber wie soll ich das genau tun? Mir ist ein großes Unglück geschehen - meine Mutter ist querschnittsgelähmt. Ich kann jetzt meine Wichtignahme nicht herabsetzen. Ich bin vierundzwanzig Stunden im Krankenhaus, auch wenn das dem Ärztepersonal nicht passt. Ich bemühe mich, Dias zu erstellen von der Zeit, als ich mit ihr im Sommer 2005 durch die Straßen von St. Petersburg ging.*

Ich möchte jetzt darauf verzichten, Ihnen meine Anteilnahme auszusprechen und Sie zu beruhigen, da ich weiß, dass Sie das entweder nicht brauchen oder davon nichts haben. Daher will ich gleich zur

Sache kommen. Ihre Frage ist: »Wenn ein geliebter Mensch dem Tode nahe ist oder krank wird, so muss es doch möglich sein, das aufzuhalten, jedenfalls glaube ich fest daran. Aber wie soll ich das genau tun?«

Die Antwort ist die, dass Sie genau das Gegenteil von dem tun sollten, was Sie gerade tun. Erstens: Sie leiden mit voller Kraft, und damit verschlimmern Sie noch den Zustand Ihrer Mutter. Wahrscheinlich denken Sie, wie alle anderen »normalen« Menschen auch, dass Kummer über das Unglück eines nahestehenden Menschen normal sei. Doch durch Ihr Leid programmieren Sie auf effektivste Weise eine Verschlechterung der Lage.

Zweitens bemühen Sie sich als »normaler« Transsurfer - wieder mit voller Kraft -, ein Dia zu visualisieren. Damit rufen Sie die Nivellierungskräfte herbei, die alles nur noch schlimmer machen.

Was Sie tun können? Hören Sie auf zu leiden, geben Sie Ihre Bemühungen auf, etwas zu ändern, und lassen Sie los, bis Sie sich beruhigen. Wenn Sie einigermaßen zur Ruhe gekommen sind, können Sie es sich zur Regel machen, jeden Tag eine halbe Stunde lang ein Dia zu visualisieren, auf dem es Ihrer Mutter besser geht. Wenn Sie das systematisch und ruhig tun, ohne sich übermäßig abzumühen, wird tatsächlich eine Besserung eintreten.

> *Ich habe den Zustand der Ganzheit und der inneren Freude verloren. Ich versuche, mich an diesen Zustand zu erinnern, aber es klappt nicht. Mir schwirren viele verworrene Gedanken im Kopf herum, aber eine vollendete Vorstellung will nicht aufkommen. Das macht mir zwar keine panische Angst, aber dieser*

Zustand gefällt mir überhaupt nicht. Was kann ich in dieser Situation tun? Ich weiß, was ich will: innere Überzeugung, seelischen Komfort und Freude.

Sie müssen die Realität korrigieren, indem Sie Ihre Weltschicht aus dem jetzigen trüben Wolkengebiet in ein klares Gebiet des Variantenraumes überführen. Wie stellen Sie das an?

Es gibt hierfür ein ebenso einfaches wie geniales Rezept. Wie kann man ein weinendes Kind beruhigen? Eine simple Aufforderung wird nicht helfen. Sie müssen mit ihm basteln, ihm Anteilnahme und Aufmerksamkeit schenken. Wenn es Ihnen schlecht geht, kann man auch sagen, dass Ihr inneres Kind weint. Kümmern Sie sich um es. Trotz der Tatsache, dass viele von uns ernst, seriös oder eisenhart dreinschauen, bleiben wir innerlich Kinder. »Fahren Sie Karussell!« - mit anderen Worten, gönnen Sie sich etwas, was Ihnen großen Spaß macht. Nehmen Sie sich für die Korrektur der Realität eine besondere Auszeit, in der Sie sich einfach nur erholen, ohne an Probleme zu denken. Sagen Sie sich: *»Heute gehe ich mit meiner Welt spazieren!«* Der Zeitaufwand lohnt sich, denn Ihre Weltschicht muss gereinigt werden - vieles hängt davon ab. Kaufen Sie sich Ihre Lieblingsdelikatesse: »Iss, meine Gute, iss und genieße.« Widmen Sie sich den ganzen Tag Ihrem Vergnügen. Sorgen Sie für sich, legen Sie sich behutsam ins Bett: »Schlaf, meine Gute, deine Welt wird sich um alles kümmern.«

Am nächsten Tag werden Sie, sofern Sie nicht zu faul waren, das Prinzip der Koordinierung zu beherzigen, spüren, wie Ihre Umgebung eine immer wärmere, behaglichere Tönung annimmt - Ihre Weltschicht tritt aus dem trüben Wolkengebiet heraus.

Die Stille der Ewigkeit

Es hat in meinem Leben eine Episode gegeben, die den Ideen des Transsurfings zu widersprechen scheint. Wir haben drei Kinder, und daher gibt es immer viel zu waschen. Lange Zeit hatte ich eine große, halbautomatische Waschmaschine. Später wurden dann vollautomatische Waschmaschinen angeboten. Ich wunderte mich jedoch über die Leute, die den hohen Preis dafür bezahlten. Erstens wusch meine Maschine recht gut. (Allerdings war für jeden Waschgang ein manueller Wasserwechsel nötig, und so ist es öfter geschehen, dass das Wasser überlief, wenn ich aus der Küche ging und vergaß, das Wasser abzudrehen.) Und zweitens war ich davon überzeugt, nie im Leben das Geld für eine Maschine mit Vollautomatik aufbringen zu können. So ein Gerät kostet immerhin zwischen 7000 und 10.000 Rubel, und wir hatten gerade einmal 3000 Rubel beiseitegelegt, wovon das meiste ohnehin für andere Zwecke bestimmt war. Eines Tages ging dann die Maschine kaputt, und mein Mann konnte sie nicht reparieren. Mal musste ich dann die Bettwäsche für die ganze Familie mit der Hand waschen, mal war ich zu erschöpft zum Waschen, und so beschlossen wir schließlich, eine neue Waschmaschine zu kaufen. In der Fabrik, in der wir arbeiteten, gab es ein Geschäft für Haushaltsgeräte, und dort bekamen wir für unsere 3000 Rubel eine neue vollautomatische Waschmaschine. Zusätzlich wurden mir und meinem Mann in verschiedenen Monaten noch 2000 Rubel vom Gehalt abgezogen. Als dann die Maschine bei uns zu Hause stand und ich sie das erste Mal benutzte, erkannte ich, was für eine Erleichterung sie für mich bedeutete. Ich habe kein Dia visualisiert, hatte auch kein Geld und machte eigentlich alles anders, als es in Ihren Büchern erklärt ist, und dennoch habe ich mein Ziel erreicht. Wie ist das zu erklären?

Ihre Geschichte ist kein Widerspruch zum Transsurfing, sondern eine Bestätigung. Das vorliegende Beispiel zeigt, wie der Verstand, wenn er über die Mittel der Errungenschaft des Ziels nachdenkt, das Ziel ablehnt: »Wir haben nicht genug Geld. Wir müssen irgendwie auch so auskommen.« Doch war nicht irgendwo in der Seele der Wunsch nach einer neuen Waschmaschine vorhanden? Obwohl der Verstand sich der Anordnung der Seele widersetzte, gewann sie schließlich doch die Oberhand und bekam ihr Spielzeug. Und dafür brauchte sie sich nicht unbedingt mit der Visualisierung eines Dias zu beschäftigen. Glauben Sie wirklich, dass man für die Erfüllung seiner Wünsche irgendwelche Manipulationen betreiben oder Rituale abhalten muss? Es reicht schon die Übereinstimmung von Seele und Verstand. Das Problem ist nur, dass der Verstand nicht an die Realität des Ziels glaubt oder seinen eigenen Plan zum Erreichen des Ziels hat und sich naiverweise für allwissend hält. Als Folge davon erlaubt der Mensch seinen Zielen nicht, realisiert zu werden.

Wenn Sie nicht an das fehlende Geld gedacht hätten, sondern Ihren Verstand davon überzeugt hätten, dass alles nur eine Frage seines Einverständnisses war, wäre das Ganze viel billiger geworden.

Wie? Das weiß niemand, weder Sie noch ich. Es ist auch völlig unbedeutend. Wenn der Verstand zustimmt, das Spielzeug zu bekommen, das die Seele sich wünscht, und aufhört, über die Mittel nachzudenken, werden sie auftauchen. Wenn man ein solches Einverständnis nicht bekommt, sollte man die Technik des Dias anwenden – mit anderen Worten: die Festung durch Belagerung einnehmen.

Wie Sie sehen, muss ich die gleichen Gedanken immer noch einmal wiederholen, auch wenn es bereits in meinen Büchern nachzulesen ist und auch wenn im Internetforum schon oft darüber gesprochen wurde. Das Geheimnis der Magie ist hierbei sehr einfach; es liegt an der Oberfläche und verbirgt sich nicht hinter dem Schleier irgendwelcher Rituale. Aber mit einer trivialen Weltauffassung ist diese einfache Wahrheit nicht zu begreifen, und so kommt es, dass die Wünsche und Träume der meisten Menschen unerfüllt bleiben.

Die Konzentration der Aufmerksamkeit führt zur Materialisierung einer potenziellen Möglichkeit, von denen es im Variantenraum unendlich viele gibt. Sie empfehlen, auf den Lebenslinien in der Horizontale zu gleiten. Gibt es auch die Möglichkeit, in der Vertikale zu gleiten, das heißt in die Vergangenheit oder in die Zukunft?

Wenn Sie sich den Weg, der von der materiellen Realisierung im Variantenraum beschritten wurde, als einen abgespielten Kinofilm vorstellen, so können Sie nicht zu jenen Bildern zurückkehren, die schon »vorbei« sind, da das gegen das Ursache-Wirkungs-Prinzip verstoßen würde. Aber in der Vergangenheit auf einen Weg zu geraten, der noch nicht beschritten wurde, das sollte dem Kinofilm theoretisch möglich sein. Wie man das aber hinbekommt, weiß ich nicht. Was die Zukunft betrifft, so können Sie diese oder jene Variante mithilfe der Visualisierung materialisieren. Über sonstige Zeitreisen zu fantasieren ist meines Erachtens sinnlos.

Gibt es eine Möglichkeit, visuell zu überwachen, ob die Absicht wirkt oder nicht? Oder lässt sich das nur mithilfe der Transaktion erreichen?

Die *Transaktion* erlaubt es, eine Bewegung im Variantenraum wahrzunehmen, wenn die Tönung der Bühnenbilder sich ändert und so eine Bewegung andeutet. Dieses Phänomen wird in *Transsurfing 3. Vorwärts in die Vergangenheit* ausführlich beschrieben. Im fünften Band, *Die Realität auf den Kopf gestellt,* wird eine weitere hochinteressante Erscheinung besprochen. Wird die Visualisierung des Zieldias intensiv genug ausgeübt, so dass die individuelle Weltschicht sogenannte *Transitzonen* des Variantenraums durchläuft, dann entstehen in der Realität lokale Störungen - es geschieht etwas Außergewöhnliches. Der starke Impuls geistiger Energie hat eine merkliche Einwirkung auf die Realität, wobei auf ihr, wie auf einem Teich, »Ringe entstehen« - zum Beispiel begegnet man auf einmal ungewöhnlich vielen Leuten mit seltsamem Erscheinungsbild. Solche Effekte sind tatsächlich optisch wahrnehmbar.

Doch letztlich ist es immer wichtiger, nicht auf den Prozess zu schauen, sondern auf das Resultat. Da der Spiegel der Welt mit Verzögerung reagiert, ist es ohnehin nicht möglich, eine »Bildentwicklung« mit eigenen Augen zu beobachten. Nur im Traum entwickeln sich die Ereignisse flink, indem sie plastisch dem Gedankengang des Träumenden folgen, gemäß dessen Befürchtungen und Erwartungen. Die Wirklichkeit ist, verglichen mit dem Traum, zähflüssig wie Harz. Man kann sagen, das Wachsein ist ebenfalls ein Traum, aber nur zu fünfzig Prozent. Warum?

Die Realität - oder besser gesagt das, was wir darunter verstehen - hat eine duale Natur. In unserer Welt haben alle primären, das heißt alle nicht abgeleiteten Objekte und Eigenschaften ein Gegenteil: positiv und negativ, weiß und schwarz, physisch und metaphysisch. Ganz allgemein gesprochen, ist eine Hälfte der Realität die materielle Welt und die andere ist der Variantenraum, der jenseits unserer Wahrnehmung liegt.

Die zweite Seite des dualen Spiegels enthält die gesamte Ewigkeit - es gibt dort alles, was es in der materiellen Welt nicht gibt, aber geben könnte. Unsere Vorstellungen von der Unendlichkeit von Raum und Zeit sind durch jenen sichtbaren Abschnitt der Trajektorie begrenzt, dem die materielle Realisierung im Variantenraum folgt. Auf jener Seite des dualen Spiegels verläuft das Leben des Menschen in seinen Träumen - es gibt dort nichts, was unmöglich ist. Hier, auf unserer Seite des Spiegels, ist der Ort für all das, was wir unter der »echten Wirklichkeit« verstehen. Doch für den Menschen, vom Gesichtspunkt seiner Fähigkeit, die Ereignisse zu beeinflussen, aus gesehen, ist alles - das Hier wie das Dort - ein und derselbe Traum. Der Unterschied zwischen der metaphysischen und der physischen Realität besteht in der Trägheit der letzteren. Für die Realisierung virtueller Möglichkeiten ist Zeit erforderlich, in deren Verlauf die Ewigkeit sich ruhig verhält - es scheint, als ob nichts geschehe.

Daraus folgert der Mensch, der es gewohnt ist, eine augenblickliche Reaktion auf seine Handlungen zu sehen, dass nichts geschehen wird. Daraufhin hält der Traum mit offenen Augen an - vom Schlafe erwacht, bleibt der Mensch nach wie vor ein Spielball in den Händen der Umstände.

Wie kann man nun aus diesem Traum mit offenen Augen erwachen? Dafür ist es, wie im gewöhnlichen Traum, erforderlich, sich seiner Fähigkeit bewusst zu werden, den Verlauf des Traums zu lenken. Was ist mit dieser Bewusstwerdung gemeint? Einfach dem Verstand klarzumachen, dass dies möglich ist. Sie müssen sich damit abfinden, dass Sie mit eigenen Augen nicht verfolgen können, wie die Absicht wirkt. Das Ergebnis wird später sichtbar werden, aber nur dann, wenn Sie einverstanden sind, blindlings zu handeln. Es gilt, die Trägheit der materiellen Realität zu berücksichtigen und die Aufmerksamkeit lange genug mit steter Beharrlichkeit auf Ihr Ziel zu fixieren. Columbus hätte Amerika nie erreicht, hätte er nicht den Test der Stille toleriert.

Wir haben uns daran gewöhnt, dass wir auf die physische Realität nur unmittelbar einwirken können, durch unsere innere Absicht und indem wir im Rahmen unserer begrenzten Fähigkeiten handeln. Doch wenn wir verstehen, wie der duale Spiegel funktioniert, können wir anders handeln, indem wir mithilfe der äußeren Absicht die metaphysische Realität in materielle Formen überführen. Mit anderen Worten, wir können etwas kreieren, was es bislang noch nicht gibt, indem wir den entsprechenden Sektor des Variantenraums mit gezielter geistiger Energie realisieren.

Für die Materialisierung einer Vorstellung sind eine bestimmte Zeitspanne und eine zielgerichtete Konzentration der Aufmerksamkeit erforderlich. Wünsche gehen nicht in Erfüllung, Träume bleiben Schäume - was in Wahrheit realisiert wird, ist ein geistiges Bild, das aus der Einheit von Seele und Verstand geboren wird, oder eine unumstößliche Absicht. Wenn die Seele ein Ziel anstrebt, aber der Verstand an der Realisierbarkeit zweifelt oder an die Mittel zum Erreichen des Ziels denkt, dann zerfällt das geistige Bild, und der Spiegel kann keine Reflexion aufbauen. Wenn in ähnlicher Weise der Verstand zu einem Entschluss gekommen ist, bei dem er scheinbar alles vorausberechnet und begründet hat, während das Herz unruhig und bedrückt ist, ergibt sich ein unscharfes Bild.

Um Seele und Verstand zur fokussierten Einheit zu bringen, muss man sein eigenes Ziel suchen - ein Weg, auf dem es keine Widersprüche gibt zwischen dem Diktat des Herzens und der Realität des Lebens. Wenn jemand *nicht seinem eigenen* Weg folgt, besteht normalerweise eine Diskrepanz zwischen dem Wunsch und der Fähigkeit zur Umsetzung. In diesem Fall ist für die Erfüllung des Wunsches eine unumstößliche Absicht erforderlich, nämlich die systematische Arbeit mit dem Zieldia. Dabei ist aber zu beachten, dass die Absicht nicht die Anspannung aller Kräfte ist, sondern die *Konzentration der Aufmerksamkeit*.

Die Materialisierung eines Sektors des Variantenraums erfolgt nur dann, wenn lange genug eine erhöhte konzentrierte geistige Energie aufgebracht wird. Würde jede beliebige Idee, die mir durch den Kopf schießt, sogleich umgesetzt werden, dann hätten wir ein totales Chaos. Wenn Sie ein Spiegelbild Ihrer Gedanken sehen möchten, dann müssen

Sie Ihre Aufmerksamkeit fokussieren und mit gleicher Konsequenz handeln. Und arbeiten Sie einfach regelmäßig mit dem Zieldia - das ist alles.

Zunächst einmal müssen Sie sich mit der Tatsache abfinden, dass sich in der Realität nichts ändert. Das bedeutet aber nicht, dass nichts geschieht. Vergessen Sie nicht, dass der duale Spiegel eine verzögerte Reaktionszeit hat. Nach und nach wird in der Reflexion all das sichtbar, was Ihrer Absicht entspricht. Und ich wiederhole: *Die Hauptsache ist, dass Sie mit stetiger Beharrlichkeit handeln und dabei das Prinzip der Koordinierung beachten.* Merken Sie sich: Wenn Sie der Welt Ihre unwiderrufliche Absicht verkünden, wird sich früher oder später eine Tür öffnen - ein Zufall, der es Ihnen ermöglicht, Ihre Pläne umzusetzen. Der Verstand ahnt zunächst nichts vom Vorhandensein solcher Türen, doch wenn sie sich dann öffnen, wird er sich davon überzeugen können, dass das, was zuvor unmöglich erschien, völlig real ist.

Wenn immer neue Beweise für die Wirksamkeit der Arbeit mit der Absicht auftauchen, wird der Verstand allmählich Vertrauen fassen, und so wird die Diskrepanz zwischen dem Wunsch und der Möglichkeit seiner Erfüllung beseitigt, das Bild wird schärfer und im Spiegel der Realität tauchen greifbare Merkmale des gewünschten Zieles auf. Der Glaube an die Erfüllung der Wünsche ist nicht nötig. Was nötig ist, ist eine konkrete systematische Bemühung. Was auch rundherum geschieht - selbst wenn alles zu Staub zu zerfallen scheint -, Ihre Aufmerksamkeit sollte auf das Erlangen des Ziels gerichtet sein. Wenn Sie echte Veränderungen sehen, wird sich auch der Glaube einstellen. Doch bis dahin werden Sie noch eine Weile »mit verbundenen Augen«

gehen müssen. Es ist wie im Märchen: Drehst du dich um ... nein, zu Stein werden werden Sie wohl nicht, aber Sie werden nichts bekommen - das ist sicher. Wer *das Schweigen der Ewigkeit* ertragen kann, wenn sein Ziel am Horizont auf sich warten lässt, der wird sein Amerika erreichen.

Die Kraft der Träume

Sie schreiben, der Mensch habe nur ein Schicksal, von dem es aber viele Varianten gebe. Was ist dann die Bedeutung von »Schicksal«, wenn es davon mehrere Varianten gibt? Und wenn Varianten nur verschiedene Bühnenbilder ein und derselben Ereignisse sind, was sind das dann für »Varianten«? Das ist doch bloß eine andere »Hülle«, die ... mir fällt jetzt gerade kein passendes Wort ein. Das Hauptszenario bleibt ja unverändert. Sagen wir, jemand hat das Schicksal, das ganze Leben einsam zu sein - was für Varianten stehen ihm dann noch zur Auswahl?

In der Frage des Schicksals gehen die Meinungen in der Regel auseinander. Einige glauben, das Schicksal liege in den Händen des Individuums. Andere sind der Ansicht, alles sei vorherbestimmt. Wieder andere gehen noch weiter und betrachten das Schicksal als ein Los, das dem Menschen von oben zugeteilt wird, als Folge seiner Handlungen in einem vorangegangenen Leben. Welche dieser Ansichten kommt der Wahrheit am nächsten?

Jede von ihnen. All diese Ansichten sind richtig, und zwar sogar in gleichem Maße richtig. Wie sollte es auch anders sein in einer Welt, die ein Spiegel ist? Jeder, der vor ihm steht, erhält eine Bestätigung des Bildes seiner Gedanken. Es ist sinnlos, den Spiegel zu fragen, ob es mir bestimmt war, in der Reflexion ein trauriges oder fröhliches Gesicht zu sehen. Einerseits wird in dem Weltenspiegel das reflektiert, was ist, doch andererseits werde ich so sein, wie ich mich zu sehen wünsche. Daher ist das Schicksal eine Frage der Wahl: Sie suchen sich selbst aus, ob Sie ein vorherbestimmtes oder ein freies Schicksal bevorzugen. Es hängt also von Ihrer Überzeugung ab: Was Sie wählen, das bekommen Sie auch.

Wenn man davon überzeugt ist, dass das Schicksal prädestiniert ist und man ihm nicht entkommen kann, dann wird tatsächlich ein vorherbestimmtes Szenario realisiert. Im Variantenraum gibt es einen Strom, der unser Lebensschiff vorantreibt, wenn wir es den Wellen anvertrauen. Der »Verdammte« schlottert in seiner Infantilität und blickt ehrfürchtig zum Himmel auf, von dem es Schicksalsschläge hagelt: »Oh, die Macht der Vorsehung! Oh, die strafende Hand des Schicksals!« In Wirklichkeit ist dein Schicksal nicht in Stein gemeißelt, vielmehr ist dir auf die Stirn gemeißelt, dass du ein Volltrottel bist, der in die Gewalt eines unbewussten und sehr einfältigen Traumes geraten ist, zu dem er sich selbst verdammt hat.

Diese lächerliche Unwissenheit kann nicht nur das Leben Einzelner zerstören, sondern das ganzer Zivilisationen. Denken Sie jetzt, ich übertreibe? Mitnichten, wenn Sie nur einmal an den Untergang des mächtigen Inkareichs denken, dessen Entwicklungsstand mit dem alten Rom vergleichbar ist. Als die spanischen Eroberer – nur einhundertsiebzig Mann (!) – an ihrer Küste landeten, mussten sie es mit einem Heer von vierzigtausend Inkas aufnehmen. Als die Konquistadoren die gewaltige Streitmacht erblickten, waren sie starr vor Schreck – viele machten sich sogar buchstäblich in die Hose. Doch dann geschah etwas Unbegreifliches.

Die verzweifelten Spanier stürzten sich mit ihren Schwertern auf die indianischen Krieger, doch die wagten es nicht einmal, zu ihrer Verteidigung zu den Waffen zu greifen. An jenem Tag metzelten die Eroberer in einem Blutrausch siebentausend Mann nieder. Die Spanier drangen ungehindert in die weiten Territorien der Inkas ein und taten alles, wozu nur Brutalität und Gier in der Lage sind. Alle goldenen Kunstwerke der »zivilisierten« Barbaren schmolzen sie ein und gossen daraus Barren. Eine Kultur, die sich über Jahrtausende entwickelt hatte, wurde vollständig zerstört.

Wie war das möglich? Warum ließen die hochzivilisierten Inkas sich von einer Handvoll gieriger Vandalen vernichten? Weil dieses Volk »zu viel wusste«. Gründliche Kenntnisse der Astronomie hatten sie in Astrologie umgewandelt - oder sagen wir besser: verdreht. Nach den Prognosen der Priester sollte der Tag kommen, an dem ein paar Außerirdische den Untergang des Inkareiches besiegeln würden. Und dieser Tag war nun gekommen. Doch die »gebildeten Ignoranten« waren so überzeugt von ihrem Wissen, dass sie nicht einmal auf den Gedanken kamen, Widerstand zu leisten, sondern sich in das vermeintlich Unvermeidliche fügten. Als eines der mächtigsten Völker Amerikas hätten sie diese vermessenen Räuber mit Leichtigkeit überwinden können. Die Eroberer waren ja nicht in der Lage, auf die Schnelle Verstärkung zu holen. Das Ende der Inkas war ihr Glaube an die unvermeidliche Zukunft. Glaube - an was auch immer - ist niemals ein Irrtum, sondern eine getroffene Wahl, die dann realisiert wird. Sie konnten ihr Schicksal frei wählen, hatten sich aber für die Vorhersehung entschieden. Schade, nicht wahr?

Sobald jemand sein Schicksal in die eigene Hand nimmt, verlieren die Umstände sogleich die fatale Eigenschaft der Unvermeidlichkeit. Ein

Boot kann sich in jede beliebige Richtung wenden von dem Schicksal, das vorherbestimmt scheint. Um es ganz einfach auszudrücken: Das Leben ist wie ein Fluss. Wenn Sie selbst rudern, können Sie Ihre Richtung selbst bestimmen; aber wenn Sie sich der Strömung überlassen, haben Sie keine Wahl. Ein Beispiel: Wenn Sie Karma wollen, bekommen Sie auch Karma. Wenn Sie denken, Ihr Schicksal hinge von irgendwelchen gnadenlosen Umständen oder von Ihren eigenen Fehlern in früheren Existenzen ab, dann realisieren Sie damit genau die entsprechende Variante. Es ist Ihr Wille, denn Sie sind ein Kind Gottes. Wenn Sie aber Lenker Ihres Schicksals sein wollen, so steht auch das in Ihrer Macht. Der duale Spiegel ist mit allem einverstanden. Die Frage ist nur, ob Sie ihn auch handhaben können.

Sagen Sie mir bitte, was ich tun soll. Ich schaffe es nicht, mein Ziel zu definieren.

Das Ziel wird letztlich vom Verstand bestimmt. Der Verstand ist typischerweise bestrebt, auf logischem Wege ein Ziel zu suchen. Das ist ein Fehler. Die Aufgabe des Verstandes ist es nicht, ein Ziel zu suchen, sondern es mit der Zeit zu erkennen. Die Seele kann das Ziel selbst erahnen, und Sie werden das auch spüren. Aber dafür müssen Sie Ihr gestatten zu wählen. Sie müssen Ihren Horizont erweitern: an Orte gehen, wo Sie noch nicht waren; sehen, was Sie noch nicht gesehen haben; sich auf Informationen einlassen, die über den alltäglichen Rahmen hinausgehen. Und dann aufmerksam auf die Stimme des Herzens lauschen. Wenn Sie auf eine bestimmte Information stoßen und spüren, dass Ihre Seele entflammt und Ihr Verstand sich mit Freuden darin vertieft, dann können Sie davon ausgehen, dass Sie das Richtige gefunden haben.

Mich verfolgt ein notorisch wiederkehrendes Szenario. Wenn ich beginne, mit einem Mann zu verkehren, erscheint bei mir zunächst ein »leichter emotionaler Funke«, doch dann verflüchtigt er sich und ich will einfach nur mit ihm befreundet sein. Dann verliebt sich der Mann in mich, doch für mich steht bereits fest, dass es bei einer Freundschaft bleiben soll. Ich habe mittlerweile viele Freunde, doch allmählich bekomme ich ein ungutes Gefühl dabei. Vielleicht stimmt etwas mit mir nicht, denn eigentlich träume ich von einer langen Liebesbeziehung, von einer Ehe. Ich habe bestimmte Anforderungen, ohne die es mir schwerfällt, einen Mann als Ehepartner zu akzeptieren. Ich schätze Verantwortlichkeit, Großzügigkeit, Optimismus und Originalität. Aber irgendwie begegnen mir immer Männer, die sich dann als Müßiggänger erweisen. Ich hingegen liebe die Action und möchte, dass mein Mann und ich ein Paar sind, das viele Freunde hat und an vielen Dingen teilnimmt ... Männer sind in ihrem Job meist ohne Ehrgeiz und geben sich mit ihrem Status quo zufrieden, und das regt mich auf. Am Ende fühle ich mich dann eher wie eine Freundin oder Schwester, aber nicht wie eine geliebte Frau. Wie kann ich den Mann meines Herzens finden?

Wer einen starken Charakter hat wie Sie, an den heften sich oft Menschen mit entgegengesetzten Eigenschaften. So kommen Sie mit Männern zusammen, die für Sie inakzeptabel sind. Das geschieht aus zwei Gründen. Zum einen ist das die Wirkung der Nivellierungskräfte. Wenn Sie bei der Beurteilung von Menschen dazu neigen, sie mit sich selbst zu vergleichen, tritt eine Polarisierung ein, die Leute mit entgegengesetzten Eigenschaften zu Ihnen hinzieht, so wie ein Magnet

Eisenspäne anzieht. Würden Sie leben, ohne andere in Kontrast zu sich zu sehen – »So wie ich bin, sind auch die anderen« –, dann ergäbe sich keine Verzerrung des energetischen Bildes. Aber sobald Sie sich mit anderen vergleichen – »Ich bin so, die sind so und so« –, entsteht eine energetische Heterogenität, was den Wind der Nivellierungskräfte herbeiruft.

Der zweite Grund kann die Fixierung auf Eigenschaften sein, die Ihnen nicht passen. Die Sache ist sehr einfach: Sie stehen vor einem Spiegel, in dem das abgebildet wird, auf das Sie Ihre Aufmerksamkeit richten. Achten Sie einmal darauf: Woran denken Sie bei der Suche nach Ihrem Partner: an das, was Sie *nicht wollen,* oder an das, was Sie *wollen*?

Wenn Sie vor allem auf die Mängel achten, die für Sie nicht akzeptabel sind, wird der Spiegel Ihnen umso mehr davon zeigen. Sie fragen sich, warum Sie mit solchen Männern zusammenkommen, und regen sich auf; so fokussieren Sie Ihre Gedanken auf das, was Sie *nicht wollen*. Dem Spiegel ist es gleichgültig, wie Sie sich fühlen, wenn Sie an etwas denken – er reflektiert einfach den Inhalt Ihrer Gedanken, nicht mehr und nicht weniger.

Um diese Situation zu bereinigen, sollten Sie zunächst einmal die Regel des Transsurfings beachten: »Gestatten Sie sich, Sie selbst zu sein, und gestatten Sie anderen, anders zu sein.« Und zweitens: Lenken Sie Ihre Aufmerksamkeit bewusst auf Eigenschaften, die Sie mögen. Konzentrieren Sie sich auf das, was Sie erreichen wollen. *Der Weltenspiegel reflektiert genau das Bild, auf das Ihre Aufmerksamkeit gerichtet ist.* Machen Sie es sich zur Gewohnheit, in den Männern nach dem

Ausschau zu halten, was Sie suchen. Und Sie werden sehen, wie schnell die Welt sich ändern wird.

Mein Freund hat sich in mich verliebt. Ich fürchte, unsere Freundschaft kann ruiniert werden, egal ob ich mich auf die Liebschaft einlasse oder nicht. Gleichzeitig bin ich auch nicht bereit zu heiraten. Die Situation ist sehr widersprüchlich.

Dies ist eine ähnliche Situation wie oben beschrieben. Sie bekommen das, was Sie *nicht wollen*. Warum ist das so? Weil Sie Ihre Aufmerksamkeit auf das richten, was für Sie inakzeptabel ist und was Sie gern vermeiden würden. Sie befürchten, eine Freundschaft zu zerstören, eine engere Beziehung wollen Sie nicht und Sie sind auch nicht geneigt zu heiraten - das ist alles, worum Ihre Gedanken sich drehen. Auch hier muss ich wieder sagen: *Der Weltenspiegel reflektiert genau das, auf das Ihre Aufmerksamkeit fokussiert ist.*

Wenn Sie achtsam sind, können Sie Folgendes beobachten: Zunächst geht alles gut, doch irgendwann kommt ein Ereignis, das Ihnen nicht gefällt. Von diesem Augenblick an richten Sie Ihre Aufmerksamkeit auf einen lästigen Umstand, der Sie stört, aufregt, ärgert und mitnimmt. Sobald Ihre Aufmerksamkeit auf diese Weise gefesselt ist, fallen Sie in einen Traumzustand. Der Traum ergreift Sie und zieht Sie durch Ihre Unzufriedenheit in seinen Bann. Da Ihre Gedanken in eine bestimmte Richtung fixiert sind, entwickeln sich auch die Ereignisse demgemäß. Das ist ein echter Traum mit offenen Augen, weil er einfach seinen Lauf nimmt, unabhängig von Ihrem Willen. Sie versuchen, Ihren Willen so auszurichten, dass Sie die Geschehnisse beeinflussen, anstatt die Ausrichtung Ihrer Aufmerksamkeit zu kontrollieren. Wenn Sie

Ihren Gedanken freien Lauf lassen, geraten Sie in einen Teufelskreis: *Sie wollen nicht das, was Sie bekommen, und bekommen das, was Sie nicht wollen.*

Um dieser Situation zu entkommen, müssen Sie aus Ihrem Traum erwachen: *Kommen Sie zu sich und machen Sie sich bewusst, worauf Sie Ihre Aufmerksamkeit richten. Schalten Sie sie dann auf das um, was Sie gern hätten.* Wenn es Ihnen gelingt, zumindest eine Zeit lang Ihre Gedanken in die richtige Richtung fließen zu lassen, durchbrechen Sie den Teufelskreis und befreien sich von dem Traum, der Sie gefangenhält – *die Realität wird sich ändern.*

Die Koordinierung des Optimismus

Ich wende jetzt in der Praxis das an, was ich in der Buchserie »Transsurfing« gelesen habe. Es funktioniert! Die Pendel versuchen mit den verschiedensten Tricks, mich in ihre Machenschaften zu verwickeln, doch ich reagiere einfach nicht darauf, wie ein lächelnder Buddha. Nun meine Frage: Kann es sein, dass die Pendel ihre Provokationen verschärfen, um jemanden aus dem Gleichgewicht zu bringen, bei dem kleine Probleme nicht mehr wirken?

Es geht nicht um die Größe der Probleme. Die Pendel haben keine bewusste Absicht, sie können auch keine düsteren Pläne ersinnen, wie viel Schaden sie auch anrichten mögen. Wie alle Parasiten sind sie rein instinktiv tätig. Besonders wenn jemand beginnt, sich mit Transsurfing zu befassen, macht seine Welt einen Wandel durch, der durch eine Verschlimmerung chronischer Probleme gekennzeichnet ist. Letztendlich wendet sich alles zum Guten. Sie müssen sich über längere Zeit (mindestens einen Monat lang) mit der Koordinierung der Absicht beschäftigen, so dass dies für sie zur Gewohnheit wird; dann wird Ihre Weltschicht Schritt für Schritt bereinigt werden.

Diese Methode ist nicht leicht, aber dafür umso effektiver ...

Ach, wie schwer ist unser Los! Diese Haltung – Transsurfing sei eine schwere Methode – sollten Sie ändern. Erstens sollten Sie damit aufhören, Transsurfing eine »Methode« zu nennen. Machen Sie es lieber zu einer Art zu denken und zu leben. Und zweitens: Beschließen Sie mit Ihrem Willen des Lenkers, dass Ihnen alles leichtfällt. Nehmen Sie das Leben einfach leicht.

Das ist natürlich leichter gesagt als getan: das Leben leicht nehmen. Zugegeben: Außer abgedroschenen Phrasen sollte es hierfür auch eine konkrete Anleitung zum Handeln geben. Es wimmelt heutzutage nur so von unbestreitbaren Binsenwahrheiten, die durch häufige Verwendung so abgenutzt wirken, dass die darin enthaltene Wahrheit praktisch kastriert wird. Klischeehafte Wahrheiten sind wie altgriechische Säulen: makellos schön, aber nutzlos.

Mich hat beispielsweise immer ein Aphorismus von Kosma Prutkow* irritiert: »Wenn du glücklich sein willst, dann sei einfach glücklich.« Ist diese Aussage nicht mit einer Maske vergleichbar, die zur Hälfte schwarz und zur Hälfte weiß ist? Irgendetwas stimmt hier doch nicht. Einerseits scheint ja alles in Ordnung zu sein, was könnte man gegen den Satz schon einwenden? Aber andererseits: Was soll er eigentlich bedeuten? Wie kann ich a priori glücklich sein, wenn es mir mies geht?

---

* Kosma Prutkow: Pseudonym für Alexej Konstantinowitsch Tolstoj (1817–1875, ein Vetter Lew Tolstojs) sowie die drei Vettern Alexander, Alexej und Wladimir Schemtschuschnikow, die in der Mitte des 19. Jahrhunderts unter diesem Namen parodistische und literaturkritische Texte publizierten, von denen heute hauptsächlich noch einige Aphorismen bekannt sind. (Anmerkung des Übersetzers)

Und dennoch lässt sich diese versteinerte Wahrheit auf bestimmte Art wiederbeleben - durch *das Prinzip der Koordinierung der Absicht.* Wir können aus uns selbst nicht plötzlich einen Optimisten machen. Aber wir können unsere Einstellung zu den Geschehnissen um uns herum verändern. Übrigens sind Sie selbst nicht identisch mit Ihrer Einstellung, daher brauchen Sie sich selbst nicht zu ändern. Die negative Reaktion auf eine bedauerliche Tatsache ist nichts als ein Reflex, eine Gewohnheit - und vielleicht die gefährlichste von allen.

Die reflexartige Negativität ist der Lebensweg der Auster, ein unbewusster Traum, auf dessen Verlauf wir keinen Einfluss haben. Unser Verstand ist es gewohnt, bei jedem ärgerlichen Umstand Trübsal zu blasen, wobei unsere Lebenslinie jedes Mal auf eine negative Abzweigung gerät, wo alles nur noch schlimmer wird. So gelangen Sie durch eine Kette negativer Abzweigungen auf einen schwarzen Streifen.

Um die Kontrolle über den Lauf der Dinge zu bekommen, müssen Sie bewusst Ihre Einstellung beherrschen. Es hat keinen Zweck, sich stumpfsinnig vorzugaukeln, alles sei gut, wenn es einem in Wirklichkeit miserabel geht. Es geht darum aufzuwachen, das heißt, die Situation und seine eigene Einstellung zu ihr bewusst zu beobachten. Ein Sprichwort besagt: »Das Leben zu meistern mag bisweilen unmöglich erscheinen, doch wenn du nachdenkst, geht es doch.« Wenn Sie mit einem beliebigen negativen Umstand konfrontiert werden, sollten Sie an der Weggabelung innehalten und gründlich reflektieren.

Ist das schlecht? Ja, es ist richtig übel - verdammt übel! Doch was sind die Folgen, wenn ich meine Lage für schlecht halte? Es wird nur noch schlimmer. Aber habe ich das nötig? Nein! Mit meinem Willen als Lenker erkläre ich den Umstand einfach für günstig. Gibt es dabei einen positiven Kern? Sicher! Und wenn nicht ... ist mir egal, Hauptsache, ich handle bewusst und lasse mich nicht auf eine negative Abzweigung verschleppen.

Nehmen Sie ein Blatt Papier, schreiben Sie darauf das Wesen des unglücklichen Umstands, unterschreiben Sie es und stempeln Sie es ab: »Genehmigt!« Ohne ein Optimist zu sein, halten Sie sich klar vor Augen, dass Sie mit einem negativen Umstand konfrontiert sind, erklären ihn dann aber bewusst als positiv und verhalten sich ihm gegenüber auf entsprechende Weise. Gut, jetzt haben Sie das Geschehen tatsächlich unter Kontrolle. Machen Sie sich nicht von den Umständen abhängig, dann beginnen die Umstände, Ihnen in die Hand zu spielen, ganz nach Ihrem Willen. Der ganze Trick besteht darin, dass Sie bewusst Ihre Haltung steuern und damit auch die Realität steuern. *Sie sind vom Traum erwacht.*

> *Wenn ich das richtig verstanden habe, gibt es keine schlechten Situationen - ich sollte sie einfach geschehen lassen. Ich will es jetzt einmal überspitzt formulieren: Angenommen ich wohne in einer Bretterbude und ernähre mich von Abfall - sollte ich mir ständig sagen, dass alles in Ordnung ist, dass alles so läuft, wie es sollte, weil ich es so beschlossen habe, ohne zu versuchen, daran etwas zu ändern? Soll ich diese Situation einfach hinnehmen und in den Armen der Welt ruhen? Oder soll ich (falls ich höhere Bedürfnisse habe) mich auf Gedeih und Verderb aus dem Sumpf erheben?*

Ich sehe hier keinen Widerspruch. Das Prinzip der Koordinierung der Absicht erfordert - wie Sie wissen werden, wenn Sie meine Bücher aufmerksam gelesen haben -, positiv auf ein scheinbar negatives Ereignis zu reagieren. Sich mit einem Leben abzufinden, das einem nicht passt, bedeutet auch wieder nur, in der Patsche zu sitzen oder der Willkür der Wellen ausgeliefert zu sein. Das ist mitnichten das Gleiche, wie mit dem Strom zu schwimmen. Sie haben nicht »überspitzt formuliert«, sondern einen Gedanken aus dem Zusammenhang gerissen.

Ich hätte gern Klarheit über Folgendes: Angenommen, ich stecke in einer misslichen Lage, die ich verbessern möchte. Gleichzeitig soll ich aber meine gegenwärtige Situation positiv sehen - wie soll denn das gehen? Wozu soll ich nach etwas anderem streben, wenn ich mich doch gut fühle?

Sie können sich nicht zwingen, mit etwas, was Ihnen nicht gefällt, glücklich zu sein. Sie können höchstens so tun, als seien Sie glücklich, aber das wird nicht funktionieren. Warum nicht? Es geht ja eigentlich um etwas ganz anderes. Es gibt zwei Realitätsebenen: die Wirklichkeit, mit der Sie nicht zufrieden sind, und die potenziellen Möglichkeiten im Variantenraum, die nicht realisiert sind, aber prinzipiell realisiert werden können. Im Leben bekommen Sie das, worauf Sie Ihre Aufmerksamkeit richten.

Wenn Sie mit Ihrer Lage zufrieden sind, wird alles so bleiben, wie es ist: Sie werden weiterhin in dieser Realität leben. Aber auch wenn Sie unzufrieden sind, bleibt alles beim Alten. Ob Ihnen Ihre Lage gefällt oder nicht, spielt also keine Rolle. Sie haben allein die Wahl, wie Sie darüber denken. Sie bekommen jene Wirklichkeit, auf die Sie sich fixieren. Solange Ihre Fixierung andauert, verbleiben Sie in ein und demselben Traum.

Um Ihrer jetzigen Realität zu entkommen, müssen Sie Ihren Fokus auf das richten, was Sie gern hätten. Zwingen Sie sich nicht, Ihren Status quo zu mögen, sondern richten Sie Ihren Blick bewusst auf die Zukunft. Kommen Sie mit Ihren Gedanken immer wieder auf Ihr Wunschziel zurück. Der Verstand sollte sich von Zeit zu Zeit Situationen ausmalen, in denen das Ziel erreicht ist. Das Ziel sollte stets im Zusammenhang mit der aktuellen Realität stehen und sollte als Hintergrundbild dienen. Wo immer Sie sind, was auch geschieht, vergessen Sie nie, sich das Ziel ins Gedächtnis zu rufen. Wenn es Ihnen gelingt, Ihren Fokus auf die erwünschte Realität zu fixieren, und sich Ihre Weltschicht buchstäblich vor Ihren Augen wandelt, dann werden Sie das spüren. Die Wirklichkeit sieht dann schon nicht mehr so düster aus wie zuvor. Achten Sie auf kleinste Veränderungen, und heften Sie Ihre Gedanken fest auf das Ziel. In Ihrem Umfeld werden unglaubliche Dinge geschehen – Sie werden sehen, wie sich die Realität langsam, aber sicher dem Bild nähert, das Sie in Ihrem Kopf haben.

Habe ich das richtig verstanden, dass man alle Unannehmlichkeiten wie auch alle Annehmlichkeiten positiv und optimistisch sehen soll? Nun, so ähnlich behelfen sich ja auch Optimisten: Geschehe, was da will, es ist immer gut – selbst wenn mich ein Auto anfährt oder ich gefeuert werde.

Optimismus ist ein Charakterzug – die Neigung zu einer lebensfrohen Gesinnung. Aber Sie können noch so ein eingefleischter Optimist sein, es wird Ihnen nicht gelingen, unter allen Umständen Ihre gute Laune aufrechtzuerhalten, sofern Sie psychisch gesund sind. Der Optimist hofft nur, dass alles in Ordnung ist, aber das tut er unbewusst, weil es sein Wesen ist. Was aber soll ich tun, wenn ich ein Pessimist bin? Soll ich mir etwa die Phrase einreden, alles werde gut? Das ist mir nicht genug. Warum wird alles gut werden?

Ich zum Beispiel war immer ein Pessimist. Und das hat mir das Leben versauert, bis ich eines Tages begann, bewusst meine Einstellung zur Realität zu steuern. Wenn sich mir eine Unannehmlichkeit in den Weg stellte, habe ich sie bewusst auf den Kopf gestellt und zu einer »Annehmlichkeit« erklärt. Und das funktioniert hundertprozentig. Am Ende geht immer alles gut aus. Ich lenke jetzt die Realität, nicht umgekehrt. Denken Sie, dass ich anders war? Ich habe einfach meine Einstellung geändert, bin aber der Gleiche geblieben. Ich bin noch immer ein Pessimist.

Ein Impfstoff gegen den Aberglauben

Weil ich von Natur aus ein Skeptiker bin, überprüfe ich Ihre Texte im praktischen Test. Zu meiner Überraschung funktioniert fast alles (»fast« deshalb, weil ich noch nicht alles ausprobiert habe). Inzwischen habe ich mich damit abgefunden, dass ich nicht erklären kann, WIE es funktioniert, aber das spielt auch keine Rolle - die Hauptsache ist das Ergebnis. Jetzt gibt es da ein Problem. Normalerweise läuft bei mir alles so, wie ich will (sofern ich keine Zweifel habe), es sei denn, ich erzähle anderen davon (auf prahlerische Weise). In diesem Fall ist die Realität für einige Zeit nicht mehr so wie zuvor, aber dann ist alles wieder im Lot. Konkret: Ich fahre Auto, ohne mich um Geschwindigkeitsbegrenzungen zu kümmern. Es gibt zwar öfter Polizeikontrollen auf der Straße, aber irgendwie halten sie nur die anderen an, niemals mich. In der Regel zweifle ich nicht daran, dass ich nicht angehalten werde. Dann jedoch habe ich einmal jemandem davon erzählt. Unmittelbar danach wurde ich zweimal gestoppt, am nächsten Tag gleich wieder. Meine Frage ist nun: War das Zufall (erst gebe ich an, dann werde ich angehalten), oder gibt es dafür eine Erklärung im Rahmen des Transsurfings?

Die von Ihnen beschriebene Konvergenz ist kein Zufall. In dem Moment, in dem Sie sich vor jemandem Ihrer Errungenschaft oder Ihres

Vorhabens rühmen, flackert in Ihrem Unterbewusstsein ein Zweifel auf: *Toi, toi, toi!* Solch eine leichte Angst ist immer da, selbst wenn man nicht an böse Omen glaubt. Die Gesellschaft erschafft Klischees, die auf die eine oder andere Art ins Unterbewusstsein dringen. Sprichwörter wie »Man soll den Tag nicht vor dem Abend loben« und Bräuche wie über die Schulter spucken oder dreimal auf Holz klopfen sind solche Klischees, die dabei helfen sollen, sein Glück zu halten, wenn man seine Freude oder Zufriedenheit äußert.

Anscheinend hat solcher Aberglaube seine Berechtigung. Aber was steckt eigentlich dahinter? In der Tat sind ja Worte nichts weiter als eine Schwingung in der Luft. Und auch die Gedanken, aus denen die Worte geformt sind, haben keinerlei Kraft, da sie hauptsächlich einem Verstand entstammen.

Was Kraft hat, ist die leise Angst, wenn Seele und Verstand sich tangieren und zu einer Einheit finden: *Toi, toi, toi!* Selbst diese geringe Berührung reicht aus, um den Mechanismus der äußeren Absicht in Gang zu setzen, jener starken Kraft, die die Realität entscheidend beeinflussen kann. Es ist sehr schwer, unterbewusste Ängste loszuwerden, so dass ich Ihnen nur raten kann: Geben Sie nie mit etwas an, was Sie noch nicht erreicht haben, und auch nicht mit etwas, was Sie besitzen, aber verlieren können.

> *Bei meiner letzten Prüfung bekam ich eine »Vier«*. Ich hatte mich vorbereitet, hatte aber »wie immer« Pech. Es kam genau das dran, was ich bei der Vorbereitung nicht gelernt hatte. Meine Antworten waren so lala, doch mein Lehrer war gnädig, weil er mich mochte und ich nie gefehlt hatte. Seit Mitte Dezember*

hatte ich mit Dias gearbeitet - zwar nicht eine halbe Stunde pro Tag, aber doch wenigstens zehn Minuten. Ich stellte mir vor, dass ich zum Abschlussexamen gehe und einen Blick in mein Studienbuch werfe, bevor ich es beim Dekanat abgebe - und was sehe ich da: nur »Fünfer«! Habe ich mich jetzt einfach zu schlecht vorbereitet oder etwas anderes falsch gemacht?

Sie sollten sich vor Augen halten, dass Sie die Realität nicht auf Wunsch allein kraft Ihrer Gedanken mit hundertprozentigem Erfolg verändern können. Das gilt besonders für kurzfristige Ziele. Langfristige Ziele lassen sich verlässlicher erreichen, weil die Materie träge ist und für die Umsetzung eines Wunsches eine gewisse Zeit benötigt wird, deren Länge uns unbekannt ist.

Angenommen, ich stelle Ihnen ein Werkzeug zur Verfügung - einen Hammer zum Einschlagen von Nägeln. Sie wenden ein, der Hammer sei nicht gut, weil er manchmal auf die Finger trifft. Nun, wir sind ja nicht hier, um Zauberer zu spielen. Transsurfing funktioniert doch mit beeindruckender Effektivität. Was wollen Sie noch mehr?

Als ich alle Grundprinzipien des Transsurfings verinnerlicht hatte, fühlte ich mich zunächst schrecklich einsam. Ich konnte mit niemandem mehr kommunizieren. Ich erkannte, wie tief die Leute, die mir interessant oder zumindest vertraut erschienen, im Sumpf der Klischees und der Fehlvorstellungen steckten. Es fiel mir schwer, mit ihnen zu reden, es gab einfach keine

---

* Die Note »Vier« ist im russischen Schulsystem nach der »Fünf« die zweitbeste Note (entspricht der Note »Gut«). (Anmerkung des Übersetzers)

gemeinsamen Themen. Aus dem gleichen Grunde hat sich die Beziehung zu meiner Familie verschlechtert. Die Anstrengungen, die ich aufbringe, um sie aufzuklären, würden für den Bau einer Gartenstadt ausreichen, wie bei Majakowskij. * *Ich kam mir vor wie ein Mann, der auf eine einsame Insel verschlagen wurde: Ich war mein eigener Herr, war der Klügste weit und breit, doch wozu das alles? Nun gut, nehmen wir einmal an, ich bin gar nicht so klug, denn Stolz ist ja eine Sünde. Aber viele in meinem Bekanntenkreis haben Ihre Bücher gelesen, und ich bin nun einmal der Einzige, der den Inhalt akzeptiert. Je weiter ich mein Bewusstsein entwickle, desto mehr spüre ich meine Einsamkeit. Wie ist es Ihnen denn ergangen? Gab es Veränderungen in Ihren Beziehungen, vor allem mit Freunden und Verwandten?*

Lassen Sie ab von dem fruchtlosen Bemühen, Schläfer zu wecken. Vielleicht wollen sie ja einfach schlafen. Die Menschen in meinem Wohnort zum Beispiel sind vom Transsurfing meilenweit entfernt. Viele wissen nicht einmal, wer ich bin. Eigentlich bin ich wirklich *ein Niemand.* Aber das macht mir überhaupt nichts aus. Ich rate Ihnen, weiterhin ein normales Leben zu führen. Ihr Vorteil ist, dass Sie aus einem Traum mit offenen Augen erwacht sind und jetzt Ihre Realität steuern können. Wenn nun die anderen nicht wollen - oder genauer gesagt nicht glauben -, dass dies möglich ist, so werden Sie sie kaum vom Gegenteil überzeugen können.

---

* Wladimir Majakowskij (1893-1930): sowjetischer Dichter und führender Vertreter des Futurismus. In seinem Gedicht »Erzählung vom Kusnezkistroi und den Leuten von Kusnezk« beschreibt er den Bau einer Gartenstadt (Gorod-Sad) in nur vier Tagen. (Anmerkung des Übersetzers)

Wer sind Sie eigentlich? Ich würde gern mehr über Sie erfahren.

Ich bin, wie gesagt, etwas über vierzig. Vor dem Zusammenbruch der Sowjetunion war ich als Forscher in der Quantenphysik tätig, danach in der Computertechnologie. Jetzt schreibe ich Bücher. Ich lebe in Russland. Meine Nationalität ist russisch, oder genauer gesagt zu einem Viertel estnisch. Der Rest spielt keine Rolle.

Ich verstehe natürlich, dass auch Bedürfnisse und Ziele eine Rolle spielen, aber haben Sie jemals versucht, einfach experimentell, etwas Außergewöhnliches zu tun? Mithilfe von Transsurfing sollten Sie das ja besser können als andere. Sagen wir, ein Flugzeug mit abgeschaltetem Motor zu fliegen oder ein hübsches Sümmchen im Lotto zu gewinnen?

Nach der Frage zu urteilen, scheinen Sie mich mit dem Messias, einem Propheten oder dem Zauberer von Oz zu verwechseln. Was Sie damit eigentlich sagen, ist: »Zeig uns ein Wunder, dann glauben wir dir.«

Wäre ich ein religiöser Prediger oder der Anführer einer Sekte, dann wäre die Frage angebracht gewesen. Wie in diesen Kreisen üblich, muss der Guru seine Einzigartigkeit und Macht beweisen, indem er einige Wunder vollbringt. Dann sagen alle »Oh! Oh! Oh!« und folgen ihm demütig, voller Ehrfurcht und Glauben.

Als klassische Pendel fordern Religionen und Sekten von ihren Anhängern bedingungslosen Gehorsam ein. (Ich möchte in diesem Zusammenhang darauf hinweisen, dass ich zwischen Gott und dem religiösen Pendel, das in Gottes Namen auftritt, deutlich unterscheide.

Mehr darüber in *Transsurfing 5. Die Realität auf den Kopf gestellt.*) Voraussetzung für die Existenz des religiösen Pendels ist der Einheitsglaube - das universelle Befolgen einer einzigen Idee. Weil nun der Glaube in der Regel etwas Immaterielles, Unsichtbares ist, das sich nicht explizit manifestiert, ist zur Stärkung des Glaubens etwas Wunderbares, Unfassbares erforderlich.

In dieser Hinsicht ist Transsurfing das genaue Gegenteil von Religionen und Sekten. Es ist kein kanonisiertes Dogmenkonglomerat, auch Anbetung und das Befolgen einer gemeinsamen Idee sind nicht nötig. Vielmehr ist es ein uraltes Wissen, das es schon immer gegeben hat und das von Generation zu Generation in unterschiedlichen Interpretationen überliefert wurde. Die Essenz dieses Wissens besteht darin, dass jeder seine eigene Vorstellung haben kann und auch haben sollte und dass jeder seine eigenen Wunder vollbringen kann, wenn er will.

Auch wenn man Transsurfing ein Pendel nennen kann, so ist es doch ein sehr ungewöhnliches Pendel. Anstatt alle in eine gemeinsame Struktur zu zwängen, ermuntert es jeden, seinem eigenen, individuellen Pfad zu folgen. Der einzige Faktor, den es mit anderen Pendeln gemein hat, ist, dass das Wissen des Transsurfings auch verbreitet wird, das ist alles.

Was Magie betrifft, so gibt es sie eigentlich nicht. Es gibt nur das konkrete, durchaus nachvollziehbare Wirken der Absicht. Als Magie wird normalerweise das bezeichnet, was über den Rahmen des Verstandes hinausgeht. Transsurfing entmystifiziert die Magie und erklärt, wie sie funktioniert. Jeder kann zaubern, und das ohne billige Tricks. Wir beschäftigen uns mit realen Dingen. Die Realität ist steuerbar, aber träge; daher geht es nicht ganz so schnell wie bei einem Zauberer.

So gesehen habe ich es nicht nötig, ein Wunder zu zeigen, um irgendjemandes Glauben zu stärken. Im Transsurfing sind Glaube, Anbetung und das strikte Befolgen einer einheitlichen Idee unnötig. Jeder kann es selbst ausprobieren und sein eigenes Wunder vollbringen. Wer es versucht und mit eigenen Augen gesehen hat, braucht keine Bestätigung von außen. Sie können das Magie nennen, wenn Sie wollen, aber dann ist es eine reale Magie.

Was meinen eigenen Erfolg betrifft, so kann ich nur sagen, dass Transsurfing einwandfrei funktioniert. Aber ich will nicht mein Privatleben zur Schau stellen, sonst wäre es nicht mehr privat. Ruhm wendet sich gegen dich, wenn du der Versuchung nachgibst und ins Rampenlicht der Öffentlichkeit trittst. In einigen Kulturen, zum Beispiel in den indianischen, herrscht der Glaube, dass jemand, der dich porträtiert (oder fotografiert), ein Stück deiner Seele stiehlt. Das ist natürlich nur ein Aberglaube, aber er enthält ein Körnchen Wahrheit. Du kannst ein Produkt deiner Kreativität veröffentlichen, aber niemals deine eigene Identität.

Die Gesetzmässigkeit des Kontrasts

Als ich sechzehn war, habe ich mich mit jedem angelegt, der in Moskau leben wollte. Mir gefällt diese Stadt nicht. Ich dachte, dass sie für Touristen erbaut wurde, nicht zum Leben. Fazit: Ich wohne in Moskau. Mit neunzehn argumentierte ich mit jedem, der behauptete, alle Männer seien Bastarde, wobei ich meinen Auserwählten in Schutz nahm. Das Ergebnis können Sie sich vielleicht selbst vorstellen. Sobald ich mich bei dem Gedanken ertappte, dass ich etwas nicht akzeptierte (oder einfach hasste), tauchte dies in meinem Leben auf. Mit zweiundzwanzig Jahren waren Kinder für mich ein Versehen; ich konnte nicht verstehen, wie jemand sie »haben wollte«. Ein Jahr später brachte ich einen Sohn zur Welt – und der war gewollt. Dann begann ich, Männer zu hassen, und schwor mir hoch und heilig, nie zu heiraten und erst recht keine Kinder mehr in die Welt zu setzen. Dann heiratete ich ein zweites Mal und bekam wieder einen Sohn (beide Male hatte ich mir ein Mädchen gewünscht). Erst als ich Ihr Buch gelesen hatte, begriff ich, dass dahinter ein System steckte: »Du bekommst das, was du nicht willst.« Früher hatte ich mich wie eine Versagerin gefühlt, auch wenn ich bei allem die Beste war.

Da dachte ich mir: Wenn ich mir Dias vorstelle, die sich dann doch nicht erfüllen – sollte ich mir vielleicht lieber etwas vorstellen, was ich nicht will? Oder wäre das eine künstliche Absicht? Zum Beispiel: Ich möchte nicht sehr reich sein, ich will auch keine teuren Autos oder große Häuser, nicht zu vergessen Inseln, Segelyachten und allen möglichen anderen Luxus. Diese Dinge begehre ich tatsächlich nicht.

Sie werden sich kaum dazu zwingen können, nicht das zu wollen, was Sie eigentlich ersehnen, oder Ihre Gedanken auf etwas zu richten, was Ihnen gleichgültig ist. Sie können den Weltenspiegel nicht durch Verstellung täuschen - er wird das reflektieren, was Ihre Seele und Ihren Verstand beschäftigt. Wenn sich Seele und Verstand einig sind, ergibt sich ein klares Bild, das schnell in die Tat umgesetzt wird; sind sie sich uneins, dann ist das Bild verschwommen, und auch in der Wirklichkeit wird nichts Bestimmtes herauskommen. Die Einheit von Seele und Verstand hat ein charakteristisches Merkmal: Sie wird immer von ungestümen Emotionen begleitet. Das kann sich manchmal als Freude äußern, doch weil der Mensch zur Negativität neigt, mögen sich auch Angst, Ekel, Ärger, Empörung und Wut manifestieren. Dem Spiegel ist es gleichgültig, auf welche Weise die Haltung ausgerichtet ist - ob als Akzeptanz oder Ablehnung -, er bildet einfach die Inhalte der Gedanken ab.

Jubel und Begeisterung halten in der Regel nicht lange an. Ekel und Abscheu hingegen können zu ständigen Begleitern werden, da sie durch die umgebende Wirklichkeit bedingt sind. Wenn Sie etwas leidenschaftlich ablehnen, stimmen Seele und Verstand völlig überein. In Ihren Gedanken ergibt sich ein klares Bild, das vom Weltenspiegel gleichmütig in die Realität umgesetzt wird. So geschieht es, dass Sie das bekommen, was Sie nicht wollen.

Wenn Sie hingegen sagen, dass Sie keine Yacht haben möchten, bedeutet das nicht, dass Sie die Yacht leidenschaftlich hassen – Sie wissen einfach nichts damit anzufangen. Gleichermaßen denken Sie auch nicht an das Leben in einer ärmlichen Hütte – Sie wollen es nicht, fürchten sich aber auch nicht davor. Ihre Gedanken werden von Dingen beherrscht, für die Sie sich interessieren. Sie haben in Ihrem Kopf keine Gewissheit und keine Orientierung, daher ist das Bild formlos und verschwommen – es ist nicht klar, was Ihr Bild ausdrückt. Sobald Sie aber zu fürchten und zu hassen beginnen, verschmelzen Seele und Verstand zu einer Einheit und Ihre Gedanken nehmen klare Konturen an.

Die künstliche Schaffung und Erhaltung einer Seele-Verstand-Einheit ist nicht möglich, genauso wie es auch unmöglich ist, einen Zustand der Begeisterung lange aufrechtzuerhalten. Man kann ihn nur anstreben. Der beste Weg, um die Einheit zu erreichen, ist, in Einklang mit seinem eigenen Credo zu leben und sich auf sein Ziel zuzubewegen. Je besser das von Seele und Verstand erstellte Bild fokussiert ist, desto schneller wird es realisiert. Wenn Sie das derzeit nicht hinbekommen, können Sie das gleiche Ergebnis auch durch eine lange Belagerung erreichen, *indem Sie mit steter Regelmäßigkeit handeln.*

Immer wenn Ihre Aufmerksamkeit von etwas ergriffen ist, was Sie nicht wollen, sollten Sie sie bewusst auf etwas richten, was Sie haben möchten. Es ist so wie mit der Taschenlampe in der Hand: Entweder springen Sie hilflos hierhin und dorthin und leuchten erschrocken in dunkle Ecken, oder Sie richten den Strahl nach vorn und schreiten mutig auf das Ziel los, egal was um Sie herum geschieht.

Wenn eine Sache gut anfängt, ist das Endergebnis oft schlecht – und umgekehrt. Wenngleich das nicht immer so ist. Kann ich dieses Muster irgendwie ausnutzen oder daran etwas ändern?

Ich habe schon oft bemerkt, dass in meinem Leben vieles anders geschieht, als ich es geplant hatte, oft sogar das genaue Gegenteil. Aus der Sicht des Transsurfings lässt sich das erklären – es war ein übersteigertes Wichtigkeitspotenzial. Dann fiel mir ein interessantes Muster auf: Wenn ich mir bewusst vorstelle, dass eine Sache schlecht laufen soll, geht sie am Ende gut aus! Um nun einen ungünstigen Ausgang zu vermeiden, stelle ich mir absichtlich so viele schlechte Varianten wie möglich vor, so dass der Ausgang für mich günstig wird. Warum ist das so?

Man kann hieraus keine strikte Regel machen. Es stimmt zwar: Manchmal beginnt alles super, endet jedoch in einer Katastrophe. Und manchmal geschieht auch das Gegenteil: Der Anfang ist schrecklich, doch am Ende wird es gut. Doch es gibt ja auch andere Fälle, und jeder nimmt das unterschiedlich wahr. Was die Aufmerksamkeit erregt, ist der Kontrast: Sie erwarten etwas, aber heraus kommt etwas ganz anderes. Viele vergessen, dass die von ihnen abgeleitete Regel nicht greift, wenn die Umstände keine große Bedeutung haben. Ausnahmen sind nicht seltener als Bestätigungen, nur erinnert man sich kaum an sie. Man erinnert sich an Vorfälle, die für einen große Bedeutung hatten. Die Bedeutung erzeugt den Kontrast.

Wenn ein Ereignis oder ein Umstand von großer Bedeutung ist, entsteht ein Überschusspotenzial. Jemand wünscht sich stark, dass alles klappt, doch gleichzeitig befürchtet er das Gegenteil. Die Angst kann sogar unbewusst sein, aber das macht sie nicht weniger bedeutend, denn sie kommt von der Seele. Diese Mischung aus Wünschen, Angst und Selbstüberschätzung erzeugt den Wind der Nivellierungskräfte, der einen Ausgleich herzustellen sucht. So kommt schließlich ein Ergebnis heraus, das das Gegenteil von dem ist, was man erwartet hat. Zunächst zeichnet sich eine Situation in dunklen Tönen ab, doch dann stellt sich heraus, dass alles viel leichter und einfacher ist - oder umgekehrt.

Bedeutet das nun: Wenn ich absichtlich die Farben verstärke, wird alles gut enden? Ganz und gar nicht. Außerdem sollten Sie so etwas nicht tun. Erstens wird es Ihnen nicht gelingen, künstlich ein Überschusspotenzial zu erzeugen. Mit anderen Worten: Sie können sich nicht selbst »einschüchtern«. Zwar kann der Verstand sich verstellen, aber die Seele wird es nicht glauben. Zweitens erstellen Sie mit einer solchen düsteren Zeichnung ein negatives Bild, das sich in gewissem Ausmaß im Weltenspiegel reflektieren wird. Wozu eine negative Realität programmieren?

Wenn Sie absichtlich die schlimmsten Szenarien erwarten und dann sehen, dass Ihre Spiegelfechterei funktioniert - dass die Sache also ein gutes Ende nimmt -, so geschieht dies nicht *dank* Ihrer Bemühungen, sondern *trotz* Ihrer Bemühungen. Durch Ihre Show, die Sie sich selbst vorspielen, nehmen Ihre Ängste nicht ab - Sie können sich nicht selbst überlisten. In jedem Fall - ob Sie sich etwas vorspielen oder nicht - hoffen Sie insgeheim auf einen guten Ausgang, wenn Sie sich schlecht oder beängstigt fühlen, und das ist tatsächlich ein positiver Faktor, weil er von Herzen kommt. Aber ich wiederhole: Die Spielerei mit der Negativität kann nur Schaden anrichten.

Es stellt sich die Frage: Wenn die Gesetzmäßigkeit des Kontrasts eine Erwartung hervorbringt, die auf übersteigerter Bedeutung beruht, wie entwickeln sich dann Ereignisse in »reiner Form«? Wenn zum Beispiel etwas gut - oder umgekehrt: schlecht - beginnt, was ist dann davon zu erwarten, wenn es noch unklar ist, wie man sich dazu stellen soll?

Mit großer Wahrscheinlichkeit wäre das Ende, nach seinem Charakter, gleich wie der Anfang. Hierbei kann das einfache Prinzip der Bewegung mit dem Variantenstrom eine unschätzbare Hilfe sein. Im Leben müssen Sie auf Schritt und Tritt irgendwelche Maßnahmen ergreifen, um einen Prozess in Gang zu setzen - sei es ein neuer Anfang oder die Suche nach Dingen, die Sie benötigen - nach einem Job, einem Lebenspartner, einer Entscheidung und so weiter. Jedes Mal, wenn Sie einen Schritt in einer solchen Richtung unternehmen, durchschreiten Sie eine Tür. Zu diesem Zeitpunkt, wenn Sie noch nicht weit gegangen sind, überlegen Sie sich: War das jetzt die richtige Tür, oder bin ich hier auf dem falschen Weg?

Wenn am Anfang alles gutgeht, können Sie hoffen, dass es dabei bleibt, aber eine Garantie gibt es dafür nicht. Eine Garantie kann es höchstens im umgekehrten Fall geben. Müssen Sie sich beim Öffnen der Tür anstrengen oder sogar Gewalt anwenden, so können Sie getrost umkehren und eine andere Tür suchen. Der Variantenstrom folgt immer dem Weg des geringsten Widerstands, und dieser Pfad ist optimal. Das bedeutet nicht, dass Sie, wenn Sie sich Eintritt durch eine fremde Tür verschaffen, den Weg nicht bis zum Ende gehen können. Eines ist aber sicher: Sie werden dann auf viele Probleme und Hindernisse stoßen. Deshalb ist es besser, wenn Sie sich an die Regel halten: *Wenn eine Tür sich nur schwer öffnen lässt, sollten Sie sich besser eine andere suchen.*

Wir wollen uns ein paar Beispiele ansehen. Angenommen Sie glauben, eine von Ihnen benötigte Ware in einem bestimmten Geschäft kaufen zu können, doch aus verschiedenen Gründen bekommen Sie sie nicht - sei es, weil Sie nicht dorthin gelangen, sei es, weil das Geschäft geschlossen ist. Ihr Verstand besteht hartnäckig darauf: Ich weiß, dass ich die Ware brauche, und ich werde sie genau hier finden. Wahrscheinlich müssen Sie sich schließlich eingestehen, dass Sie die richtige Ware dort, wo Sie sie vermutet hatten, nicht finden können.

Eine andere Situation: Sie suchen einen Job. Bei einer Firma müssen Sie sich einer sehr schweren Prüfung unterziehen; das Vorstellungsgespräch ist einschüchternd, und Sie müssen sich eine Menge gefallen lassen. Bei einer anderen Firma läuft alles wie geschmiert. Wie entscheidet sich der Verstand? Er ist es gewohnt, den Gipfel zu erstürmen und das zu erreichen, was viel Mühe kostet. Ihre Wahl ist offensichtlich. Doch was geschieht dann? Harte Arbeit - auf jeden Fall; materieller Lohn - eher dürftig.

Entweder Sie lösen das Problem oder Sie nehmen den schwierigen Job an. Entgegen dem landläufigen Klischee sollten Sie versuchen, zuerst zu handeln und dann zu denken. Der Verstand neigt dazu, die schwierige Entscheidung zu suchen, und so wählen Sie den mühseligen Weg. Die bevorzugte Methode des Verstandes besteht darin, zuerst Hindernisse zu schaffen und sie dann zu überwinden - damit ist er der »Vater aller schwerwiegenden Fehler«. Was auch immer er sich ausdenkt, *machen Sie es so, wie es für Sie einfacher ist.* Sie werden sehen, das Rad rollt ganz von selbst.

Nun treffen Sie jemanden und fragen sich, ob diese Person für eine künftige Beziehung geeignet sei. Wenn gleich zu Beginn Meinungsverschiedenheiten und Spannungen auftreten, können Sie davon ausgehen, dass eine dauerhafte Beziehung zu nichts Gutem führt. Wie sehr auch der Verstand versucht, die Qualitäten des Partners zu preisen, welche Argumente er auch zu seinen Gunsten anführen mag, je mehr er versucht, Sie davon zu überzeugen, dass Ihr Gegenüber »genau der Richtige« sei, desto wahrscheinlicher ist es, dass Sie es später bereuen. *Glauben Sie keinen Argumenten, glauben Sie nur Fakten. Verlassen Sie sich nicht auf Argumente des Verstandes, sondern folgen Sie dem Variantenstrom.*

Ziel und Recht

Was erwartet uns wohl nach dem Tode? Nach meinem Verständnis stirbt der physische Körper, doch die Seele ist ewig. Wenn nun die Seele, nachdem sie ohne Bewusstsein ins energoinformative Feld zurückgekehrt ist, sich wieder mit dem Feld verbindet, ist ja die menschliche Individualität quasi erloschen. Bei der nächsten Inkarnation der Seele in einem neuen Körper müsste ja die Seele demnach auch ein neues Bewusstsein haben, sehe ich das richtig? Was ist dann mit meinem einstigen Bewusstsein? War das vorige Leben umsonst? Der Schöpfer kann mir doch nicht erst ein Leben und ein Bewusstsein geben und mir dann wieder alles nehmen, ohne dass etwas davon übrig bleibt. Kurz gesagt: Es war einmal ein Mann; er hat seine Funktion erfüllt und wird nicht mehr gebraucht. Wäre das nicht ein trauriges Bild?

Wenn wir die dogmatischen Darstellungen der verschiedenen Glaubensrichtungen ablehnen und den Fakten in die Augen schauen, dann geschieht zweifellos genau dies: Die Seele durchläuft verschiedene Inkarnationen in verschiedenen Körpern. Klare Beweise für die Existenz Gottes gibt es bislang noch nicht, aber für die Seele – jede Menge. Es gibt Tausende von Beweisen, dass der Mensch sich hin und wieder an ein vergangenes Leben erinnert. Zweifel an der Richtigkeit dieser Erinnerungen sind nicht möglich, denn die Fakten sprechen eine eindeutige Sprache. Wenn jemand plötzlich in einer Sprache spricht, die es schon lange nicht mehr gibt, oder historische und geographische Informationen wiedergeben kann, von denen er eigentlich nichts wissen dürfte, was für Beweise wollen Sie dann noch?

Mag sich auch die orthodoxe Wissenschaft durch diese Argumente nicht überzeugen lassen – sie lehnt ja alles ab, was sie selbst nicht erklären kann, weil das einfacher ist. Wären nun allerdings Wissenschaftler in der Lage, den Weg der Seele auf dem Bildschirm eines Oszilloskops zu verfolgen, das wäre dann schon etwas anderes.

Was nun Ihre Fragen nach dem Warum und Wozu betrifft, so sollten Sie sie wohl am besten an höhere Stelle schicken. Die Antworten hierauf kennt allein Gott. Wie dem auch sei, gemäß dem Transsurfing kann ich Folgendes anbieten: Der Sinn des Lebens ist es, Gott zu dienen. *Dieser Dienst besteht aber nicht in Anbetung, sondern im Mitschöpfertum gemeinsam mit Gott.* Gott regiert die Welt vermittels aller Wesen. Er hat keine andere Möglichkeit zu existieren als in Form von Leben – in all seinen vielfältigen Erscheinungsformen. Ist seine Existenz vielleicht gerade deshalb nicht zu beweisen, weil er in allem existiert – im Grashalm, in der Blume, im Schmetterling und auch im Menschen? Das Leben ist ein Traum Gottes. Die Reinkarnation ist eine Art Übergang von einem Traum zum nächsten. Alle Lebewesen haben das gleiche Ziel – zu leben und, im Rahmen ihrer Möglichkeiten, die vorgegebene Realität zu steuern. *Die Realität zu steuern, darin besteht das Ziel, die Fähigkeit und das Recht des Lebewesens.* Wenn Sie dieses Recht beanspruchen, verwirklichen Sie Gottes Willen und führen ein erfülltes Leben; wenn nicht, schaden Sie sich nur selbst. Eine detaillierte Untersuchung dieser Erkenntnisse finden Sie in meiner Buchreihe *Transsurfing.*

Wenn diese Antworten Sie nicht zufriedenstellen, können Sie sich die Frage auch selbst beantworten, denn in jedem von uns wohnt ein Teil Gottes. Weder ich, der Pfarrer in der Kirche noch sonst jemand kann Vermittler zwischen Ihnen und Gott sein. Nur wenn Sie sich an sich selbst wenden, bekommen Sie Antworten auf alle Fragen.

Diese Beratung mag nun nicht sehr vertrauenerweckend erscheinen: »Was?! Woher soll ich denn das wissen?« Wahrscheinlich haben Sie entweder nicht versucht, Antworten zu finden, oder Sie vertrauen nicht der Stimme Ihres Herzens, denn sonst hätten Sie gar nicht erst gefragt. Es ist sehr einfach: Wenn Sie beabsichtigen, nach Antworten in den Büchern anderer Leute zu suchen, so steht Ihnen eine endlose Reise bevor, die zu nichts führt. Erstens können Sie nie alles Relevante lesen, und zweitens werden Sie es mit einer Vielzahl von Quellen mit unterschiedlichsten Interpretationen zu tun bekommen, was Sie nur noch mehr verwirren wird. Besser, Sie lesen nur ein paar Bücher, die Ihnen (genau Ihnen!) wichtig erscheinen, und nehmen sich dann das Recht, selbst die Antworten zu finden. Entscheidend ist, wie Sie Ihre Absicht ausrichten: auf Erkenntnis oder auf Kreativität. Im ersten Falle wählen Sie die Rolle des ewigen Studenten, im zweiten Falle die des Schöpfers und Pioniers.

Das Karussell des Aufsehers

Wenn Sie ein PILGER sind, dann ist es Ihre Bestimmung, die Menschheit sehr subtil auf den Weg der kreativen Zusammenarbeit zu »lenken«, was Sie bisher auch getan haben. Aber die Gesetze für PILGER gelten für diejenigen, die sie für sich beanspruchen, nur so lange, wie sie nicht für kommerzielle Zwecke verwendet werden. Sie aber haben Einkünfte durch den Verkauf Ihrer Bücher. Das wiederum bedeutet, dass Ihnen zwar das Wissen bleibt, dass Sie aber die Eigenschaft des PILGERS verlieren. Ist Ihnen Ihr dürftiges Einkommen wichtiger als UNSERE ZIELE? Sie sind doch ein kluger Kopf, da wundert mich schon Ihr Vertrauen in Ihre eigene Unfehlbarkeit. Entweder Ihr Wissen ist nur oberflächlich oder Sie sind aufrichtig und bringen dem Wohl der Erdzivilisation ein Opfer da - also: WER SIND SIE?

O weia, wie pathetisch! Ich bin durchschaut und am Boden zerstört! Nun reicht es, mein Entschluss steht fest: Ich lasse mir einen Bart wachsen, wie der Aufseher, nehme meinen Wanderstab und breche zu einer Pilgerreise auf, um die Wahrheit zu finden, mich selbst zu erkennen und dann allen, die in der Finsternis weilen, die Augen zu öffnen. So kann ich aufrichtig werden und dem Wohl der Erdbevölkerung »ein Opfer darbringen«.

Ich bin schon unterwegs. Ich werde mir nur noch kurz die Finger lecken und mein »dürftiges Einkommen« zählen, dann mache ich mich sofort auf den Weg. Und während ich mit zitternden Händen meinen Zaster verstaue, werde ich Ihnen eine Parabel erzählen.

Eines Tages versammelten sich einige Kinder am Sandkasten im Hinterhof unserer Welt. Da waren Prahlliese, Junkerhannes, Streithahn, Schlaumeier, Heulsuse und Bubi. Diese Spitznamen deuteten die tatsächlichen Charaktermerkmale der Kinder an.

Prahlliese war stets bestrebt, ihre Vorzüge zur Schau zu stellen, und so gab sie bei jeder Gelegenheit mit ihrem hübschen Kleidchen an, mit ihren Süßigkeiten und so weiter.

Junkerhannes brauchte keine Bestätigung für seine Besonderheit. Er war auch schon so wichtig, einfach weil er er war. Er hatte ein Tretauto, mit dem er gekonnt auf dem Hinterhof umherkurvte.

Streithahn ließ niemanden in Ruhe, nicht einmal sich selbst. Er war nicht böse, aber sehr verletzlich. Und seine Sensibilität versuchte er durch äußere Frechheit zu verbergen.

Schlaumeier war natürlich der Begabteste von allen. Er vermochte es wie kein Zweiter, Sandkuchen zu formen, und war sehr stolz darauf. Schlaumeier war sehr besorgt, dass die anderen immer alles falsch machten, und daher bemühte er sich nach Kräften, sie anzuleiten.

Heulsuse war stets bestrebt, auf sich aufmerksam zu machen. Auch wenn ihr das meist misslang, wurde sie nicht gemein.

Über Bubi gibt es fast nichts zu sagen. Er trat nie besonders hervor, verhielt sich ruhig und grub entweder nachdenklich im Sand oder hörte stillschweigend und mit großen Augen zu, was die anderen sagten.

Jedes dieser Sandkastenkinder versuchte auf seine eigene Art, sich hervorzutun und seine eigene Position in dieser schwankenden Welt zu festigen. Jeder Schauspieler in diesem Theater hat seine Rolle, die es ihm mehr oder weniger ermöglicht, am Spiel des Lebens teilzunehmen.

Einmal verfällt Prahlliese in allzu selbstgefällige Angeberei, und dann zieht ihr Streithahn am Zopf. Heulsuse beklagt sich bei Junkerhannes, dieser mischt sich ein, um den Streit zu schlichten, während Schlaumeier sich daranmacht, die anderen zu belehren.

Die Rollen dienten als eine Art Nische, in der sich jeder wohlfühlt und der Welt verkünden kann: »Hier bin ich! Es gibt mich! Ich bin kein Luftloch!«

Jeder war wer. Nur Bubi hatte scheinbar keine Rolle. Er hielt sich im Abseits und spielte in der Regel nicht mit. Aber auch er wollte jemand sein! Bubi konnte nicht verstehen, wer er eigentlich war. Er lebte bei seiner Großmutter, und an seine Eltern konnte er sich nicht erinnern.

Aber wer genau er sein wollte, das war ihm auch nicht klar. Manchmal wollte er auch wie einer aus der Sandkastenclique sein. Bubi dachte, wenn er auch eine Rolle bekäme, dann wäre er ebenfalls eine Persönlichkeit in der Hinterhofgesellschaft.

So sehr er auch versuchte, sich eine fremde Maske aufzusetzen, es kam nichts Gutes dabei heraus. Und wenn Bubi versuchte, die Rolle eines anderen zu spielen, beschlich ihn ein seltsames Gefühl. Es schien so, als sei er jemand geworden, doch gleichzeitig war er nicht mehr er selbst! Dieses Gefühl war nicht angenehm, und so blieb ihm nichts anderes übrig, als damit aufzuhören, ein anderer zu sein, und wieder er selbst zu sein, das heißt ein Niemand.

So saß nun die Kindergruppe in der Nähe des Sandkastens und langweilte sich. Schließlich sagte jemand:

»Dort geht der Aufseher.«

»Was für ein Aufseher, wo?«

»Ein alter Mann mit grauem Bart. Er arbeitet im Park und ist für alle Karussells zuständig. Ein seltsamer Alter, der komische Fragen stellt.«

»Was denn für Fragen?«

»Wenn du ihn um eine Fahrt auf dem Karussell bittest, fragt er: ›Wozu?‹ Als Antwort gibst du ihm einen Fahrschein, und er lässt dich durch.«

»Hast du Töne! Wer wird dich auch umsonst fahren lassen?«

»Einmal hatte ich kein Geld für einen Fahrschein und versuchte, so reinzukommen. Aber er hat es gemerkt und hat mich wieder mit seiner komischen Frage genervt:

›Wozu?‹ Na ja, da hab ich gesagt: ›Ich hab kein Geld, Großväterchen, lass mich mitfahren.‹ Da fragte er: ›Warum?‹ Ich begriff nicht, was er wollte, da fragte er wieder: ›Warum soll ich dich fahren lassen?‹ Ich sagte: ›Ich habe kein Geld, will aber unbedingt fahren‹. Da antwortete der Aufseher: ›Wenn du meine Frage beantworten kannst, brauchst du keinen Fahrschein mehr zu kaufen.‹«

»Was will er denn? Was kannst du darauf antworten?«

»Was weiß ich?! Ich habe es ein paar Mal probiert, aber der Alte hat immer gesagt: ›Falsch.‹«

Bubi hatte das ganze Gespräch mitverfolgt, da kam ihm eine Idee. Auf einmal wurde ihm alles klar. Er sah sich selbst und die anderen quasi von außen. Bubi wusste, dass er immer jemand hatte sein wollen - einer wie die anderen der Sandkastenclique. Aber jetzt empfand Bubi etwas Außergewöhnliches: Er war niemand und gleichzeitig jeder von ihnen. Und ihm wurde klar: Würden sie alle aufhören, ihre Rolle zu spielen - mit anderen Worten, würden sie ihre Masken fallenlassen -, dann wäre jeder von ihnen wie er selbst, das heißt niemand.

Gleichermaßen ist jeder Wassertropfen, der von einem Wellenkamm herabstürzt, hinsichtlich Größe und Form individuell. Doch das Wesen aller Tropfen ist gleich: Wasser. Und früher oder später kehren Sie alle ins Meer zurück und werden wieder eins mit ihm.

Für Bubi war in diesem Augenblick alles klar. Überrascht von sich selbst, sagte er: »Ich kenne die Antwort auf die Frage des Aufsehers.«

Alle hielten inne und starrten Bubi ungläubig an. Niemand hätte es für möglich gehalten, dass er so aus sich herauskam.

»Und – was ist die Antwort?«, fragte Schlaumeier behutsam.

»Kommt mit in den Park, ihr werdet schon sehen«, sagte Bubi und stand auf, offenbar um seinen Plan auszuführen.

Gespannt folgten ihm die anderen Kinder.

»Das ist aber noch nicht alles«, flüsterte Streithahn dem Schlaumeier ins Ohr. »Dort ist der Pförtner, und der hat seine eigene Frage: ›Wer hat euch die Erlaubnis gegeben?‹ Bubi ist irgendwie komisch heute. Mal sehen, was er darauf sagt.«

Bald kamen die Kinder am Tor des Parks an. Ein böser Mann von furchterregender Gestalt versperrte ihnen den Weg.

»He, wohin des Wegs, ihr kleinen Strolche?«

Bubi trat vor.

»In den Park, Karussell fahren.«

Den Pförtner verblüffte diese einfache Antwort, und er war sich nicht sicher, ob er zornig werden oder lauthals lachen sollte.

»Wer sind eigentlich deine Eltern? Gehorchst du ihnen? Und überhaupt, von wem hast du eine Erlaubnis bekommen? Was hast du dazu zu sagen?«

»Dass ich nicht verpflichtet bin, dir zu antworten«, sagte Bubi ruhig.

Der Pförtner erstarrte. Zum ersten Mal hatte er die richtige Antwort bekommen. Woher konnte dieses kleine Kind das wissen? Sprachlos öffnete der Pförtner den Kindern das Tor und sah ihnen noch lange erstaunt hinterher.

Während sich die Kinder behutsam dem Karussell näherten, kam der Aufseher ihnen entgegen.

»Was wollt ihr, Kinder?«

»Karussell fahren«, antwortete Bubi.

»Wozu?«, erkundigte sich der Alte wie gewöhnlich.

»Zu gar nichts, einfach so«, entgegnete Bubi, ohne zu zögern.

Der Aufseher blickte ihn mit unverhohlener Neugier an.

»Nun, aber warum?«

»Weil ich Gottes Sohn bin.«

Augenblicklich war es mucksmäuschenstill. Die Kinder hielten ungläubig inne, dann begannen sie, vor Freude zu hüpfen, und riefen laut: »Wir sind Kinder Gottes! Wir sind Kinder Gottes!«

Von da an stellte ihnen niemand mehr solche Fragen. Irgendwie war allen alles klar, ohne jegliche Erklärung. Der Aufseher, der über das ganze Gesicht strahlte, spendierte jedem der Kinder ein Eis und lud sie ein, sich einen Sitzplatz auf dem Karussell auszusuchen.

Seltsamerweise fand jeder für sich einen Platz nach seinem Geschmack, ohne dass - wie sonst - ein Streit entbrannte. Prahlliese nahm das Pferdchen, Junkerhannes das Auto, Streithahn die Lok, Schlaumeier das Raumschiff und Heulsuse das Schiff.

Das Karussell drehte sich. Und dann geschah ein Wunder: Die vorigen Rollen waren irgendwie verschwunden, die Masken waren von den Gesichtern der Kinder gleichsam abgefallen. Die Kinder hatten aufgehört, irgendjemand zu sein, und waren einfach nur noch sie selbst. Alle waren glücklich, und keiner beneidete den anderen oder stellte irgendwelche Ansprüche.

Damit möchte ich die Parabel beenden, in der die gesamte Philosophie des Transsurfings enthalten ist. Interessant wäre vielleicht noch, welchen Platz auf dem Karussell Bubi auswählte. Diese Entscheidung möchte ich Ihnen überlassen, liebe Leser. Dazu brauchen Sie nur, wie er, zu sagen: »Ich bin ein Sohn Gottes.« Gestehen Sie sich diese Gotteskindschaft zu, und folgen Sie ruhig dem Weg der Einheit von Seele und Verstand.

Wenn Sie über das verfügen, was im Transsurfing »die Entschlossenheit zu haben und zu handeln« genannt wird, wird Ihnen der Pförtner zur rechten Zeit die nötige Tür öffnen, und die äußere Absicht wird Ihren Traum Realität werden lassen.

Jetzt ist die Zeit gekommen, die Frage zu beantworten, wer ich selbst bin: Ich bin niemand. Gleichzeitig bin ich das Gleiche wie Sie: ein Kind Gottes. Gott, mein Vater, hat mich in diese Welt eingelassen. Ob ich ihn liebe, ob ich ihm gehorche, das geht niemanden etwas an. Ich spreche mit ihm unmittelbar, durch das Herz – und nicht durch ein Beichtstuhlgitter. Ich gestalte selbst, kraft meiner Absicht, meine eigene Weltschicht, und solange es die anderen Kinder Gottes nicht stört, bin ich niemandem Rechenschaft schuldig.

Andere auf den richtigen Weg zu führen, ist ebenfalls nicht meine Aufgabe. Dafür muss man jemand sein, ich aber bin niemand. Mag sich jemand anders die Maske des angeblichen Pilgers, des Erleuchteten oder des Gurus aufsetzen und aller Welt verkünden, was er weiß und wo es langgeht. Wenn man ihm glaubt, mag er eine Gemeinde um sich scharen und »im Sandkasten Kuchen backen«, indem er zu allen möglichen geistigen Themen tiefsinnige Kommentare von sich gibt.

Da ich aber nun einmal niemand bin, ist mir auch nicht bekannt, welchen Weg andere wählen sollten. Im Transsurfing ist nur die Rede davon, dass wir alle Kinder Gottes sind, wobei jeder selbst – und er selbst allein - seinen eigenen Weg kennt und auch die Freiheit der Wahl hat. Sie werden Ihren Weg selbst finden, wenn Sie der Stimme Ihres Herzens lauschen. Der Rest ist eine Sache der Transsurfing-Techniken.

Damit ist, so scheint mir, alles gesagt. Es ist nun an der Zeit, den Wanderstab in die Hand zu nehmen und aufzubrechen, das Licht des Wissens in die Finsternis der Unwissenheit zu tragen. Doch Moment - ich bin ja niemand! Und die »Gesetze der Pilger«, die Sie in Ihrem Brief erwähnen, sind mir nicht bekannt. Das bedeutet, ich habe nichts zu verlieren. Ich bin - zum Glück - frei! Und so soll es auch bleiben.

Glossar

Abhängigkeitsverhältnis

Ein Abhängigkeitsverhältnis entsteht durch das Stellen einer Bedingung, im Sinne von: »Wenn du dies tust, tue ich jenes.« Zum Beispiel: »Wenn du mich liebst, wirst du alles stehen und liegen lassen und mich bis zum Ende der Welt begleiten.« »Wenn du mich nicht heiratest, liebst du mich nicht.« »Wenn du mich lobst, bin ich dein Freund.« »Wenn du mir nicht deine Schaufel gibst, jage ich dich aus dem Sandkasten.«

Wenn Liebe zu einem Abhängigkeitsverhältnis wird, entstehen unvermeidlich eine Polarisierung und ein Ungleichgewicht. Bedingungslose Liebe ist eine Liebe ohne Besitzanspruch, Bewunderung ohne Vergötzung. Mit anderen Worten, ein solches Gefühl erzeugt kein Abhängigkeitsverhältnis zwischen dem, der liebt, und dem Objekt der Liebe.

Das Gleichgewicht kommt aus dem Lot, wenn zwei Dinge oder Personen verglichen oder gegenübergestellt werden. »Wir sind so, und die da sind anders.« Zum Beispiel Nationalstolz: im Vergleich mit welchen Nationen? Das Gefühl der Unvollkommenheit: im Vergleich mit wem? Oder Eigendünkel: im Vergleich mit wem?

Wo eine Gegenüberstellung stattfindet, dort treten unvermeidlich die Nivellierungskräfte auf den Plan. Ihre Wirkung läuft entweder darauf hinaus, die gegensätzlichen Subjekte voneinander zu trennen, sie zu einem gegenseitigen Einvernehmen zu bringen oder sie miteinander kollidieren zu lassen. Wenn Sie die Polarisierung ins Leben gerufen haben, werden sich die Nivellierungskräfte vor allem gegen Sie wenden.

Absicht

Die Absicht lässt sich in etwa definieren als *die Entschlossenheit, zu haben und zu handeln.* Was realisiert wird, ist nicht ein Wunsch, sondern eine Absicht. Wünschen Sie sich mal, die Hand zu heben. Der Wunsch nimmt in Ihren Gedanken Form an. Sie sind sich im Klaren darüber, dass Sie die Hand heben wollen. Hebt der Wunsch die Hand? Nein, der Wunsch an sich führt nicht zur Handlung. Die Hand hebt sich nur dann, wenn die Gedanken den Wunsch verarbeitet haben und es zum Entschluss kommt, die Hand zu heben. Kann nun diese Entschlossenheit zum Handeln die Hand heben? Wieder nein. Sie haben den endgültigen Entschluss gefasst, die Hand zu heben, aber sie tut es immer noch nicht. Was bewirkt nun das Heben der Hand? Wie können wir bestimmen, was auf den Entschluss folgt?

Hier zeigt sich die Hilflosigkeit der Vernunft, eine verständliche Erklärung zu finden, was genau die Absicht ist. Unsere Definition der Absicht als Entschlossenheit, zu haben und zu handeln, beschreibt eigentlich nur das Präludium zu der Kraft, die die geplante Handlung dann in die Tat umsetzt. Wir können einfach nur feststellen, dass die Hand weder durch den Wunsch noch durch den Entschluss, sondern durch die Absicht gehoben wird.

Es gibt eine innere und ein äußere Absicht. Mit innerer Absicht ist die aktive Einwirkung auf die Umwelt gemeint – das ist die *Entschlossenheit zu handeln.* Die äußere Absicht ist die *Entschlossenheit zu haben,* wobei sich die Welt dem Willen des Menschen wie von selbst unterwirft. Die innere Absicht ist die Konzentration der Aufmerksamkeit auf den Prozess der Bewegung zum Ziel hin. Die äußere Absicht ist die Konzentration der Aufmerksamkeit darauf, wie das Ziel von selbst erreicht wird. Mit der inneren Absicht *wird das Ziel erreicht,* mit der äußeren *manifestiert es sich.* Alles, was mit Magie und paranormalen Erscheinungen zu tun hat, gehört in den Bereich der äußeren Absicht. Alles, was im Sinne des herkömmlichen Weltbildes erreicht wird, wird durch die Kraft der inneren Absicht erreicht.

Dia

Unsere Vorstellung von uns selbst und unserer Umwelt ist oft weit von der Wahrheit entfernt. Zu solcher Verzerrung tragen unsere *Dias* bei. Zum Beispiel beunruhigen Sie einige Ihrer Mängel und Sie erfahren deswegen ein Gefühl der Unvollkommenheit, weil Sie den Eindruck haben, dass auch anderen diese Dinge missfallen. Im Umgang mit anderen stecken Sie Ihr Dia des Unvollkommenheitskomplexes in Ihren »Projektor« und sehen alles in verzerrtem Licht.

Das Dia ist ein verzerrtes Abbild der Wirklichkeit in Ihrem Kopf. Ein negatives Dia bewirkt in der Regel eine *Einheit von Seele und Verstand* und manifestiert sich folglich in der Realität. Unsere schlimmsten Erwartungen gehen in Erfüllung. Negative Dias kann man aber in positive umwandeln und für sich arbeiten lassen. Wenn Sie mit Absicht ein positives Dia kreieren, hat es die seltsame Fähigkeit, die Schicht Ihrer Welt umzuformen. Ein Zieldia ist die bildliche Vorstellung davon, dass das Ziel bereits erreicht ist. Die systematische Visualisierung eines Dias führt zur Materialisierung des entsprechenden Sektors des Variantenraums.

Einheit von Seele und Verstand

Der Verstand hat einen Willen, ist aber nicht in der Lage, die äußere Absicht zu lenken. Die Seele kann ihre Übereinstimmung mit der äußeren Absicht empfinden, hat aber keinen Willen. Sie fliegt durch den Variantenraum wie eine ungesteuerte Papierschlange. Um die äußere Absicht dem Willen unterzuordnen, sollte man die *Einheit von Seele und Verstand* anstreben. Dies ist ein Zustand, bei dem die Gefühle der Seele und die Gedanken des Verstands auf einen Nenner gebracht werden. Wenn zum Beispiel jemand von einer frohen Eingebung erfüllt ist, »singt« seine Seele und sein Verstand »reibt sich die Hände«. In diesem Zustand ist der Betreffende in der Lage, schöpferisch tätig zu sein. Es kommt aber auch vor, dass Seele und Verstand in Unruhe, Angst oder Ablehnung zu einer Einheit finden. Dann erfüllen sich die schlimmsten Erwartungen. Und wenn der Kopf eines sagt, das Herz aber etwas anderes, dann befinden sich Seele und Verstand in Uneinigkeit.

Erfolgswelle

Eine Erfolgswelle ist eine Art Ansammlung günstiger Lebenslinien. Im Variantenraum gibt es alles, auch solche Goldadern des Schicksals. Wenn Sie auf die erste Linie einer Glückssträhne geraten, können Sie sich wie von selbst auf die nächste Linie gleiten lassen, wo weitere glückliche Umstände folgen. Folgt jedoch auf den ersten Erfolg ein schwarzer Streifen, so wurden Sie von einem destruktiven Pendel angestoßen und von der Erfolgswelle abgebracht.

Freiling

Freiling ist eine effektive Technologie menschlicher Beziehungen, die Bestandteil des Transsurfings ist. Das grundlegende Prinzip des Freilings lässt sich wie folgt erklären: *Geben Sie die Absicht auf zu bekommen, und ersetzen Sie sie mit der Absicht zu geben; dann bekommen Sie das, was Sie aufgegeben haben.*

Die Wirkung dieses Prinzips beruht darauf, dass sich Ihre äußere Absicht die innere Absicht Ihres Partners zunutze macht, ohne dessen Interessen zu missachten. Im Endeffekt bekommen Sie von Ihrem Partner das, was Sie mit den herkömmlichen Methoden der inneren Absicht nicht erreichen konnten. Wenn Sie sich nach diesem Prinzip richten, werden Sie in persönlichen und geschäftlichen Beziehungen eindrucksvolle Ergebnisse erzielen können.

Induzierter Übergang

Katastrophen, bewaffnete Konflikte und Wirtschaftskrisen entwickeln sich spiralförmig. Am Anfang entsteht ein Keim, der sprießt und sich entfaltet; allmählich baut sich immer mehr Spannung auf bis hin zur Kulmination, wo die Emotionen mit aller Macht entflammen. Schließlich verteilt sich die gesamte Energie im Raum, und eine zeitweilige Stille setzt ein. Nach gleichem Muster verhält sich ein Strudel.

Die Aufmerksamkeit einer Gruppe von Menschen verfängt sich in der Schlinge des Pendels, das umso stärker in Schwingung kommt und alles hinter sich auf Lebenslinien des Elends mitreißt. Der Mensch antwortet auf den ersten Stoß des Pendels - indem er zum Beispiel auf ein negatives Ereignis reagiert -, gerät in dessen spiralförmige Einflusszone und wird in die Sache hineingezogen wie in einen Trichter.

Das Bild vom Trichter demonstriert den induzierten Übergang auf eine Lebenslinie, auf der der Mensch zum Opfer wird. Seine Reaktion auf den Anstoß des Pendels und die darauffolgende gegenseitige

Versorgung mit Schwingungsenergie induziert den Übergang auf eine Lebenslinie, die der Schwingungsfrequenz des Pendels nahekommt. Daraufhin taucht ein negatives Ereignis in der Weltschicht des betreffenden Menschen auf.

Koordinierung der Absicht

Die Manifestation der schlimmsten Erwartung bei Menschen, die zu Negativität neigen, bestätigt, dass der Mensch den Lauf der Dinge beeinflussen kann. Jedes Ereignis auf den Lebenslinien hat zwei Abzweigungen im Variantenraum: eine zur günstigen und eine zur ungünstigen Seite. Jedes Mal, wenn Sie mit einem bestimmten Ereignis konfrontiert werden, treffen Sie mit Ihrer Reaktion eine Wahl. Erachten Sie das Ereignis als positiv, so geraten Sie auf die günstige Abzweigung der Lebenslinie. Eine Neigung zur Negativität jedoch würde Sie zwingen, Unzufriedenheit zu äußern und somit die ungünstige Abzweigung zu wählen.

Wenn Sie sich über etwas ärgern, folgt eine neue Unannehmlichkeit auf dem Fuße. Deshalb sagt man auch: »Ein Unglück kommt selten allein.« Doch eine solche Kette von Unglücksfällen wird nicht durch das Unglück selbst ausgelöst, sondern dadurch, wie Sie mit ihm umgehen. Sie ist eine Folge Ihrer Wahl an der Weggabelung. Wenn Sie einmal überlegen, wie stark Sie zu Negativität neigen, können Sie eine Vorstellung davon bekommen, wie weit Sie im Laufe Ihres Lebens vom positiven Pfad abdriften werden.

Das Prinzip der Koordinierung der Absicht lässt sich wie folgt erklären: Wenn Sie sich vornehmen, eine scheinbar negative Veränderung des Drehbuchs im positiven Licht zu sehen, wird sich alles zum Positiven wenden. Wenn Sie sich an dieses Prinzip halten, können Sie es im Positiven genauso weit bringen wie die Negativisten auf dem Pfad ihrer schlimmsten Erwartungen.

Koordinierung der Wichtignahme

Nehmen Sie nichts und niemanden übermäßig wichtig. Nicht Sie, sondern nur die Pendel haben etwas davon. Die Pendel steuern den Menschen wie eine Marionette, und zwar *mithilfe der Fäden seiner Wichtignahme.* Der Mensch fürchtet sich davor, diese Fäden loszulassen, weil er sich in einer durch die Illusion des Halts und der Überzeugung geschaffenen Abhängigkeit befindet.

Überzeugung ist das gleiche Überschusspotenzial wie Unsicherheit, nur mit umgekehrtem Vorzeichen. Bewusstheit und Absicht ermöglichen es uns, das Spiel der Pendel zu ignorieren und unsere Ziele ohne Kampf zu erreichen. Wenn es aber Freiheit ohne Kampf gibt, dann besteht für Überzeugung keine Notwendigkeit. Wenn ich von der Wichtignahme frei bin, brauche ich nichts zu beschützen oder zu erobern - ich gehe einfach meinen Weg und nehme mir das Meine.

Um von den Pendeln frei zu werden, muss man sich von interner und externer Wichtignahme lossagen. Probleme und Hindernisse auf dem Wege zum Ziel entstehen auch als Folge des Überschusspotenzials der Wichtignahme. Die Hindernisse ruhen beharrlich auf dem Fundament der Wichtignahme. Reduzieren wir jedoch vorsätzlich die Wichtignahme, so werden die Hindernisse von allein wegkippen.

Lebenslinie

Wie jede Bewegung in der Materie besteht das Leben des Menschen aus einer Kette von Ursachen und Wirkungen. Eine Wirkung liegt im

Variantenraum immer in der Nähe ihrer Ursache. In ähnlicher Weise setzen sich auch nahe gelegene Sektoren des Variantenraums zu Lebenslinien zusammen. Drehbuch und Bühnenbild der verschiedenen Sektoren auf einer Lebenslinie sind ihrer Eigenschaft nach gleich. Das Leben des Menschen fließt gemächlich auf einer Lebenslinie dahin, bis ein Ereignis mit deutlich unterschiedlichem Drehbuch und Bühnenbild eintritt. Dann macht das Schicksal eine Wende und wechselt auf eine andere Lebenslinie. Sie befinden sich immer auf solchen Linien, deren Parameter Ihrer geistigen Ausstrahlung entsprechen. Wenn sich Ihre Einstellung zur Welt, das heißt Ihre geistige Ausrichtung, ändert, so werden Sie auf eine andere Lebenslinie übergehen, wo die Ereignisse sich anders entwickeln.

Materielle Realisierung

Die Informationsstruktur des Variantenraums kann sich unter bestimmten Bedingungen materialisieren. Wie jeder Raumsektor hat auch jeder Gedanke bestimmte Parameter. Die gedankliche Ausstrahlung, die einen entsprechenden Sektor »einblendet«, manifestiert oder realisiert dessen Variante. So nehmen die Gedanken direkten Einfluss auf den Lauf der Dinge.

Der Variantenraum dient als Schablone, er bestimmt die Form und die Bahn der Bewegung der Materie. Die materielle Realisierung bewegt sich durch Raum und Zeit, aber die Varianten bleiben an einem Ort und existieren ewig. Jedes Lebewesen formt mit seiner gedanklichen Ausstrahlung die Schicht seiner Welt. Unsere Welt ist von einer Vielfalt lebender Organismen bewohnt, und jeder leistet seinen Beitrag zur Realitätsbildung.

Nivellierungskräfte

Überall dort, wo ein Überschusspotenzial ist, entstehen Nivellierungskräfte, die auf dessen Beseitigung abzielen. Das Potenzial entsteht durch die gedankliche Energie des Menschen, wenn er einem Objekt überschüssige Bedeutung beimisst.

Wir wollen zur Veranschaulichung zwei Situationen vergleichen: Sie stehen auf dem Fußboden Ihres Hauses oder am Rande eines Abgrunds. Im ersten Falle sind Sie nicht im Geringsten beunruhigt. Im zweiten Fall hat die Situation für Sie sehr große Bedeutung. Ein unvorsichtiger Schritt, und es ist um Sie geschehen. Auf der energetischen Ebene hat die Tatsache, dass Sie stehen, in beiden Fällen die gleiche Bedeutung. Aber wenn Sie am Abgrund stehen, kreieren Sie durch Ihre Angst eine Spannung, eine Unebenheit im energetischen Feld. Als Folge davon entstehen Nivellierungskräfte, die auf die Beseitigung der Unebenheit gerichtet sind. Sie können ihre Wirkungsweise auch spüren: Eine unerklärliche Kraft scheint Sie nach unten zu ziehen, doch gleichzeitig treibt Sie etwas dazu, sich vom Rand zu entfernen. Denn um das Überschusspotenzial Ihrer Angst zu beseitigen, müssen die Nivellierungskräfte Sie entweder vom Rande wegbewegen oder nach unten ziehen. In beiden Fällen ist Schluss mit der Angst, und diese gegensätzliche Wirkung können Sie spüren.

Die Nivellierungskräfte zur Beseitigung von Überschusspotenzialen bewirken die meisten unserer Probleme. Ihre Tücke besteht darin, dass wir oft genau das Gegenteil des Ergebnisses bekommen, das wir uns vorgenommen hatten. Was genau geschieht, ist dabei völlig unverständlich. Man könnte das Gefühl haben, eine unerklärliche böse Kraft handle nach einer Art »Gesetz der Gemeinheit«.

Pendel

Die gedankliche Energie ist materiell, und sie verpufft nicht einfach spurlos. Wenn Menschengruppen in einer bestimmten Richtung zu denken beginnen, türmen sich »Gedankenwellen« auf, und im Ozean der Energie entstehen unsichtbare, aber reale, energoinformative Strukturen - die Pendel. Diese Strukturen beginnen, sich selbstständig zu entwickeln, und unterwerfen die Menschen ihren Gesetzen. Wer unter den Einfluss eines Pendels gerät, verliert seine Freiheit und wird zu einem Rädchen im Getriebe.

Je mehr Schwung ein Pendel aufnimmt, desto mehr Menschen - Anhänger - werden durch seine Energie gespeist. Jedes Pendel hat seine charakteristische Schwingungsfrequenz. Eine Schaukel kann man zum Beispiel zum Schwingen bringen, indem man sich einfach um eine bestimmte Frequenz bemüht. Diese Frequenz wird Resonanz genannt. Verringert sich die Anzahl der Anhänger, werden die Schwingungen gedämpft. Hat das Pendel gar keine Anhänger mehr, so bleibt es stehen und »stirbt«.

Um einem Menschen Energie zu entziehen, klammern sich die Pendel an seine Gefühle und Reaktionen: Empörung, Unzufriedenheit, Hass, Frust, Unruhe, Aufregung, Niedergeschlagenheit, Verwirrung, Verzweiflung, Angst, Mitleid, Anhänglichkeit, Entzücken, Rührung, Idealisierung, Hochachtung, Begeisterung, Enttäuschung, Stolz, Hochmut, Verachtung, Abneigung, Kränkung, Pflicht- und Schuldgefühle, etc.

Die Hauptgefahr für jemanden, der dem Einfluss eines destruktiven Pendels nachgibt, besteht darin, dass das Pendel sein Opfer von jenen Lebenslinien abbringt, wo dessen Glück liegt. Wir sollten uns von aufgedrängten Zielen befreien, denn im Kampf um sie entfernen wir uns immer weiter von unserem eigenen Weg.

Das Pendel ist von seinem Wesen her ein Egregore, aber damit ist bei weitem noch nicht alles gesagt. Der Begriff »Egregore« (Gruppengeist) gibt nicht den gesamten Komplex der Wechselwirkungen des Menschen mit den energoinformativen Wesen wieder.

Polarisierung

Überschusspotenziale entstehen dann, wenn irgendwelche Eigenschaften übermäßig wichtig genommen werden. Ein Abhängigkeitsverhältnis entsteht zwischen Menschen, die sich miteinander vergleichen oder einander gegenüberstellen, nach dem Muster: »Wenn du das tust, tue ich jenes.« Ein Überschusspotenzial an sich ist nicht so schlimm ... bis die verzerrte Bewertung sich verselbstständigt und eine Art Eigenleben erhält. Sobald ein künstlich überbewertetes Objekt einem anderen gegenübergestellt wird, entsteht eine *Polarisierung,* welche wiederum den *Wind der Nivellierungskräfte* herbeiruft. Die Nivellierungskräfte sind bestrebt, die entstehende Polarisierung zu beseitigen, und ihre Wirkung richtet sich meist gegen denjenigen, der diese Polarisierung hervorgerufen hat.

Das Rätsel des Aufsehers

»Jeder kann die Freiheit finden, alles zu wählen, was er will. Wie ist diese Freiheit zu bekommen?« Der Mensch weiß nicht, dass er das, was er sich wünscht, nicht *anzustreben* braucht, sondern es einfach *bekommen* kann. Das klingt völlig unglaublich, aber es ist tatsächlich so. Die Antwort auf obige Frage lernen Sie erst kennen, wenn Sie die Transsurfing-Reihe zu Ende gelesen haben. Schauen Sie aber nicht

gleich ins letzte Kapitel des letzten Bands, sonst werden Sie die Antwort nicht verstehen.

Sektoren des Variantenraums

In jedem Punkt des Variantenraums existiert eine *Variante* dieses oder jenes Ereignisses. Zum leichteren Verständnis wollen wir sagen, dass die Variante aus einem *Drehbuch* und einem *Bühnenbild* besteht. Das Bühnenbild ist die Erscheinungsform der Materie und das Drehbuch der Weg, auf dem sich die Materie bewegt. Der Einfachheit halber kann man den Variantenraum in Sektoren unterteilen. Jeder Sektor hat sein eigenes Drehbuch und sein eigenes Bühnenbild. Je größer die Entfernung zwischen den Sektoren, desto stärker der Unterschied zwischen den Drehbüchern und Bühnenbildern. Das Schicksal der Menschen kann man sich auch als eine Vielzahl von Varianten vorstellen. Theoretisch gibt es keine Beschränkungen in Bezug auf die möglichen Wendungen des menschlichen Schicksals, denn der Variantenraum ist unendlich.

Transsurfing

Das Wort Transsurfing habe ich mir nicht ausgedacht, es ist mir von irgendwoher eingefallen; aus gleicher Quelle stammen auch alle anderen Begriffe, ja sogar der Inhalt der Buchreihe an sich. Die Bedeutung des Wortes verstand ich bis vor einiger Zeit selbst nicht. Man könnte »Transsurfing« deuten als »das Gleiten durch den Variantenraum«, »die Transformation einer potenziell möglichen Variante in die Realität« oder »der bewusste Übergang von einer Lebenslinie zur anderen«. Wenn Sie sich jedoch näher mit dem Transsurfing beschäftigen, dann besteht der Sinn darin, dass Sie auf einer Erfolgswelle reiten.

Überschusspotenzial

Ein Überschusspotenzial ist eine Spannung, eine lokale Wölbung in einem ansonsten ebenmäßigen Energiefeld. Eine solche Unebenheit entsteht durch gedankliche Energie, wenn man ein Objekt übermäßig wichtig nimmt. Zum Beispiel ist der Wunsch ein Überschusspotenzial, denn es handelt sich um das Bestreben, einen heiß ersehnten Gegenstand an einen Ort zu holen, wo es ihn nicht gibt. Der quälende Wunsch, etwas zu bekommen, was man nicht hat, erzeugt ein energetisches Druckgefälle, das den Wind der Nivellierungskräfte herbeiruft. Andere Beispiele eines Überschusspotenzials sind Unzufriedenheit, Missbilligung, Entzücken, Hochachtung, Idealisierung, Überbewertung, Verachtung, Eitelkeit sowie das Gefühl von Überlegenheit, Schuld oder Unvollkommenheit.

Variantenraum

Der Variantenraum ist eine Informationsstruktur. Dieses unendliche Informationsfeld beinhaltet beliebige Varianten aller möglichen Ereignisse. Man kann sagen, im Variantenraum existiert alles, was war, ist und sein wird. Der Variantenraum dient als Schablone, als Koordinatensystem der Bewegung von Materie in Raum und Zeit. Vergangenheit und Zukunft werden dort wie auf einem Film stationär gespeichert, und der Effekt der Zeit zeigt sich nur in der Bewegung jenes Einzelbildes, in dem die Gegenwart beleuchtet wird.

Die Welt existiert gleichzeitig in zwei Formen: der physischen Realität, die wir mit den Händen berühren können, und dem metaphysischen Variantenraum, der jenseits der Sinneswahrnehmung liegt, aber nichtsdestoweniger objektiv existent ist. Der Zugriff auf dieses Informationsfeld ist prinzipiell möglich. Intuitive Erkenntnis und Hellsehen haben dort ihren Ursprung. Der Verstand ist nicht in der Lage, etwas grundsätzlich Neues zu kreieren. Er kann nur ein neues Haus aus alten Steinen bauen. Das Gehirn speichert nicht die Informationen selbst, sondern so etwas wie Adressen von Daten im Variantenraum. Der Verstand bezieht alle wissenschaftlichen Entdeckungen und Meisterwerke der Kunst mittels der Seele aus dem Variantenraum.

Träume sind keine Illusionen im herkömmlichen Sinne. Der Verstand stellt sich Träume nicht etwa vor - er sieht sie wirklich. Was wir in der Realität sehen, sind manifestierte Varianten. Im Traum sind wir in der Lage, unmanifestierte Sektoren zu sehen, das heißt Stücke mit virtuellen Drehbüchern und Bühnenbildern. Die Träume zeigen uns mögliche Geschehnisse aus Vergangenheit oder Zukunft. Ein Traum ist eine Reise durch den Variantenraum.

Variantenstrom

Alle Information ist matrixartig im Variantenraum gespeichert. Die Informationsstruktur ist in Form von miteinander verbundenen Ketten aufgebaut. Kausale Zusammenhänge bewirken einen *Variantenstrom.*

Der unruhige Verstand wird ständig von den Pendeln angestoßen und macht es sich zur Aufgabe, alle Probleme selbst lösen zu wollen, wobei er versucht, die Lage unter Kontrolle zu halten. Die Willensbeschlüsse des Verstandes sind meistens sinnlose Schläge ins Wasser. Die meisten Probleme, vor allem die kleinen, lösen sich von selbst, wenn man nicht gegen den Variantenstrom ankämpft.

Der Hauptgrund, warum man sich nicht aktiv der Strömung widersetzen sollte, ist der, dass man damit entweder Schaden anrichtet oder nur eine Menge Energie verschwendet. Die Strömung geht den Weg des kleinsten Widerstands und beinhaltet deshalb die effektivsten und vernünftigsten Problemlösungen. Widerstand gegen die Strömung hingegen führt zu vielen neuen Problemen.

Der mächtige Intellekt des Verstandes ist nutzlos, wenn es bereits eine Lösung im Variantenraum gibt. Wenn wir uns auf eine Fahrt ins Ungewisse einlassen und den Variantenstrom in Ruhe lassen, wird die Lösung von selbst kommen, und zwar auf optimale Weise. Die Optimalität ist bereits in der Struktur des Informationsfeldes angelegt. Im Variantenraum ist alles möglich, doch höchstwahrscheinlich werden sich jene Varianten manifestieren, die am wenigsten energieaufwändig sind. Die Natur verschwendet keine Energie.

Wahl

Transsurfing bietet eine prinzipiell neue Herangehensweise zum Erlangen von Zielen an. Wir treffen eine Wahl, ohne uns um die Mittel zum Erlangen unseres Ziels Sorgen zu machen, so als würden wir eine Bestellung im Restaurant aufgeben. Schließlich manifestiert sich das Ziel größtenteils von selbst, unabhängig von den direkten Handlungen des Bestellers. Wünsche und Träume werden nicht in Erfüllung gehen; aber die Wahl ist ein unumstößliches Gesetz, das immer funktioniert. Das Wesen der Wahl lässt sich nicht mit ein paar Worten erklären. Im gesamten Transsurfing geht es darum, was diese Wahl ist und wie man sie trifft.

Wegzeichen

Wegzeichen weisen auf eine künftige Windung des Variantenstroms hin. Wenn ein Ereignis bevorsteht, das wesentlichen Einfluss auf den

Lauf der Dinge haben kann, erscheint oft ein Zeichen der Ankündigung. Wenn der Variantenstrom seine Richtung wechselt, sollten Sie auf den Übergang auf eine andere Lebenslinie gefasst sein. Die Lebenslinien unterscheiden sich voneinander durch ihre Parameter. Die Veränderungen können unbedeutend sein, werden aber dennoch bewusst oder unbewusst empfunden: Irgendetwas ist nicht mehr so wie zuvor.

Wegzeichen erscheinen nur in dem Fall, wenn der Übergang auf eine andere Lebenslinie beginnt. Es kann sein, dass Sie die bestimmten Phänomene gar nicht bemerken. Zum Beispiel mag eine Krähe krächzen, aber Sie beachten sie gar nicht. Sie haben keinen qualitativen Unterschied bemerkt, also befinden Sie sich immer noch auf der gleichen Lebenslinie. Aber wenn etwas in einer Erscheinung Sie misstrauisch macht, handelt es sich um ein Wegzeichen. Ein Wegzeichen unterscheidet sich von einer gewöhnlichen Erscheinung dadurch, dass es den Übergang auf eine wesentlich andere Lebenslinie einläutet.

Weltschicht

Jedes Lebewesen manifestiert durch Gedankenenergie einen bestimmten Sektor des Variantenraums und erschafft so seine eigene Weltschicht. Diese Schichten stapeln sich übereinander auf, und so tragen wir alle zur Gestaltung der Realität bei.

Durch seine Weltanschauung erschafft der Mensch eine individuelle Schicht der Welt, seine eigene Realität. Diese Schicht nimmt je nach Person eine bestimmte Schattierung an. Bildlich gesprochen, werden »Wetterbedingungen« geschaffen: mal Morgenfrische im Sonnenglanz, mal ein von düsteren Regenwolken verhangener Himmel, mal ein tobender Orkan oder gar eine richtige Naturkatastrophe.

Die individuelle Realität entwickelt sich auf zwei Arten: physisch und metaphysisch. Mit anderen Worten, der Mensch baut durch seine Handlungen und Gedanken seine eigene Welt. Dabei spielen gedankliche Formen eine führende Rolle, denn durch sie schafft der Mensch sich einen bedeutenden Anteil der materiellen Probleme, mit denen er immer wieder zu kämpfen hat. Transsurfing befasst sich ausschließlich mit dem metaphysischen Aspekt.

Wichtignahme

Das Phänomen der Wichtignahme taucht dann auf, wenn man einer Sache übermäßig Bedeutung beimisst. Es handelt sich um ein Überschusspotenzial in reinster Form, bei dessen Beseitigung die Nivellierungskräfte der Quelle dieses Potenzials Probleme bereiten. Es gibt zwei Arten der Wichtignahme: *intern* und *extern.*
Die interne Wichtignahme, das heißt die Wichtignahme der eigenen Person, äußert sich in Form einer Überbewertung eigener Stärken oder Schwächen. Man denkt: »Ich bin eine bedeutende Persönlichkeit.« Oder: »Ich habe einen wichtigen Job.« Wenn die Wichtignahme ein sehr hohes Niveau erreicht, übernehmen die Nivellierungskräfte die Angelegenheit und geben dem hohen Tier eins aufs Dach. Jemanden, der seine Arbeit für sehr wichtig hält, erwartet ebenfalls eine herbe Enttäuschung: Niemand wird seine Arbeit mehr brauchen, oder er führt sie ganz schlecht aus. Es gibt auch so etwas wie eine Kehrseite der Wichtignahme, und zwar die Unterschätzung der eigenen Vorzüge oder die Selbsterniedrigung. Die Größe des Überschusspotenzials ist in beiden Fällen gleich, nur mit umgekehrtem Vorzeichen.

Externe Wichtignahme wird künstlich durch einen Menschen erzeugt, wenn er einem Objekt oder Ereignis der äußeren Welt zu große

Bedeutung gibt. Die Formel der externen Wichtigkeit lautet: »Dies ist für mich von großer Bedeutung.« Oder: »Es ist mir sehr wichtig, jenes zu tun.« Dabei entsteht ein Überschusspotenzial, und die Sache wird schieflaufen. Stellen Sie sich vor, Sie müssten auf einem Balken laufen, der auf der Erde liegt: nichts einfacher als das! Nun aber sollen Sie auf einem Balken balancieren, der die Dächer zweier Hochhäuser verbindet. Es ist für Sie sehr wichtig, keinen Fehltritt zu tun, und es wird Ihnen nicht gelingen, sich vom Gegenteil zu überzeugen.

Ziele und Türen

Jeder von uns hat seinen eigenen, einzigartigen Weg, auf dem er echtes Glück im Leben finden wird. Die Pendel drängen uns fremde Ziele auf, die mit ihrem Prestige und ihrer Unzugänglichkeit locken. Wenn Sie falschen Zielen nachjagen, werden Sie entweder nichts erreichen oder später deren Nutzlosigkeit einsehen.

Ihr Ziel wird Ihr Leben in einen Festtag verwandeln. Das Erreichen Ihres Ziels wird die Erfüllung aller übrigen Wünsche nach sich ziehen, wobei die Ergebnisse alle Erwartungen übertreffen werden. Ihre Tür ist jener Weg, der Sie zu Ihrem Ziel bringt.

Wenn Sie durch Ihre Tür auf Ihr Ziel zugehen, kann Sie nichts und niemand am Erfolg hindern, weil der Schlüssel Ihrer Seele ideal zum Schloss Ihres Weges passt. Niemand kann Ihnen das Ihre nehmen, also wird es auch keine Probleme beim Erreichen Ihres Zieles geben. Das einzige Problem besteht darin, Ihr Ziel und Ihre Tür zu finden. Transsurfing wird Ihnen bei der Suche behilflich sein.

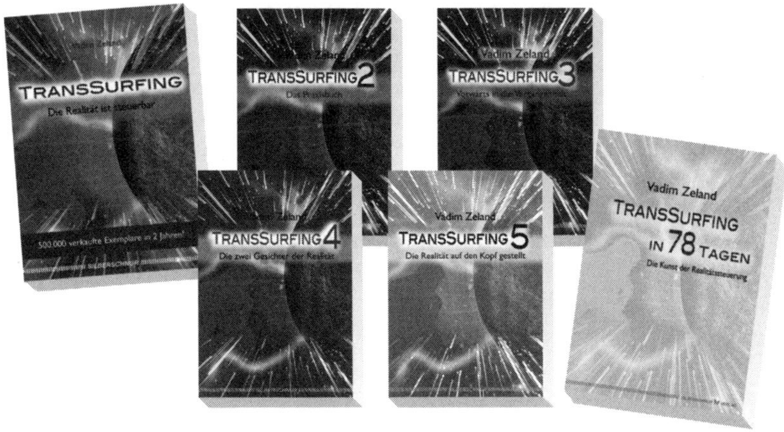

Transsurfing – die Bücher zur Realitätssteuerung von Vadim Zeland

Transsurfing ist eine mächtige Technik zur Realitätssteuerung, mit der jeder die Möglichkeit hat, die Realität nach Belieben zu lenken. Vadim Zeland erläutert in den 6 Bänden dieser Reihe, dass die Realität nicht festgeschrieben ist. Jeder Mensch kann zu jeder Zeit aus einer Vielzahl möglicher Wege den für sich richtigen wählen, um sein Ziel zu erreichen. Er kann selbst entscheiden, welche Ereignisse in seinem Leben stattfinden werden und welche nicht.
Millionen von Lesern in aller Welt haben Vadim Zelands Bücher gelesen und die Prinzipien des Transsurfings in ihr Leben integriert – mit Erfolg.

Transsurfing
Die Realität ist steuerbar

232 Seiten, broschiert · € [D] 14,90
ISBN 978-3-89845-154-3

Transsurfing 2
Das Praxisbuch

ISBN 978-3-89845-201-4
240 Seiten, broschiert · € [D] 14,90

Transsurfing 3
Vorwärts in die Vergangenheit

ISBN 978-3-89845-253-3
240 Seiten, broschiert · € [D] 14,90

Transsurfing 4
Die zwei Gesichter der Realität

192 Seiten, broschiert · € [D] 14,90
ISBN 978-3-89845-285-4

Transsurfing 5
Die Realität auf den Kopf gestellt

192 Seiten, broschiert · € [D] 14,90
ISBN 978-3-89845-324-0

Transsurfing in 78 Tagen
Die Kunst der Realitätssteuerung

216 Seiten, broschiert · € [D] 14,90
ISBN 978-3-89845-377-6

384 Seiten, broschiert,
durchg. farbig
ISBN 978-3-89845-300-4
€ [D] 16,90

Wayne W. Dyer

365 Quellen der Inspiration

Lebe deine Inspiration!
Wayne W. Dyer, der weltweit bekannte Lebensberater, hilft Ihnen, Ihre Inspiration bewusst zu aktivieren, damit sie zu einer kraftvollen Energie in Ihrem Leben werden kann. Die Botschaft dieses Buches ist klar: Inspiration ist für alle da. Sie ist nicht reserviert für Einzelne, sondern Ihr Geburtsrecht, man muss sie erfahren und erfühlen. Jede Seite dieses wahrhaft inspirierenden Buches bringt Sie einen Schritt näher an ein Leben, in dem Tag für Tag mehr Wunder wahr werden …

152 Seiten, broschiert
ISBN 978-3-89845-397-4
€ [D] 12,95

Trutz Hardo

Hab keine Angst vor dem Tod

Was die Forschung herausgefunden hat

Die Frage nach dem, was nach dem Tod kommt, beschäftigt uns alle, und wir fragen uns, ob er das Ende ist, ob es ein Leben nach dem Tod gibt und wie dieses aussieht. Trutz Hardo zeigt uns hier auf beeindruckende Weise, dass es nach dem Tod weitergeht. Er präsentiert die erstaunlichen Ergebnisse der Nahtodforschung bekannter Ärzte wie Elisabeth Kübler-Ross und Raymond Moody und schildert auch die bewegenden Nahtoderlebnisse vieler Menschen. Dieses Buch gibt einen Überblick über die Forschungsergebnisse auf dem Gebiet des klinischen Todes, die beweisen, dass der Tod nicht das Ende ist …

256 Seiten, Flexocover
ISBN 978-3-89845-434-6
€ [D] 16,95

Nadja Berger

Hellsicht, Medialität, Channeling

Mediale Fähigkeiten verstehen und anwenden

Wie Medialität Ihr Leben bereichern kann
Nadja Berger macht Sie mit der Kunst der medialen Wahrnehmung und Kommunikation vertraut und begleitet Sie dabei, diese zu erkunden und auszuüben.
Viele praktische Anleitungen und Übungen zur Schulung eigener sensitiver Fähigkeiten helfen Ihnen, Grenzen zu überschreiten, die einem normalerweise gegeben sind, und Dinge zu überschauen, die man aus der alltäglichen Position heraus nicht wahrnehmen kann. Entdecken Sie Ihre medialen Fähigkeiten, stärken Sie Ihre Intuition und begegnen Sie Ihren geistigen Helfern! Dieses Buch macht es möglich.

168 Seiten, Klappenbr.
ISBN 978-3-89845-152-9
€ [D] 10,90

Franziska Krattinger

Ein Wort genügt!

... sich einfach umprogrammieren

Schalten Sie einfach um – Manchmal genügt ein einziges Wort, um verborgene Haltungen ans Licht zu bringen oder Einstellungen zu ändern. Dabei gibt es spezielle Worte, die gleichsam eine magische Wirkung haben, da sie die Schlüssel zu unserem Unterbewusstsein sind: Schaltworte.
Schalten Sie einfach um – und beobachten Sie die Veränderungen in Ihrem täglichen Leben, ohne dass Sie bewusst daran denken oder eine Vorstellung der Lösung haben müssen. Nutzen Sie die Kraft, eine Situation augenblicklich im besten und idealen Sinn zu verändern.

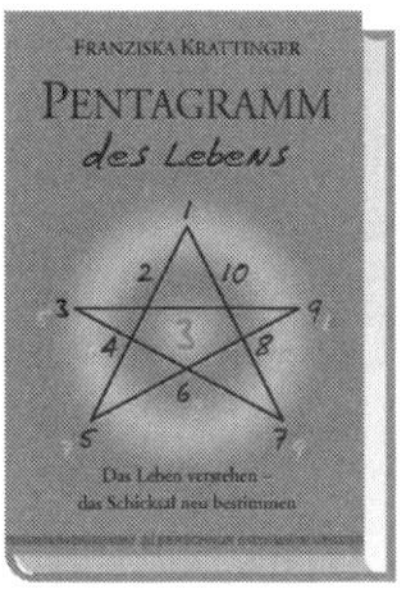

528 Seiten, gebunden
ISBN 978-3-89845-075-1
€ [D] 29,90

Franziska Krattinger

Pentagramm des Lebens

Das Leben verstehen – das Schicksal neu bestimmen

Die Pentagramm-Analyse nach F. Krattinger ist eine gänzlich neue Methode, um unsere wesentlichen Verhaltensweisen und deren Folgen für uns zu erkennen, die völlig ohne komplexe astrologische oder numerologische Berechnungen auskommt. Vielmehr handelt es sichhierbei um ein revolutionäres, auf dem Pentagramm basierendes Konzept, das dem Leser alles an die Hand gibt, was er wissen muss, um sein unbewusstes Programm umzuschreiben, die »schicksalhafte Fügung« aufzuknacken. Denn indem die Schattenwelt im Inneren durchdrungen wird, nehmen wir unser Schicksal endlich selbst in die Hand ...

256 Seiten, Klappenbr.
ISBN 978-3-89845-232-8
€ [D] 12,90

Franziska Krattinger

Machtworte

Was Worte machen können

Dass sich mit dem richtigen Wort zur rechten Zeit jede Situation verändern lässt, je nachdem, welche Energie mit diesem Wort in die entsprechende Situation strömt, haben schon viele Menschen selbst erfahren. Schaltworte, Kraftworte – die Autorin stellt in diesem Buch 72 solcher Worte mit magischer Wirkung vor und führt uns gleichzeitig eindrucksvoll die Macht des Wortes vor ...
Denn eines dieser magischen Worte genügt schon, um einen unterbrochenen energetischen Fluss wieder zum Fließen zu bringen – und so alles wieder in die richtige Bahn zu lenken!

120 Seiten, broschiert
ISBN 978-3-89845-426-1
€ [D] 6,95

Sabine Kühn

Jetzt Sein

Bewusst im Hier und Jetzt leben
Es gibt Zeiten, in denen nichts so läuft, wie man es sich vorstellt, und in denen man unglaublich unter Druck steht. Man ist gestresst, hektisch und man ist alles andere als zentriert. Fast jeder kennt diese Situationen – doch wie dagegensteuern?
Sabine Kühn hat eine Lösung gefunden, die Sie auf einen Pfad führt, der Sie um den drohenden Burn-out leitet. Etwas Einfaches. Etwas Schnelles. Damit kehrt die Struktur wieder in Ihr Leben zurück, ebenso der klare Kopf, der es Ihnen ermöglicht, die Ursachen des Stresses zu erkennen und ihn leichter abzubauen. Die Kraft des «JETZT SEIN« hilft Ihnen, sich zu zentrieren, um wieder Kraft, Ruhe und Gelassenheit zu finden.
Mit vielen praktischen Übungen.

160 Seiten, broschiert
ISBN 978-3-89845-395-0
€ [D] 6,95

Kurt Tepperwein

In der Mitte deiner Gefühle

Unser ganzes Leben besteht aus Beziehungen, und ob wir wollen oder nicht, Beziehungen lösen immer wieder Emotionen in uns aus. Doch kaum ein Mensch hat noch einen unverfälschten Zugang zu seinen Gefühlen.
Kurt Tepperwein lädt Sie ein, sich näher auf Ihre Gefühle einzulassen. Sie erhalten nicht nur den Schlüssel, um Ihre eigenen Gefühle zu transformieren, sondern auch wertvolle Hilfen, um mit den Emotionen Ihrer Mitmenschen, wie Ärger, Eifersucht oder Zorn, souverän umzugehen. Durch die bewusste Handhabung der Gefühle entwickeln Sie eine immer stärkere emotionale Kompetenz und gelangen schließlich zur emotionalen Freiheit.

144 Seiten, broschiert
ISBN 978-3-89845-341-7
€ [D] 6,95

Johanna Tippkemper

Lichtkraftplätze

Johanna Tippkemper zeigt, wie Lichtkraftplätze geschaffen werden, die eine weltweite, heilende Kommunikation in Gang setzen.
Neben dem hochfrequenten Heilungslicht, das von Lichtkraftplätzen ausgeht, unterstützen diese Kraftfelder unmittelbar den Aufstiegsprozess unserer Erde und erleichtern den Übergang in die fünfte Dimension. Die mächtigen Wesen aus den hohen Lichtdimensionen senden ihre Energien durch die Lichtkraftplätze zu uns und stellen die ursprüngliche Schwingungsqualität wieder her.
So rückt die neue Erde, auf der Friede und Liebe herrschen werden, wieder einen Schritt näher.

Weiterführende Informationen zu
Büchern, Autoren und den Aktivitäten
des Silberschnur Verlages erhalten Sie unter:
www.silberschnur.de

Natürlich können Sie uns auch gerne den
Antwort-Coupon aus dem beiliegenden
Lesezeichenflyer zusenden.

Ihr Interesse wird belohnt!